Das Einsteigerseminar

Adobe Premiere Elements 10

Winfried Seimert

Adobe Premiere Elements 10

bhv

Bibliografische Information Der Deutschen Nationalbibliothek

Die Deutsche Nationalbibliothek verzeichnet diese Publikation in der Deutschen Nationalbibliografie; detaillierte bibliografische Daten sind im Internet über <http://dnb.d-nb.de> abrufbar.

Bei der Herstellung des Werkes haben wir uns zukunftsbewusst für umweltverträgliche und wiederverwertbare Materialien entschieden.

Der Inhalt ist auf elementar chlorfreies Papier gedruckt.

ISBN 978-3-8266-7574-4
1. Auflage 2012

E-Mail: kundenbetreuung@hjr-verlag.de

Telefon: +49 89/2183-7928
Telefax: +49 89/2183-7620

Printed in Germany

Lektorat: Steffen Dralle
Korrektorat: Petra Kleinwegen
Satz: Petra Kleinwegen

Inhaltsverzeichnis

Einleitung

Lernen durch Anwenden! Das klingt im ersten Moment sehr nach Arbeit und tatsächlich werden Sie wohl nicht umhinkommen, selbst aktiv zu werden, um einen schnellen und dauerhaften Lernerfolg zu erzielen – und das kann Ihnen auch diese Buchreihe leider nicht völlig abnehmen.

Wie so oft beim Arbeiten mit dem Computer gilt:

Ich höre und ich vergesse.
Ich sehe und ich erinnere mich.
Ich tue und ich verstehe.

Treffender als mit diesem Leitwort lässt sich das Konzept der Buchreihe „Das Einsteigerseminar" nicht beschreiben: Das Ihnen vorliegende Einsteigerseminar schafft die Rahmenbedingungen, um Ihnen diesen Weg so weit wie möglich zu erleichtern und ihn interessant zu gestalten. Eignen Sie sich mit der bewährten Einsteigerseminar-Methodik alle notwendigen theoretischen Grundlagen an, überprüfen und festigen Sie den erlangten Wissensstand durch wiederholende Fragen und Übungen und wenden Sie die erlernte Theorie schließlich anhand eines komplexen praktischen Beispiels an. Lernen – Üben – Anwenden: der sichere Weg zum Lernerfolg!

Lernen – Üben – Anwenden

Lernen

Dieser Teil soll Sie mit den notwendigen theoretischen Grundlagen versorgen. Schritt für Schritt werden Sie mit den wesentlichen Programmfunktionen und Features vertraut gemacht. Nach der Durcharbeitung dieses Teils sollten Sie in der Lage sein, Problemstellungen selbstständig zu erfassen und mit den vorhandenen Programmfunktionen zu lösen. Die einzelnen Kapitel bilden abgeschlossene Lerneinheiten und können bei Bedarf auch unabhängig voneinander bearbeitet werden.

Um Sie auf direktem Weg zum Ziel zu führen, liegt der Theorievermittlung ein problemlösungsorientierter Ansatz zugrunde. So finden Sie in der Randspalte die Problemstellung; die folgende Schritt-für-Schritt-Anleitung führt Sie zielgerichtet zur Lösung.

Üben

In diesem Teil geht es darum, Ihren theoretischen Wissensstand zu vertiefen und zu festigen. Dazu finden Sie diverse kapitelbezogene Fragen und Übungsaufgaben. Ausführliche, kommentierte Lösungen folgen direkt im Anschluss an die jeweilige Frage, damit der Lernfortschritt jederzeit sofort überprüft werden kann.

Anwenden

In diesem Teil schlagen wir eine Brücke zwischen Theorie und Praxis. Anhand eines komplexen, durchgängigen Praxisbeispiels wird die in Teil I erlernte Theorie angewendet und umgesetzt.

Über das Buch

Adobe Premiere Elements ist mittlerweile der Klassiker unter den Videoschnittprogrammen für den Heimgebrauch. Der preiswerte Bruder des bekannten Adobe Premiere richtet sich vornehmlich an Privatanwender und bietet Ihnen viele Assistenten mit denen Sie rasch und perfekt Routinearbeiten erledigen können. Die kompakte Videoschnittsoftware bietet alle Grundfunktionen, die man für gewöhnlich braucht: aufnehmen, schneiden, nachvertonen, arrangieren, brennen auf DVD oder gar ins Internet stellen. Für das Programm sprechen die übersichtliche Bedienoberfläche und die leichte Erlernbarkeit der Funktionen. Allerdings sollte der Anwender sich mit ein paar grundlegenden technischen Werten auskennen.

Adobe Premiere Elements 10 verfügt über eine Vielzahl an Funktionen, die Sie im Hinblick auf die Bearbeitung Ihrer Videos vielleicht schon lange gesucht haben. Und damit Sie sich nicht in den vielen Funktionen verlaufen, möchte ich Sie in Form dieses Buches an die Hand nehmen und durch die zahlreichen Möglichkeiten führen. Allerdings wird nicht jedes Feature und jede Neuheit in aller Ausführlichkeit behandelt. Da dieses Buch für Einsteiger konzipiert ist, finden sich auch Hinweise auf elementare Grundlagen, die das Verständnis fördern sollen. Aus vielen Schulungen und Seminaren weiß ich, dass diese Kenntnisse oftmals verloren gegangen oder gar nicht vorhanden sind.

Im Hinblick auf eine Kostenfreundlichkeit verfügt das Buch bewusst über keine CD und ist auch nicht in Farbe gehalten. Das ist meines Erachtens auch nicht notwendig. Verwenden Sie ruhig Ihre eigenen Fotos und probieren Sie das ein oder andere in Ruhe und Gelassenheit aus. Dann werden Sie in jedem Fall Fortschritte machen und über eine Menge schöner Bilder verfügen.

In diesem Sinne hoffe ich, dass Ihnen das Buch gefällt und Sie nicht zuletzt mit seiner Hilfe viele schöne Filme zusammenstellen. Und dazu wünsche ich Ihnen jetzt Freude bei der Lektüre und beim Ausprobieren!

Teil I: Lernen

L1 Premiere Elements einrichten

Premiere Elements 10 zeichnet sich dadurch aus, dass es von Adobe kommt und sich verstärkt an Privatanwender richtet. In erster Linie ist das Programm als Werkzeug für Anwender ohne Profiambitionen gedacht, die hauptsächlich die Nachbearbeitung ihrer digitalen Videos sowie vielleicht die Bereitstellung derselben fürs Web im Auge haben.

Wie Sie sehen werden, steht Ihnen ein sehr komfortables Videobearbeitungsprogramm zur Seite, das Ihnen hilft Herr Ihrer vielen Videos zu werden. Zudem erfüllt es die hohen Qualitätsansprüche, die man von dem »großen« Bruder Adobe Premiere CS 5.5 her kennt, ohne dabei allerdings die überaus komplexe Bedienoberfläche und dessen Anschaffungspreis aufzuweisen. Zwar sind einige Werkzeuge einfacher aufgebaut, aber nicht zuletzt deswegen reduziert sich die Einarbeitungsphase deutlich.

Videobearbeitung am PC?

Was fast undenkbar und dann lange nahezu unerschwinglich war, ist inzwischen dank immer schnellerer Rechner und immer größer werdender Festplatten auch für den privaten Nutzer ohne viel Aufwand möglich. Wer Neueinsteiger in die Materie Videobearbeitung am PC ist, wird sicherlich vor der Vielzahl der Möglichkeiten und Angebote ein bisschen zurückschrecken. Deshalb sollte man sich im Vorfeld über den Verwendungszweck kundig machen, um nachher Enttäuschungen zu vermeiden.

TIPP

Wenn Sie schon über eine entsprechende Hardwareausstattung verfügen und gleich loslegen wollen, dann können Sie den folgenden Abschnitt überspringen oder bei einer späteren Gelegenheit lesen.

Bevor man seinen Computer für die Videobearbeitung aufrüstet, sollte man wissen, was man bereit ist zu investieren und für welchen Zweck man Videos aufbereiten will. So gibt es zahlreiche Lösungen, mit denen man recht anspruchsvolle Filme zusammenstellen kann und die das Budget trotzdem nicht überstrapazieren.

Arbeiten mit Premiere Elements

Wie Sie in diesem Buch erfahren werden, erfolgt das Arbeiten mit Premiere Elements im Prinzip immer wieder in der gleichen Schrittfolge:

1. Einlesen der Videodaten auf die Festplatte
2. Bearbeiten der Dateien, also Kürzen oder Teilen
3. Anordnen der einzelnen Szenen
4. Ausgabe in eine neue (Video-)Datei, auf ein Videoband oder auf eine Disk (CD, DVD oder BlueRay-Disk)

Bei dem ersten und dem letzten Punkt spielt die Hardwareausstattung eine entscheidende Rolle. Deshalb sollten Sie, bevor es mit dem eigentlichen Schnitt losgeht, einige Vorüberlegungen anstellen.

Analog oder digital?

Mittlerweise stellt sich diese Frage wohl nicht mehr. Doch angesichts der vorhandenen Ausstattung sollten Sie sich überlegen, ob Sie komplett digital arbeiten oder — sich mehr dem digitalen Schnitt (und Ihre Videos weiter mit der vorhandenen analogen Videokamera aufnehmen) zuwenden wollen. Im Regelfall werden Sie anhand des vorliegenden Materials entscheiden, ob Sie beispielsweise eine so genannte Videoaufnahmekarte (auch Videoschnitt- oder Grabberkarte genannt) oder – sofern bereits eine digitale Videokamera verwendet wird – eine IEEE-1394-Karte (auch Firewire oder i-Link genannt) benötigen.

Für das eigentliche Arbeiten mit Premiere Elements ist diese Entscheidung allerdings nur zweitrangig, da letztendlich am Computer nur die digitale Information bearbeitet wird. Allerdings gilt es die Vor- und Nachteile abzuwägen:

Analog

- Herkömmliche Videosysteme, wie VHS oder S-VHS, verarbeiten die Daten analog. Das bedeutet, dass Bild- wie auch Tonsignale durch unterschiedlich hohe Spannungen abgebildet werden. So steht eine hohe Spannung für einen hellen Gegenstand, eine niedrige Spannung für einen dunklen. Digitale Videos speichern dagegen die verschiedenen Helligkeitswerte in Zahlenreihen. Dabei fallen allerdings riesige Datenmengen an, die es zu bewältigen gilt und wofür im Moment immer noch sehr teure Technik erforderlich ist. Im Gegensatz zu der analogen Aufzeichnung hat diese Art der Speicherung den entscheidenden Vorteil, dass man sie ohne weitere Zwischenschritte direkt in den Computer übertragen und dort bearbeiten kann. Und natürlich kann man sie – wie stets bei digitalen Daten – verlustfrei kopieren. Während die Zahlenwerte von Kopie zu Kopie gleich bleiben, verliert dagegen ein analoges Signal durch die digitale Umsetzung mit jedem Kopiervorgang an Qualität.

Digital

- Einer der wesentlichen Vorteile digitaler Videos ist, dass auch nach mehreren Kopiervorgängen die ursprüngliche Qualität voll erhalten bleibt. Zudem liefern sie eine höhere Qualität, was insbesondere an der höheren Auflösung liegt. Dabei ist zu beachten, dass die Auflösung von digitalen Videos mit rund 1.000 Bildpunkten deutlich über dem Fernsehstandard liegt und somit ausreichend Reserven für die Zukunft bietet. Den digitalen Videos gehört die Zukunft. Die Zeiten analoger Videorekorder wie auch analoger Videokameras neigen sich dem Ende zu. Hier findet ein ähnlicher Prozess statt, wie wir ihn vor gut zwanzig

Jahren bei der Ablösung der analogen Schallplatte durch die digitale CD erlebten.

Danach gilt es der Kamera und/oder dem Videorekorder Aufmerksamkeit zu schenken. Noch immer verfügen sehr viele Haushalte über einen eigenen (analogen) Videorekorder und (analoge) Camcorder. Nachteilig an diesen Geräten ist jedoch, dass hier die Daten in digitale Informationen übersetzt werden müssen, damit man sie im Computer verarbeiten kann. Angesichts des seit mittlerweile zwanzig Jahre andauernden Videobooms und des dadurch entstandenen Materials werden diese Geräte noch eine Weile ihren Platz haben.

Doch die digitale Technik hat den Durchbruch geschafft. Das wird gerade bei den digitalen Camcordern deutlich, die seit ein paar Jahren den Markt beherrschen. Zudem drängen immer mehr preiswerte DVD- oder Festplatten-Rekorder auf den Markt, die über kurz oder lang die analogen VHS-Videorekorder ablösen werden. Diese Geräte zeichnen beispielsweise Fernsehsendungen digital auf, so dass man sie anschließend sofort auf dem Computer bearbeiten (etwa von Werbung befreit) und anschließend wieder auf eine DVD oder eine Festplatte speichern kann.

Welche Ausrüstung wird benötigt?

Die perfekte Videobearbeitung am PC ist heutzutage eigentlich nur noch eine Preisfrage. Doch nicht immer muss es die teuerste Lösung sein. Finden Sie zunächst heraus, was Sie zu tun gedenken. Dazu gehört, dass Sie bereits in Ihrem Besitz befindliche Geräte einbeziehen und natürlich auch den Geldbeutel prüfen.

Bei der digitalen Videobearbeitung werden Sie es mit den Begriffen *DV und HDV zu tun haben*. Die beiden Formate weisen erhebliche prinzipielle Unterschiede auf und sind nur bedingt vergleichbar. DV (die Abkürzung steht für *Digital Video*) basiert auf der PAL- bzw. NTSC-Norm, HDV (das steht für *High*

Definition Video) dagegen auf den High-Definition-Standards 720p und 1080i im Bildformat 16:9. Je nachdem für welches System Sie sich entscheiden, muss die Videokamera die entsprechenden Bilder liefern.

Anschlussfragen

Darüber hinaus ist die Frage des Anschlusses der Kamera an den Computer zu klären. Hier kommen Begriffe wie IEEE 1394 oder USB ins Spiel.

IEEE 1394

Am Anfang dürfte Sie die Vielzahl an Begriffen verwirren, die alle jedoch die gleiche Schnittstelle bezeichnen. Ob IEEE 1394, Firewire oder i-Link, alle meinen dasselbe. Ursprünglich von der Firma Apple unter dem Namen *Firewire* entwickelt, wurde der Anschluss international unter der Bezeichnung *IEEE 1394* genormt. Die Firma Sony ließ sich dann wiederum für ihre Kamerasteuerung über diesen Anschluss die Markenbezeichnung *i-Link* eintragen.

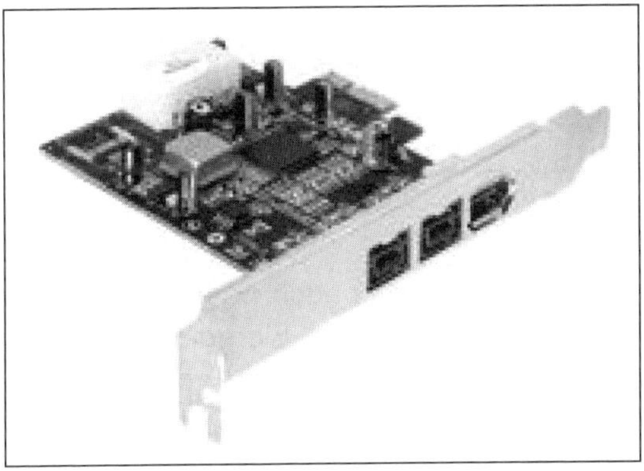

Abb. L1.1: Eine Firewire-Karte

USB2/USB3

Verfügen Sie über eine Kamera mit *USB2*- oder gar *USB3*-Schnittstelle, dann können Sie diese wie jedes andere USB-Gerät einfach an den PC anschließen.

Verfügt Ihr Computer über keine solchen Schnittstellen, dann kann man sie einfach als Steckkarte nachrüsten.

Obwohl man angesichts der Begriffsvielfalt meinen könnte, dass es Probleme mit dem Anschluss gibt, ist dem aber nicht so. Denn wenn die Videokamera und auch der Computer einen der Norm IEEE 1394 bzw. dem USB-Standard entsprechenden Anschluss haben, dann ist die Verbindung ein Kinderspiel. Sie müssen lediglich den Stecker des IEEE-1394- bzw. USB-Kabels in die Buchse an Ihrem Computer stecken und das andere Ende mit der Buchse an der Kamera verbinden. Diese Stecker können Sie auch nicht verwechseln, denn sie passen nur in eine Richtung.

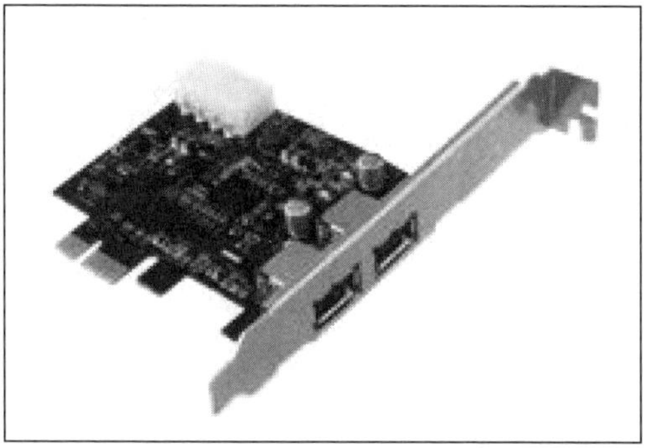

Abb. L1.2: Eine USB2-Karte

Mehr ist nicht erforderlich. Wenn Sie auch noch über ein so leistungsfähiges Programm wie Premiere Elements verfügen, können Sie die Funktionen der Kamera sogar von dem Programm aus steuern.

Was das Preisliche angeht, so sind im Bereich der DV-Qualität nach oben praktisch keine Grenzen gesetzt. Hier müssen Sie im Einzelfall entscheiden, ob es sich lohnt.

Premiere Elements installieren

Damit Sie mit Adobe Premiere Elements arbeiten können, muss Ihr Computer bestimmte Systemvoraussetzungen erfüllen

Systemvoraussetzungen

Erfreulicherweise genügt ein Rechner mit normaler Arbeitsleistung.

Windows-System

Adobe selbst schlägt für ein Windows-System folgende Konfiguration vor:

- Prozessor mit mindestens 2 GHz und SSE2-Unterstützung; Doppelkern-Prozessor für HD- oder AVCHD-Bearbeitung und Blu-ray- oder AVCHD-Export
- Microsoft® Windows® XP mit Service Pack 2, Windows Media Center, Windows Vista® (alle Anwendungen werden auf 32-Bit-Systemen bzw. im 32-Bit-Kompatibilitätsmodus auf 64-Bit-Systemen nativ ausgeführt) oder Windows 7 (der Adobe® Premiere® Elements Editor wird auf 32-Bit- und 64-Bit-Systemen nativ ausgeführt; alle anderen Anwendungen werden auf 32-Bit-Systemen bzw. im 32-Bit-Kompatibilitätsmodus auf 64-Bit-Systemen nativ ausgeführt)
- 2 GB RAM
- 4 GB freier Festplattenspeicher für die Installation der Anwendungen sowie 5 GB für die Installation der Inhalte
- Grafikkarte mit aktuellen Treibern
- Farbmonitor mit 16-Bit-Grafikkarte
- 1024 x 768 Punkt Monitorauflösung
- Mit Microsoft DirectX 9 oder 10 kompatibler Sound- und Grafikkartentreiber
- DVD-ROM-Laufwerk (kompatibler DVD-Brenner für die Erstellung von DVDs, kompatibler Blu-ray-Brenner für die Erstellung von Blu-ray Discs erforderlich)
- Schnittstelle mit DV/i.Link/FireWire/IEEE 1394 für den Anschluss eines Digital 8 DV- oder HDV-Camcorders oder USB2-Schnittstelle für den Anschluss eines DV-Camcorders mit USB-Eingang

- QuickTime 7
- Für den Import/Export von Windows Media-Dateien: Windows Media Player
- Internet-Anschluss erforderlich für alle Web basierten Dienste

Mac OS

Nennen Sie einen Apple Ihr eigen, dann sind folgende Abweichungen zu beachten:

- Intel®-Mehrkern Prozessor
- Mac OS X Version 10.5.8 bis 10.7 (alle Anwendungen werden auf 32-Bit-Systemen bzw. im 32-Bit-Kompatibilitätsmodus auf 64-Bit-Systemen nativ ausgeführt)

TIPP

In diesem Buch finden Sie durchgängig Abbildungen von einem Windows-PC-System. Sollten Sie mit einem Apple arbeiten, so unterscheidet sich der Bildschirm von den gezeigten Abbildungen im Wesentlichen nur durch das Apple-typische Aussehen. So sind die Menüs im Wesentlichen genauso aufgebaut und unterscheiden sich oft nur durch die Mac-typische Darstellung. Bei der Bedienung müssen Sie als Apple-Anwender zumeist nur darauf achten, statt der nicht existierenden [Strg]-Taste die [⌘]-Taste und für die [Alt]- die [⌥]-Taste zu verwenden und im Falle, dass Sie die rechte Maustaste betätigen müssen, die [Ctrl]-Taste zu drücken. Mac OS spezifische Eigenheiten sind allerdings in jedem Fall zu beachten.

Premiere Elements installieren

Wenn diese Voraussetzungen gegeben sind, kann es mit der Installation losgehen. Diese ist rasch erledigt und gleicht im Wesentlichen der Installation anderer Programme.

Verfügen Sie noch nicht über das Programm und möchten es erstmal testen, dann können Sie sich über die Adresse *http://www.adobe.com/de/downloads/* eine kostenlose Testversion herunterladen.

Installation

1 Legen Sie die DVD ein oder – falls Sie zunächst eine Testversion verwenden – begeben Sie sich in den entsprechenden Ordner und führen einen Doppelklick auf die Datei *Setup.exe* aus.

Verwenden Sie ein 64bit-Windows nehmen Sie bei der DVD-Version gleich die zweite Disk. Beim Herunterladen aus dem Internet sollten Sie hier gleich auf die richtige Version achten.

Kurz danach müssen Sie zunächst die Sprache für die Installation auswählen.

Abb. L1.3: Die Frage nach der Sprache

2 Wählen Sie Ihre Sprache aus und bestätigen Sie mit *OK*.

Danach erfahren Sie, dass die Installation vorbereitet wird und Sie werden zunächst willkommen geheißen.

3 Klicken Sie auf *Weiter*, um ins nächste Dialogfenster zu gelangen.

In diesem finden Sie den Lizenzvertrag vor, den Sie nun mit Hilfe der Bildlaufleiste durchlesen können.

4 Sind Sie mit den Regeln einverstanden, klicken Sie auf *Akzeptieren*.

Im folgenden Dialogfenster geht es um die eigentliche Produktkonfiguration.

5 Tragen Sie zunächst den *Benutzernamen* und stellen Sie das von Ihnen bevorzugte Land bzw. die Region ein.

Danach stehen Sie vor der Wahl, ob Sie eine *Testversion installieren* oder ob Sie Ihre Seriennummer eingeben wollen.

6 Im ersten Fall aktivieren Sie die entsprechende Option und klicken dann auf *Weiter*. Im zweiten Fall belassen Sie es bei der aktivierten Option *Ich habe eine Seriennummer. Lizenzierte Version installieren.* und tragen in das Feld Seriennummer die Ihrige ein.

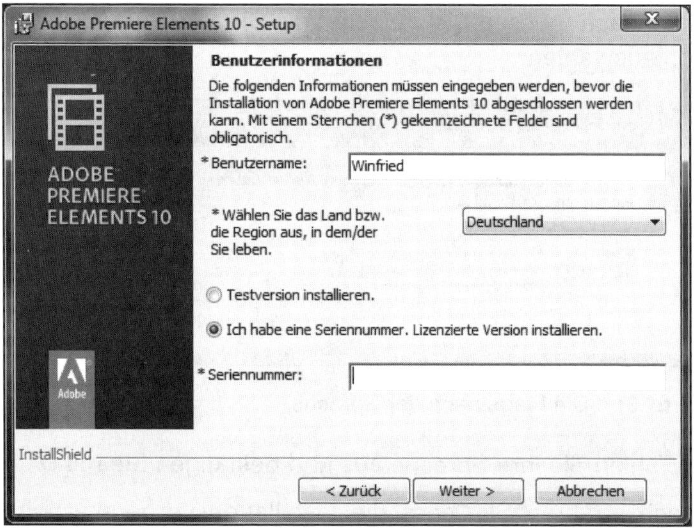

Abb. L1.4: Testen oder freischalten?

TIPP

Verfügen Sie (noch) nicht über das Schwesterprogramm Photoshop Elements 9, können Sie an dieser Stelle eine Testversion installieren.

7. Haben Sie das erledigt, geht es mit *Weiter* ins nächste Dialogfenster.

In diesem müssen Sie entscheiden, welches Standard-TV-Format Sie verwenden möchten.

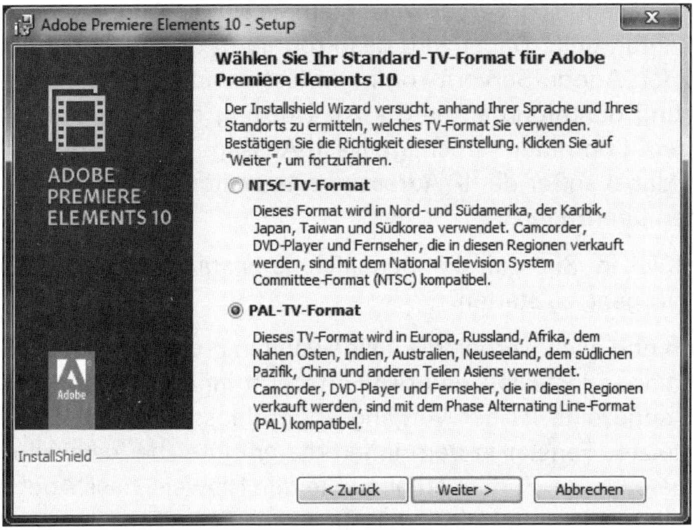

Abb. L1.5: Welche TV-Norm verwenden Sie?

8. Im deutschsprachigen Raum ist das *PAL-TV-Format* vorherrschend, so dass Sie diese Option anwählen sollten.
9. Nach einem weiteren Klick auf *Weiter*, können Sie nun noch entscheiden, ob Sie den vorgegebenen Speicherort belassen wollen oder einen eigenen einstellen möchten.

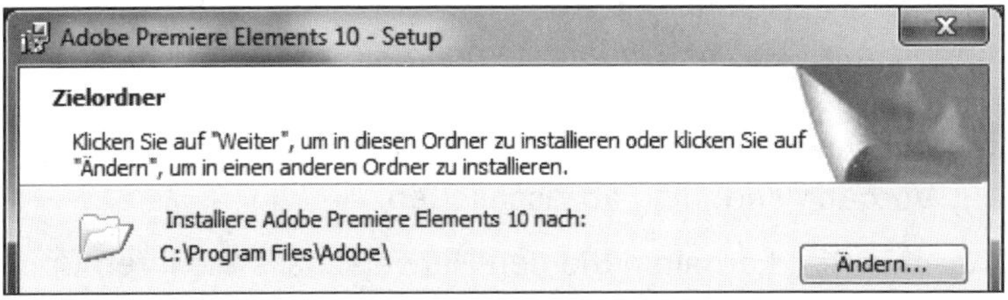

Abb. L1.6: Gegebenenfalls ändern Sie den Speicherort

10 Im letzteren Fall klicken Sie auf die Schaltfläche *Ändern* und stellen den von Ihnen bevorzugten Pfad ein.

11 Auch hier bestätigen Sie Ihre Wahl wieder mit *Weiter*.

Im letzten Fenster teilt man Ihnen nun mit, dass alles bereit zur Installation ist. Ferner weist man Sie auf die Adobe-Lizenzaktivierung hin. Dabei wird das Programm über das Internet mit den Adobe-Servern kommunizieren und eine Lizenzaktivierung durchführen, die Sie zur Nutzung der Software auf diesem Computer berechtigt. Nach Aussage von Adobe werden dabei außer der IP-Adresse keine weiteren persönlichen Daten übertragen.

12 Klicken Sie auf die Schaltfläche *Installieren*, um den Vorgang zu starten.

Nach und nach werden die ausgewählten Programmbestandfunktionen installiert und der Fortschritt Ihnen in einem Balken angezeigt. Ist der Vorgang abgeschlossen, erhalten Sie ein letztes Fenster in dem Ihnen die erfolgreiche Installation mitgeteilt wird. Zudem erhalten Sie den Hinweis, dass Adobe Premiere Elements die Installation von QuickTime benötigt und gibt Ihnen gleich die benötigte Downloadadresse an.

TIPP

Installieren Sie QuickTime vor dem ersten Start von Premiere Elements. So sind Sie in der Lage auf Ihrem PC problemlos *.mov-*, *.mpeg4-* oder *3gp*-Videodateien abzuspielen.

WEB

Sie können sich die aktuelle Version direkt von der Homepage des Herstellers Apple herunterladen: *http://www.apple.com/de/quicktime/download/*.

13 Klicken Sie auf die Schaltfläche *Fertigstellen*, um den Vorgang endgültig abzuschließen.

Abschließend erhalten Sie den Hinweis, dass Sie Ihren Computer neu starten müssen, um die geänderte Konfiguration von Adobe Premiere Elements wirksam werden zu lassen.

Klicken Sie auf *Ja*, um den Vorgang sofort durchzuführen.

Das war es dann auch schon!

Premiere starten

Sicherlich möchten Sie gleich loslegen und das Programm starten?

Windows

Das können Sie auf zweierlei Weise erledigen.

1. Zum einen wurde bei der Installation ein Symbol auf dem Desktop angelegt, welches Sie nun einfach doppelt anklicken können.

Daneben finden Sie im Startmenü einen entsprechenden Eintrag, den Sie mit einem Klick auswählen können.

2. Klicken Sie auf die Schaltfläche *Start* und anschließend auf den Eintrag *Alle Programme.*

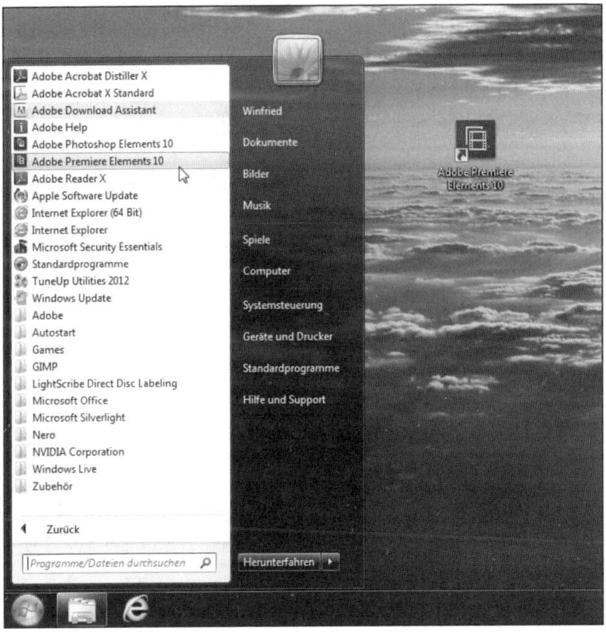

Abb. L1.7: Premiere Elements starten

Dadurch erhalten Sie Zugang zu den Programmgruppen aller auf Ihrem PC installierten Anwendungen.

Apple Macintosh

Arbeiten Sie mit einem Mac, müssen Sie lediglich einen Doppelklick auf das Programmsymbol *Adobe Photoshop Premiere 10* im ausgewählten Installationsordner (z.B. Ordner *Programme* im Ordner *Festplatte*) ausführen.

Startvorgang

Der Startvorgang beginnt. Es wird ein Informationsfenster eingeblendet, das Sie darüber informiert, dass jetzt verschiedene Dienste, Bedienfelder und Zusatzmodule geladen werden.

Dieser Vorgang dauert beim ersten Mal etwas länger, da hierbei die entsprechenden Einstellungen des Programms vorgenommen werden.

TIPP

Bei den folgenden Starts kann es ebenfalls je nach Konstellation Ihres Computers mehr oder weniger lange dauern, bis der Ladevorgang abgeschlossen ist.

Startschirm

Nach einer kurzen Weile erscheint dann der Startbildschirm.

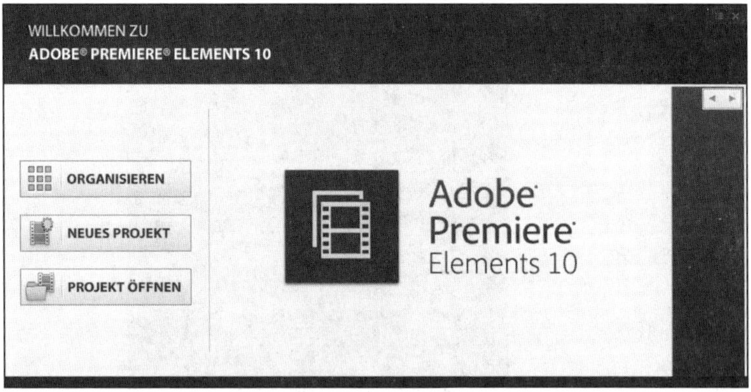

Abb. L1.8: Der Startbildschirm

In diesem können Sie zunächst über die Schaltflächen an linken Rand die drei großen Bereiche ansteuern, die dieses Programm abdeckt und die Sie im Aufbau dieses Buches wiederfinden:

Organisieren

- *Organisieren*: Der erste große Bereich ist das Organisieren. Diesen können Sie direkt mit der gleichnamigen Schaltfläche aufrufen. Konkret handelt es sich um das Verwaltungsmodul *Elements Organizer*, mit dem Sie Ihre gesamte Video- wie auch Bildersammlung wunderbar verwalten können. Wie Sie sehen werden, können Sie sich Ihre gesamte Video- und Fotosammlung an einem zentralen Ort anzeigen, in Sekundenschnelle über Stichwort-Tags wiederfinden und auf vielfältige Art und Weise organisieren.

> Das Schwesterprogramm Adobe Photoshop Elements verwendet das gleiche Modul, so dass Sie an einer Stelle Ihre gesamten Videos und Fotos verwalten können.

Neues Projekt

- *Neues Projekt*: Der zweite Schwerpunkt ist der Bereich *Neues Projekt*, den Sie über die gleichnamige Schaltfläche aufrufen können. Damit starten Sie das eigentliche Programm, das Modul *Premiere Elements Editor*, mit dem Sie Ihre Videos bearbeiten. Wie Sie sehen werden, erledigen Sie mit diesem Modul den kompletten Ablauf vom Aufspielen der Videos, bearbeiten derselben bis zur Weitergabe der fertigen Filme. Hierbei können Sie sich zum einen von zahlreichen Assistenten helfen lassen oder auch mit Hilfe der entsprechenden Werkzeuge umfangreiche individuelle Bearbeitungen selbst vornehmen.
- *Projekt öffnen*: Nicht immer werden Sie in einer Sitzung ein Videoprojekt vollständig bearbeiten können. Möchten Sie zu einem späteren Zeitpunkt die Arbeit wieder aufnehmen, dann erhalten Sie nach einem Klick auf diese Schaltfläche schnell Zugriff auf alle bislang gesicherten Projekte. Haben Sie schon einmal mit dem Programm ge-

arbeitet und dabei ein Projekt erstellt, dann können Sie es nach Anklicken der Schaltfläche rasch erneut aufrufen.

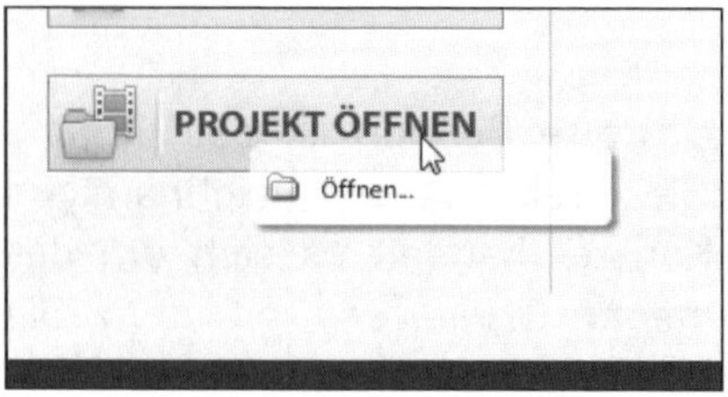

Abb. L1.9: Ein bereits erstelltes Projekt erneut aufrufen

Startverhalten

1 Über die Schaltfläche neben dem Schließenfeld können Sie ein Dialogfenster aufrufen, indem Sie das Startverhalten von Premiere Elements auswählen.

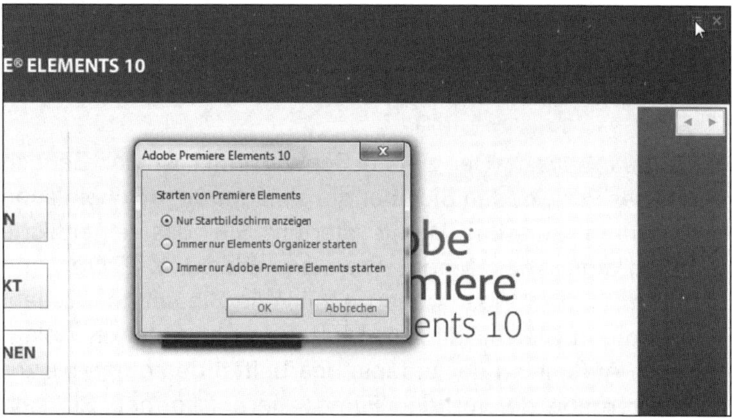

Abb. L1.10: Wie möchten Sie in Zukunft vorgehen?

2 Hier haben Sie die Wahl unter folgenden Optionen:

- *Nur Startbildschirm anzeigen*: Bei dieser Wahl erhalten Sie nur den Startbildschirm und können das weitere Vorgehen mithilfe der einzelnen Schaltfläche steuern.
- *Immer nur Elements Organizer starten*: In diesem Fall wird das Verwaltungsmodul sofort gestartet und Sie

können gleich mit der Recherche nach einer Datei beginnen.

- *Immer nur Premiere Elements starten*: Diese Wahl entspricht einem Klick auf die Schaltfläche *Neues Projekt*, da nach dem Start der Editor bereitgestellt wird.

3 Nachdem Sie Ihre Wahl getroffen haben, müssen Sie nur noch mit *OK* bestätigen, damit das Programm beim Start sich so verhält, wie Sie es sich wünschen.

Hilfe in Notlagen

Aufgrund der beschränkten Seitenzahl kann dieses Buch nicht alle Ihre Fragen beantworten. Und so taucht hier und da vielleicht doch ein Problem oder eine zusätzliche Frage auf, auf die Sie eine Antwort möchten. Für solche Fälle ist vorgesorgt, denn innerhalb von Premiere Elements steht Ihnen eine recht gute Hilfe zur Verfügung.

4 Wenn Sie wirklich mal nicht weiterwissen, dann können Sie über das Menü *Hilfe / Adobe Premiere Element -Hilfe* (oder schneller über [F1]) diese Hilfefunktion aufrufen.

Über die drei Hyperlinks (❶) am oberen linken Rand können Sie zunächst einstellen, welche Hilfe Sie in Anspruch nehmen wollen.

5 Je nachdem, welche Informationen Sie benötigen, klicken Sie auf *Elements Organizer* oder *Premiere Elements Editor*.

TIPP

> Dass Sie an dieser Stelle auch einen Aufruf für das Schwesterprogramm *Adobe Photoshop Elements* finden, liegt an der engen Verknüpfung beider Programme.

Im linken Bereich wird Ihnen zunächst der *Inhalt* in Form eines thematischen Informationsstrangs angeordnet.

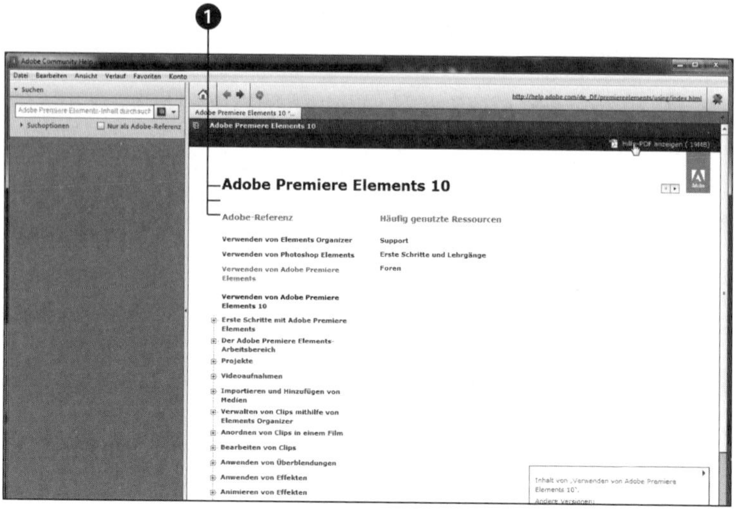

Abb. L1.11: Die Hilfe ist besser als ihr Ruf

6 Klicken Sie auf die Hyperlinks bzw. auf die Pluszeichen davor, um im rechten Fenster eine Liste mit dazugehörigen Themen zu erhalten. Suchen Sie hier das passende Thema aus und klicken Sie abermals darauf.

Premiere Elements zeigt Ihnen dann eine Arbeitsanweisung, wie das Problem zu lösen ist.

Premiere Elements beenden

Programm beenden

Ihre Arbeit mit Premiere Elements können Sie auf verschiedene Art und Weise beenden :

- Wenn Sie sich im Startbildschirm, im Organizer oder Editor befinden, ganz einfach mit einem Klick auf die *Schließen*-Schaltfläche
- Im Organizer bzw. Editor über die Menüfolge *Datei / Beenden* oder noch schneller durch Betätigen von Strg + Q und natürlich das übliche *Schließen*-Feld.

TIPP

In diesem Buch werden einige Schritte über Menüfolgen und meist auch über die Tastenkombinationen erläutert. Die meisten Tastenkombinationen finden Sie übrigens direkt hinter den entsprechenden Menüs aufgelistet. Muss man öfters das ein oder andere Menü aufrufen, ist es oft einfacher, sich diese Kombination zu merken. Doch finden Sie selber heraus, welche Arbeitsweise Ihnen am besten gefällt und wie Sie am schnellsten mit Ihrer Arbeit vorankommen.

L2 Achtung! Aufnahme läuft!

Als stolzer Eigentümer von Premiere Elements besitzen Sie ein leistungsfähiges Programm, mit dessen Hilfe Sie hervorragende Videos zusammenstellen können.

Im Regelfall müssen zunächst einmal die Videodateien auf Ihrem Rechner vorhanden sein, bevor Sie sie mit Premiere Elements bearbeiten können. Deshalb werden Sie im Folgenden zunächst den Vorgang der Videoaufnahme näher kennen lernen.

Ein Projekt anlegen

Bevor Sie mit dem Einlesen des Videomaterials auf Ihrem PC beginnen, müssen Sie zunächst ein *Projekt* anlegen. In einem Projekt werden alle Einstellungen zusammengefasst, die für das gesamte Video gelten.

Neues Projekt

1. Starten Sie zunächst den *Premiere Elements Editor*, indem Sie auf die Schaltfläche *Neues Projekt* klicken.

Abb. L2.1: Ein neues Projekt anlegen

Nach einer kurzen Weile erscheint das Dialogfenster *Neues Projekt*.

TIPP

Um ein neues Projekt anzulegen, können Sie das Dialogfenster *Neues Projekt* auch über die Menüfolge *Datei / Neu / Projekt* oder mit der Tastenkombination Strg + N aufrufen.

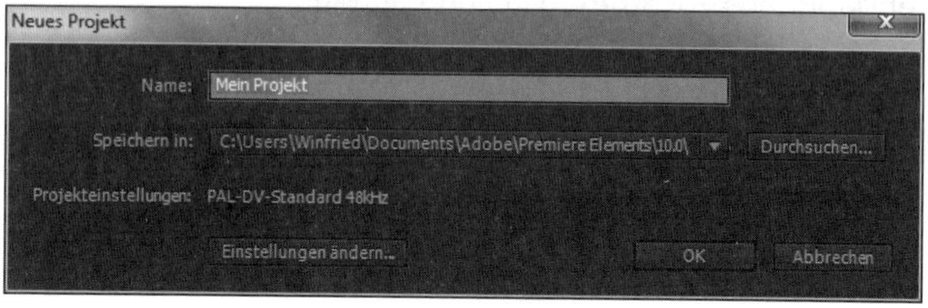

Abb. L2.2: Das Dialogfenster Neues Projekt

Dieses enthält bereits Vorgaben in den Feldern *Name* und *Speichern in*, die Sie Ihren Anforderungen gemäß anpassen sollten.

2 Im Feld *Name* tragen Sie einen Projektnamen ein, unter dem Premiere Elements Ihre Aufnahmen verwalten kann. Alternativ können Sie aber auch den nicht sehr aussagekräftigen Vorgabenamen verwenden.

3 Im Feld *Speichern in* übernehmen Sie entweder den vorgegebenen Speicherplatz oder stellen mit Hilfe des Dialogfensters, welches Sie nach Anklicken der Schaltfläche *Durchsuchen* erhalten, den gewünschten Speicherplatz ein.

TIPP

Idealerweise reservieren Sie sich eine eigene Partition für die Videodateien, die über ausreichend Speicherkapazität verfügt. Gut geeignet ist auch eine Wechselfestplatte, die Sie ausschließlich für diese Zwecke verwenden.

Gegebenenfalls können Sie an dieser Stelle auch die vorgegebenen Projekteinstellungen, *PAL-DV-Standard 48 kHz*, verändern.

4 In diesem Fall klicken Sie auf die Schaltfläche *Einstellungen ändern* und nehmen im folgenden gleichnamigen Dialogfenster die gewünschte Einstellung vor.

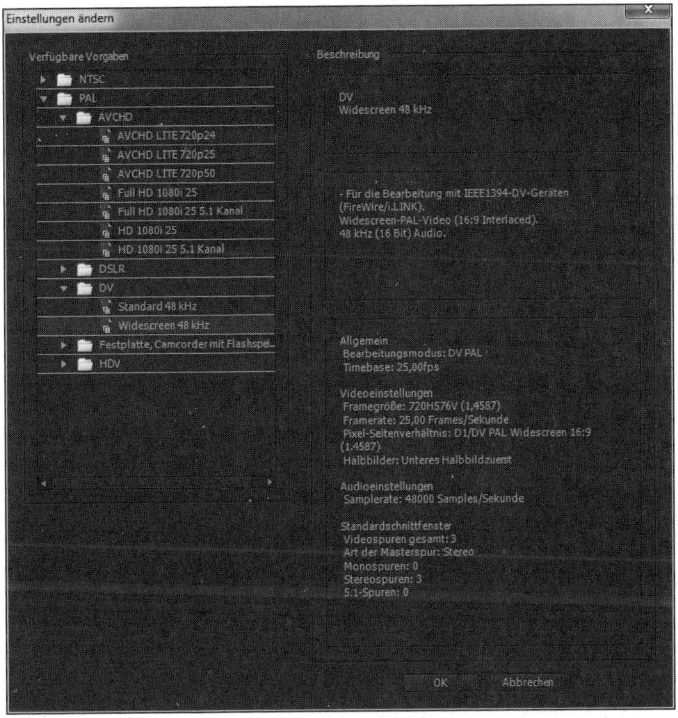

Abb. L2.3: Die Vorgaben für ein Projekt ändern

TIPP

Je nachdem, welche Videoschnittkarte Sie installiert haben, können Sie hier gegebenenfalls ganz einfach die Vorgaben dieser Karte auswählen. Ziehen Sie in diesem Fall das Handbuch zu der Karte zu Rate und wählen Sie dann die geeignete Einstellung aus.

5 Verlassen Sie dieses Dialogfenster mit einem Klick auf *OK*.

6 Klicken Sie dann im Fenster *Neues Projekt* ebenfalls auf *OK*.

Gegebenenfalls erscheint ein kleines Hinweisfenster und lädt Sie ein weitere Inhalte von der Adobe-Internetseite herunterzuladen. Wenn Sie sich für *Ja* entscheiden, dann gelangen Sie auf die entsprechende Webseite von der Sie die Downloads starten können. Möchten Sie das nicht, dann entscheiden Sie sich für die Option *Ohne*.

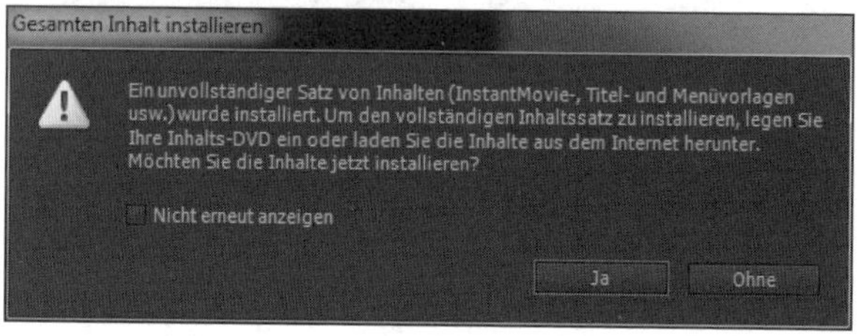

Abb. L2.4: Na, das nehmen wir doch mit!

Zugleich hat Premiere Elements das Projekt angelegt und präsentiert Ihnen abschließend den Editor in voller Pracht.

Premiere Elements Editor

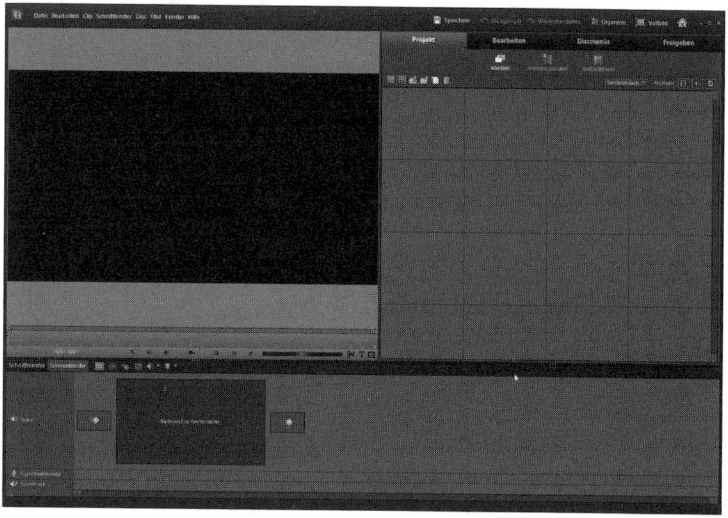

Abb. L2.5: Der Adobe Premiere Elements Editor in voller Pracht

Der Arbeitsschirm

Der Editor ist der eigentliche *Arbeitsbildschirm* von Premiere Elements, in dem Sie in Zukunft hoffentlich viele Videos erstellen und schneiden werden. Da es immer gut ist, mit dem Arbeitswerkzeug vertraut zu sein, werden Sie es im Folgenden erst einmal näher kennen lernen.

Das Programmfenster

Programmfenster

Wie Sie unschwer erkennen, setzt sich der Arbeitsbildschirm von Premiere Elements aus einer Reihe von Fenstern zusammen. Allen gemeinsam ist, dass sie sich innerhalb des Premiere Elements-Programmfensters befinden.

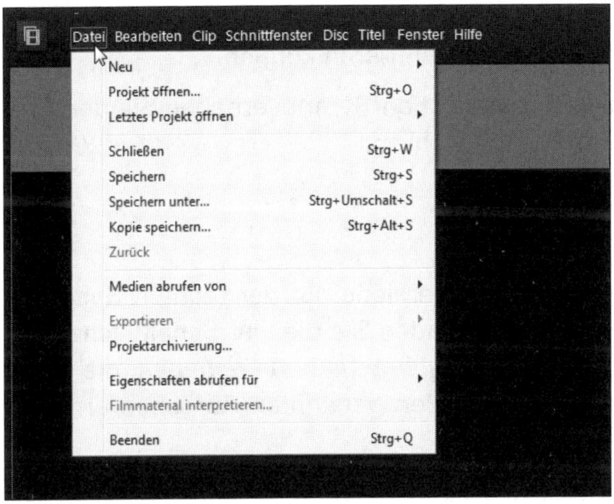

Abb. L2.6: Das Programmfenster mit der Menüleiste

In diesem Fenster finden Sie alle benötigten Einstellungen in einer Menüleiste angeordnet. Sie kennen diese Technik bestimmt von anderen Programmen her. Auch hier gilt, dass nur die schwarz angezeigten Menüs aktiv sind und angewählt werden können. Grau angezeigte Menüs sind nicht aufrufbar und stehen erst dann zur Verfügung, wenn sie Sinn ergeben.

Auf der rechten Seite befinden sich einige Schaltflächen für elementare Funktionen.

So können Sie mit einem Klick auf die Schaltfläche *Speichern* Ihr Projekt sichern.

Mit Hilfe der Schaltfläche *Elements Organizer starten* wechseln Sie in das Verwaltungsmodul des Programms.

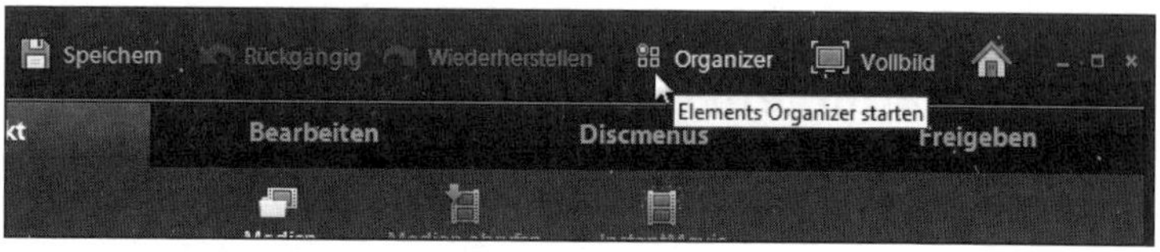

Abb. L2.7: Wichtige Schaltflächen in der Titelleiste

Ein Klick auf die Schaltfläche *Vollbild* führt dazu, dass die allermeisten Bedienelemente ausgeblendet werden und Sie sich voll auf den Film konzentrieren können.

Und über das kleine Häuschen-Symbol erhalten Sie den Premiere Elements Startbildschirm.

Arbeitsbereiche

Prägend sind die Arbeitsbereiche auf der rechten Seite des Programmfensters. Hier finden Sie die vier Schaltflächen *Organisieren*, *Bearbeiten*, *Discmenüs* und *Freigeben*, die Ihnen das Navigieren zwischen den genannten Aufgaben ermöglichen.

Je nach Auswahl des Arbeitsplatzes erhalten Sie darunter entsprechende Symbole und Schaltflächen, die Sie zu den weiterführenden Arbeitsschritten geleiten.

Im unteren Bereich haben Sie Zugriff auf die vom Organizer erfassten Dateien und können die Anzeige mit Hilfe der vier Schaltflächen einschränken.

Abb. L2.8: Der Arbeitsbereich mit seinen Unterteilungen

Schnitt- und Szenenfenster

Schnittfenster

Das *Schnittfenster* bzw. das *Szenenfenster* bietet eine schematische und zeitliche Ansicht Ihres Videos einschließlich aller Video-, Audio- und Überlagerungsspuren.

Zunächst wird Ihnen das Fenster in der sogenannten Szenenansicht angezeigt.

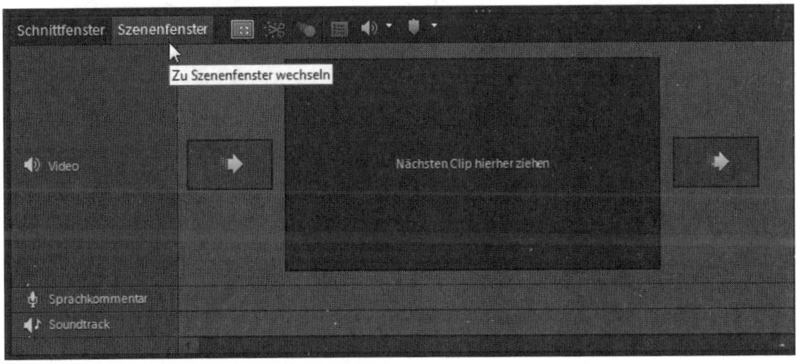

Abb. L2.9: Das Schnittfenster in der Szenenansicht

Das *Szenenfenster* ermöglicht ein rasches Anordnern einzelner Clips zu einem Film. Wie man der Anleitung im ersten großen Feld entnehmen kann, muss man lediglich den nächsten Clip an diese Stelle ziehen und das Programm übernimmt den Rest.

Zwischen beiden Ansichten wechseln Sie über die beiden Registerkarten am oberen Rand hin und her.

Im *Schnittfenster* werden die – unter Umständen recht zahlreichen – Teilszenen Ihres Videoprojekts zusammengesetzt. Kennzeichnend für dieses Fenster ist die so genannte Timeline, also die Zeitleiste am oberen Rand, die mit dem Wert 00:00:00:00 beginnt (in Abbildung L2.10 durch den linken Rand nur abgeschnitten gezeigt) und damit den Anfang Ihres Videos definiert. Zudem zeigt das Schnittfenster die Positionen der einzelnen Clips in der Zeitebene, deren Dauer sowie ihr Verhältnis zu den anderen Clips im Programm grafisch an und erlaubt Ihnen so eine visuelle Vorstellung vom Ablauf Ihres Projekts.

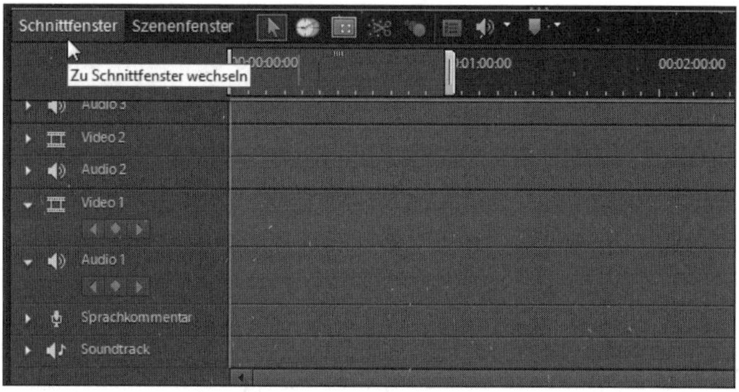

Abb. L2.10: Das Schnittfenster in der Schnittansicht

Aufnehmen des Videomaterials

Nachdem Sie ein Projekt angelegt haben, fehlt Ihnen nur noch das Arbeitsmaterial, damit es losgehen kann. Im Einzelnen geht es somit um das Bereitstellen des Schnittmaterials, also darum, dass das Ihnen vorliegende Bildmaterial auf Ihren PC gebracht und dort abgespeichert werden muss.

Medien abrufen

Videos importieren/ aufnehmen

Zunächst givlt es also, die Clips auf den Computer zu übertragen. Dazu müssen Sie die entsprechende Quelle zunächst auswählen.

1 Klicken Sie auf die Schaltfläche *Medien abrufen*.

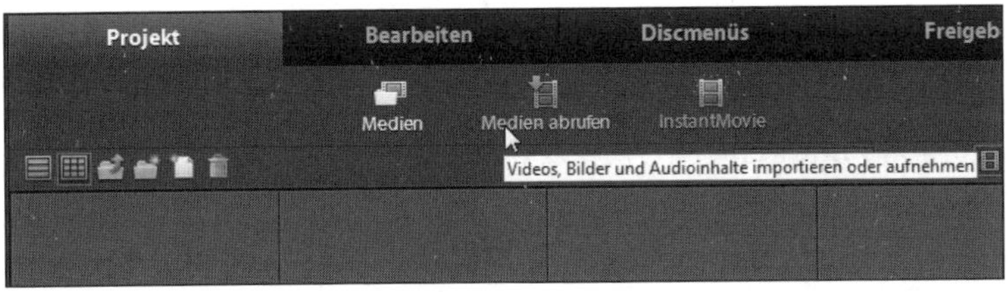

Abb. L2.11: Mit dieser Schaltfläche geht es los

Sie erhalten eine Übersicht der Geräte, von denen Sie Videodaten importieren können.

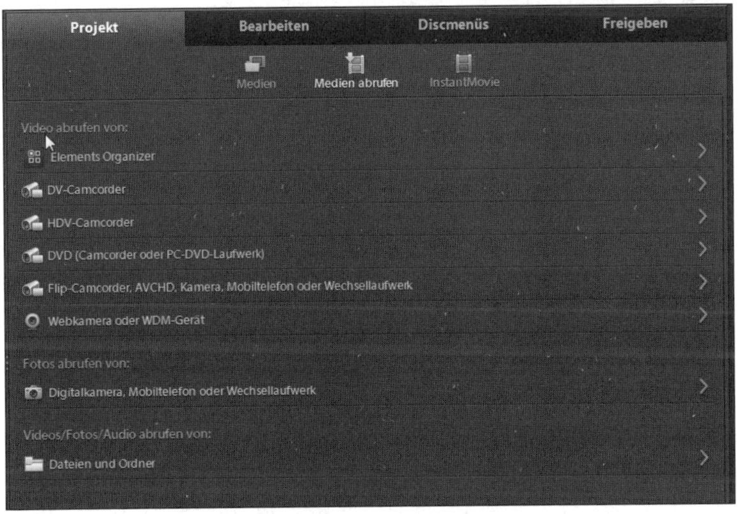

Abb. L2.12: Wählen Sie das angeschlossene Gerät aus

TIPP

Die Funktionsweise im Bereich *Video abrufen* ist für alle aufgezählten Geräte in etwa gleich. Über die Schaltfläche *Dateien und Ordner* können Sie Videos, die sich bereits auf Ihrer Festplatte befinden, in Premiere Elements laden.

2 Suchen Sie das Gerät aus, welches Ihre Videos enthält und setzen Sie einen Klick auf die entsprechende Schaltfläche.

Dialogfenster *Aufnahme*

Das Dialogfenster *Aufnahme* wird geöffnet.

Videos abrufen

Gegebenenfalls erhalten Sie nun den Hinweis, dass das Gerät nicht erkannt wurde. Zudem wird im Dialogfenster *Aufnahme* vor dem Symbol der Kamera ein Ausrufezeichen angezeigt und darunter der Hinweis *Aufnahmegerät offline* eingeblendet. Beides liegt vermutlich daran, dass Sie es nicht angeschlossen und/oder eingeschaltet haben.

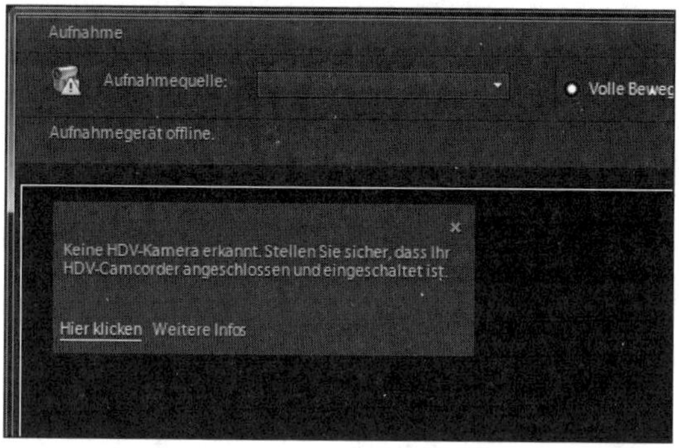

Abb. L2.13: Das Gerät wurde nicht erkannt

DV-Kamera anschließen

Für die Aufnahme sollten Sie deshalb als Nächstes die DV-Kamera anschließen.

1 Stecken Sie ein Kabel mit einem IEEE-1394-Steckverbinder bzw. USB- Steckverbinder in den DV-E/A-Anschluss am Videorekorder und das andere Ende des IEEE- bzw. USB-Anschlusses in die Steckverbindung des Systems bzw. der eingebauten Schnittkarte.

Abb. L2.14: Verbinden Sie die Kamera mit dem PC (hier Firewire)

Manche DV-Camcorder müssen zur Aktivierung des IEEE-1394- bzw. USB-Anschlusses an den Netzadapter angeschlossen sein. Bei anderen wird wiederum der Schlafmodus eingeschaltet, wenn sie sich ohne Bandaktivität für eine gewisse Zeit im Kameramodus befinden. Um daraus möglicherweise entstehende Probleme im Vorfeld zu eliminieren, sollten Sie den Camcorder beim Arbeiten mit Premiere Elements stets an den Netzadapter anschließen.

2 Schalten Sie dann die Kamera ein.

Das weitere Vorgehen hängt davon ab, ob Sie eine herkömmliche DV-Kamera verwenden oder eine mit AVCHD Technik.

(H)DV-Kamera

Haben Sie eine DV oder HDV-Kamera angeschlossen, also eine Kamera, die auf Kassetten speichert, so müssen Sie sich zunächst den Aufnahmeoptionen widmen.

Aufnahme-Speicherort

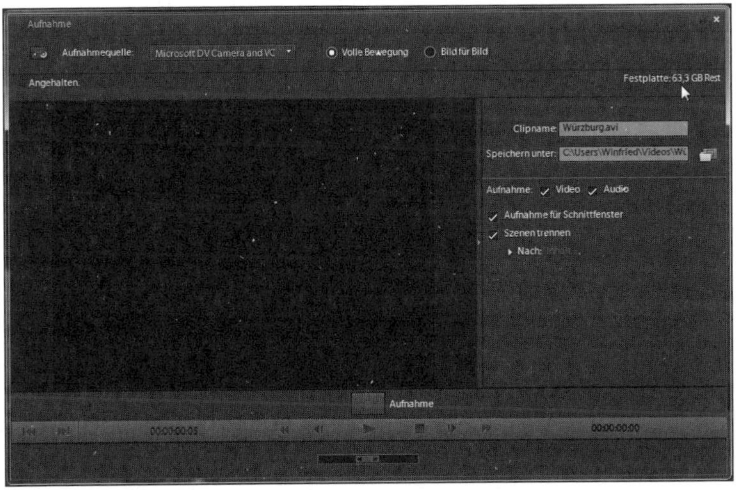

Abb. L2.15: Reicht der Speicherplatz?

Aufnahme-Speicherort

Zunächst sollten Sie sich einmal um den Speicherplatz für die Aufnahme kümmern. Hilfreich ist es, erst einmal auf der rechten Seite des Fensters die gegenwärtige Angabe des vorhandenen Speicherplatzes zu betrachten.

Reicht der vorhandene Platz nicht aus, dann sollten Sie den Speicherpfad im Feld *Speichern unter* ändern.

TIPP

> Beim Anlegen des Projekts wurden bereits die entscheidenden Angaben gemacht, so dass Sie sie nur im Bedarfsfalle (etwa wenn der Speicherplatz knapp werden sollte) ändern müssen.

1. Klicken Sie auf die Ordner-Schaltfläche am rechten Rand des Feldes.

Es erscheint das Dialogfenster *Ordner suchen*.

2. In diesem stellen Sie nun den neuen Speicherplatz ein.

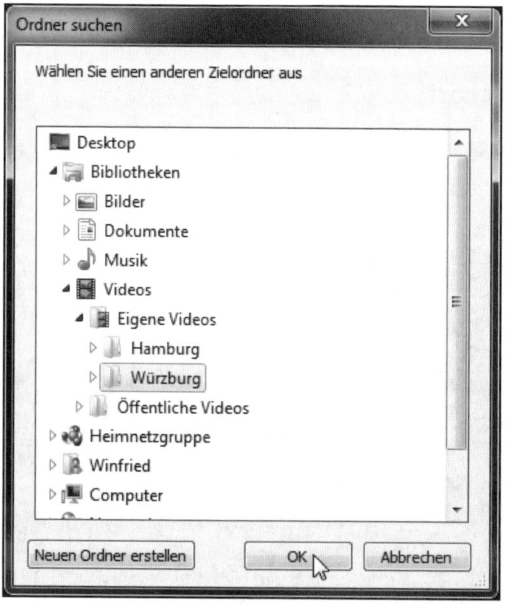

Abb. L2.16: Den neuen Speicherplatz einstellen

3 Mit *OK* übernehmen Sie Ihre Wahl.

4 Anschließend können Sie noch der Aufnahmedatei im Feld *Clipname* einen Namen geben.

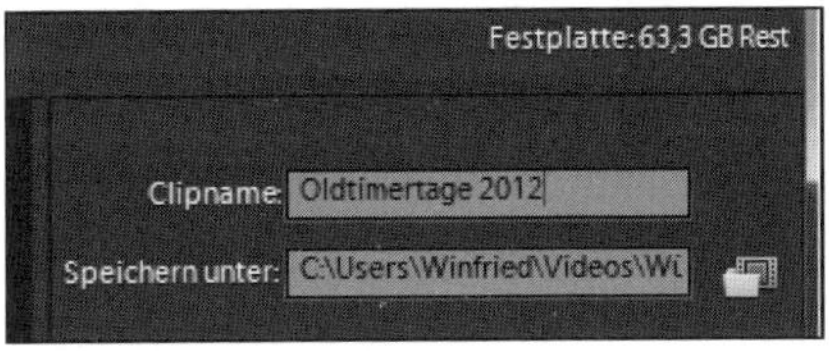

Abb. L2.17: Die Aufnahmedatei benennen

> Wenn Sie vorhaben, mehr als ein Projekt zu erstellen, dann sollten Sie einen aussagekräftigeren Namen als *Mein Projekt* wählen.

TIPP

5 Im Bereich darunter können Sie weitere Einstellungen vornehmen.

- Mittels der beiden Kontrollkästchen *Video* bzw. *Audio* ❶ können Sie festlegen, welche Informationen aufgezeichnet werden sollen.

Abb. L2.18: Die weiteren Einstellungen der Aufnahme

- Über das Kontrollkästchen *Aufnahme für Schnittfenster* legen Sie fest, dass jeder Frame so in das Schnittfenster eingefügt wird, wie bei seiner Aufnahme.
- Ist das Kontrollkästchen *Szenen trennen* aktiviert, dann werden die einzelnen Szenen entweder nach dem *Timecode* oder nach dem *Inhalt* getrennt. Im ersten Fall wird das Ende von Szenen mit Hilfe des Zeit-/

Datumstempels des Bands erkannt. In diesem Fall wird für jede Szene ein separater Clip aufgenommen und in der Projektansicht des Aufgabenfensters platziert. Im zweiten Fall werden die Unterbrechungen über Änderungen im Inhalt ermittelt. Dieser Vorgang erfolgt nach der Aufnahme und kann für jeden Videoclip in der Projektansicht vorgenommen werden.

Entspricht alles Ihren Vorstellungen, kann es losgehen.

Aufnahme

Mit den Schaltflächen der Gerätesteuerung können Sie nun wie mit einem herkömmlichen Videorekorder die Aufnahme steuern.

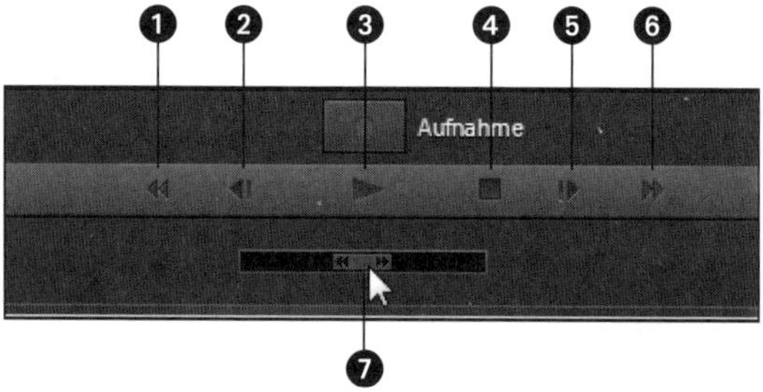

Abb. L2.19: Die Gerätesteuerung

Im Einzelnen haben diese Schaltflächen folgende Bedeutung:

- *Zurückspulen* ❶: Mit einem Klick auf *Zurückspulen* spulen Sie die gesamte Aufnahme zurück.
- *Schritt zurück* ❷: Mit der Schaltfläche *Schritt zurück* spulen Sie das Band um einen Frame zurück. Sie können so zu einer Stelle zurückspulen, die Sie eben gesehen hatten, an der Sie aber die Aufnahme nicht schnell genug stoppen konnten.
- *Abspielen/Pause* ❸: Um das Abspielen der Aufnahme zu starten, klicken Sie einmal auf die Schaltfläche *Abspielen*. Ein nochmaliges Betätigen dieser Schaltfläche hält die Aufnahme vorübergehend an.

- *Anhalten* ❹: Ein Klick auf diese Schaltfläche stoppt die Aufnahme.
- *Schritt vorwärts* ❺: Mit der Schaltfläche *Schritt vorwärts* können Sie das Band um jeweils einen Frame vorfahren.
- *Schneller Vorlauf* ❻: Die Schaltfläche *Schneller Vorlauf* ermöglicht ein schnelles Abspielen, so dass Sie die entscheidende Stelle rascher ausfindig machen und die restlichen Stellen schneller überspringen können.

> **TIPP**
>
> Die Steuerung mit der Maus ist nicht immer praktisch. Rascher können Sie diese Arbeiten über die entsprechenden Tasten erledigen. Um das Abspielen zu starten, betätigen Sie [S], um zurückzuspulen [R], um einen Frame zurückzugehen [←], einen Schritt vorwärts gelangen Sie durch [→], den schnellen Vorlauf schalten Sie mit [F] ein und anhalten können Sie das Ganze mit einem Tipp auf [S].

- *Jog-Shuttle* ❼: Wenn Sie sich intuitiv innerhalb der Aufnahme bewegen möchten, verwenden Sie den sogenannten *Jog-Shuttle*. Ziehen Sie einfach den Schieberegler mit regelnder Stärke in die gewünschte Richtung.

Aufnahme starten

1. Um die Aufnahme zu starten, spulen Sie zunächst das Band mit Hilfe der eben kennen gelernten Schaltflächen an die gewünschte Stelle.
2. Dann klicken Sie einfach auf die Schaltfläche mit dem roten Punkt.

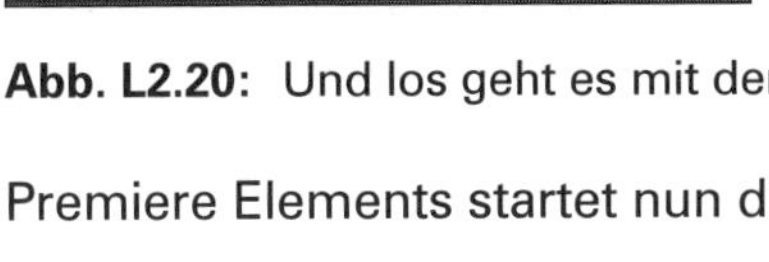

Abb. L2.20: Und los geht es mit der Aufnahme

Premiere Elements startet nun die Aufzeichnung.

Im Vorschaufenster können Sie das laufende Bild betrachten.

Abb. L2.21: Die Aufnahme läuft!

Aufnahme unterbrechen

3 Möchten Sie die Aufnahme unterbrechen, betätigen Sie die Schaltfläche *Pause*, die Sie an den zwei senkrechten Strichen erkennen.

Abb. L2.22: Hiermit können Sie die Aufnahme unterbrechen

Aufnahme stoppen

4 Möchten Sie dagegen die Aufnahme stoppen, klicken Sie auf die Schaltfläche *Anhalten*. Sie erkennen diese an dem schwarzen Rechteck, welches die Farbe ändert, wenn Sie den Mauszeiger darauf bewegen.

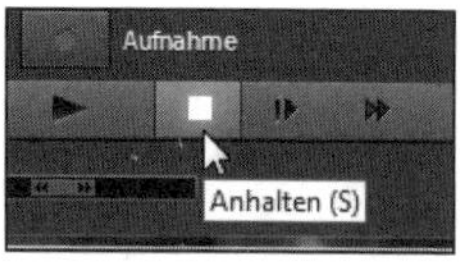

Abb. L2.23: Und so halten Sie die Aufnahme an

Daraufhin hält Premiere Elements die Kamera an.

TIPP

Alternativ können Sie hier aber auch die [S]-Taste betätigen.

Szenen suchen

Sicherlich werden Sie jetzt noch weitere Szenen aufzeichnen wollen. Nicht immer werden Sie diese Szenen aber direkt hintereinander aufgezeichnet haben.

Einzelne Szenen ansteuern

1. Mit Hilfe der beiden Schaltflächen *Vorherige Szene* und *Nächste Szene*, die Sie auf der linken Seite finden, können Sie exakt an die Stelle springen, an der Sie die Aufnahme mit der Kamera gestartet hatten.

Abb. L2.24: Eine Szene ansteuern

Das Programm startet dann die Kamera, spult das Band an die entsprechende Stelle und stoppt.

2. Wenn Sie diese Szene dann aufnehmen wollen, müssen Sie lediglich noch die *Aufnehmen*-Schaltfläche betätigen.

Shuttle

Nicht immer werden Sie mit Hilfe dieser Schaltflächen eine bestimmte Stelle exakt anfahren können. In diesem Fall verwenden Sie den Schieberegler *Shuttle*, der Ihnen echtes Shutteln ermöglicht.

3. Zeigen Sie auf den Regler und ziehen Sie ihn in die entsprechende Richtung.

Abb. L2.25: Der Shuttle zum Anspielen einzelner Szenen

Mit Hilfe dieser Schaltflächen springen Sie nun die jeweilige Szene an und entscheiden durch Betätigen der Schaltfläche *Aufnehmen*, ob Sie diese in Ihr Projekt einfügen wollen oder nicht.

4 Sind alle Szenen im »Kasten« schalten Sie Ihre Digitalkamera aus und schließen ganz einfach das Fenster *Aufnehmen*.

Wie Sie gleich sehen, hat sich der Arbeitsbildschirm durch die Aufnahmen ein wenig verändert. Diese Veränderungen werden wir uns im Folgenden einmal näher anschauen.

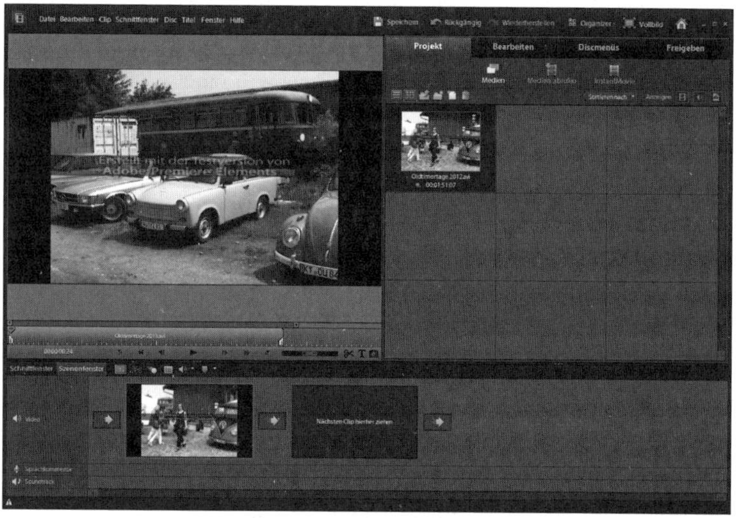

Abb. L2.26: So sieht das Premiere Elements-Fenster jetzt aus

AVCHD Aufnahmegerät

Etwas anders verläuft der Import bei einem AVCHD Aufnahmegerät, also eines, das eine bandlose Aufzeichnung auf digitale Datenträger vornimmt.

Nachdem Sie hier die Kamera eingeschaltet haben, wird das Dialogfenster *Video-Importer geöffnet und liest die Videoclips der Kamera ein.*

Dialogfenster Aufnahme

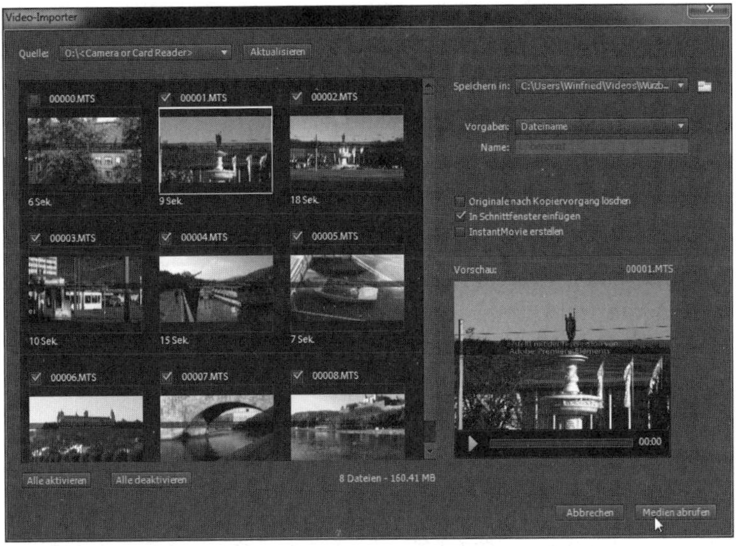

Abb. L2.27: Die Kamera ist nun eingeschaltet

In diesem Fenster können Sie mit Hilfe der Kontrollkästchen über den Vorschaubildern entscheiden, ob Sie den betreffenden Clip importieren wollen oder nicht.

> **TIPP:** Mit Hilfe der Schaltfläche *Alle aktivieren* bzw. *Alle deaktivieren* können Sie den Vorgang in einem Rutsch erledigen.

Daneben finden Sie auf der rechten Seite weitere Einstellungsmöglichkeiten. Zunächst sollten Sie über das Listenfeld *Speichern in* den gewünschten Speicherort einstellen. Dazu müssen Sie auf das kleine Ordnersymbol am Ende des Listenfeldes klicken und diesen mit Hilfe des folgenden Dialogfensters einstellen.

Über die Optionen im Feld *Vorgaben* können Sie Einfluss auf die Gestaltung der Dateinamen nehmen. Dazu wählen Sie entweder eine der Vorgaben aus oder nehmen die Benennung selbst im Feld *Name* vor.

Mit dem ersten Kontrollkästchen *Originale nach Kopiervorgang löschen*, können Sie entscheiden, ob die Clips auf der Kamera bleiben oder nicht.

Da das Kontrollkästchen *In Schnittfenster einfügen* aktiviert ist, werden die Clips gleich entsprechend platziert. Wünschen Sie das nicht, dann deaktivieren Sie das Kontrollkästchen.

Für die ganz Eiligen ist das Kontrollkästchen *InstantMovie erstellen* die richtige Wahl. In diesem Fall analysiert Premiere Elements das Material und erstellt daraus gleich einen fertigen Film.

Wenn Sie Ihre Einstellungen beisammenhaben, klicken Sie auf die Schaltfläche *Medien abrufen*, um den Import von der Kamera zu starten.

Premiere Elements macht sich an die Arbeit und kopiert die Videos nun von Ihrer Kamera auf die Festplatte.

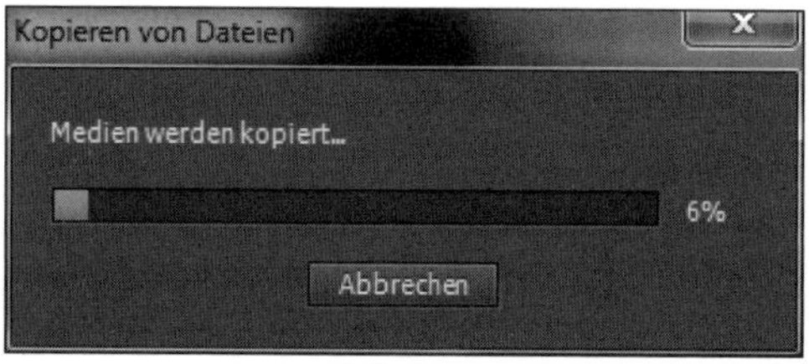

Abb. L2.28: Die Medien werden gerade kopiert

Je nach Umfang kann dieser Vorgang eine Weile dauern. Nach Abschluss finden Sie die Clips im Bereich Projekte angeordnet und – sofern Sie das Kontrollkästchen *In Schnittfenster einfügen* nicht deaktiviert hatten – auch gleich im Szenefenster platziert.

Abb. L2.29: Die Clips wurden importiert und gleich platziert

Arbeiten mit Projekten

Durch Ihre Aufnahmen hat Premiere Elements ein so genanntes Projekt angelegt und unter einem Namen abgelegt.

Arbeitsbereich *Medien*

Die zentrale Schaltstelle Ihrer Arbeit mit Premiere Elements ist der Arbeitsbereich *Medien*, denn hier verwalten Sie alle Bestandteile Ihres Videoprojekts. Im diesem Fenster befinden sich alle Originalclips, die Sie für ein Projekt aufgenommen bzw. in ein Projekt importiert haben, auch wenn Sie diese im aktuellen Projekt gar nicht verwenden. Genauer gesagt werden hier die Verweise auf die Clips abgespeichert, so dass Sie stets Zugriff darauf haben.

Dabei wird jeder Clip mit einem Vorschaubild angezeigt.

Die Darstellungsweise können Sie mit Hilfe der Schaltflächen *Liste* und *Symbol* einstellen. Letztere ist die Standardeinstellung.

1 Klicken Sie auf die Schaltfläche *Liste*, um die listenmäßige Darstellung zu erhalten, die Ihnen mehr Informationen bietet.

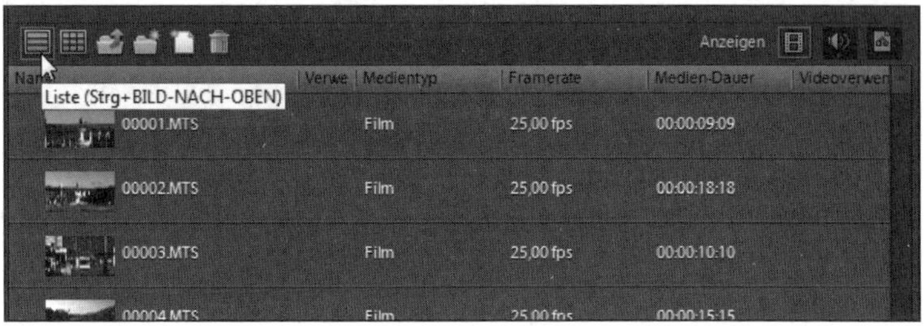

Abb. L2.30: Auf die Ansicht *Liste* umschalten

2 In den übergeordneten Ordner wechseln Sie mit der dritten Schaltfläche, während Sie mit der vierten einen neuen Ordner erstellen können.

Abb. L2.31: Einen Ordner erstellen

Mit Hilfe dieser Ordner können Sie beispielsweise die Clips themenartig sortieren und so eine bessere Übersicht erhalten.

Mit der fünften Schaltfläche können Sie – wie Sie noch im Einzelnen sehen werden – ein neues Objekt, beispielsweise einen Titel, erstellen.

Die letzte Schaltfläche dient schließlich zum Löschen von markierten Clips.

3 Markieren Sie den Clip, den Sie aus der Vorschau entfernen wollen und klicken Sie anschließend auf die Schaltfläche *Löschen*.

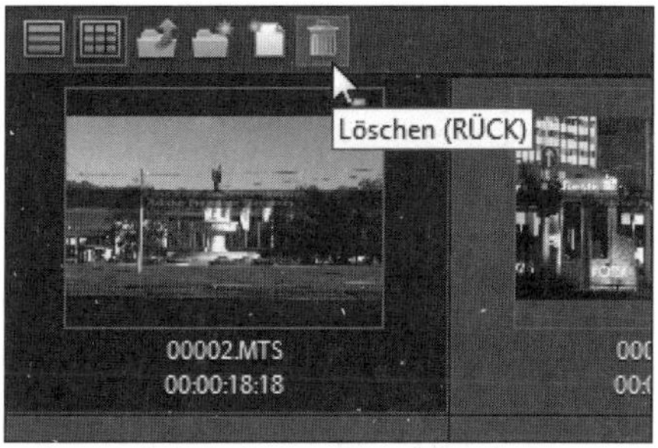

Abb. L2.32: Einen Clip aus der Vorschau entfernen

Mit Hilfe der drei Schaltflächen am rechten Rand, können Sie bestimmen, welche Clips gezeigt werden sollen.

4 Klicken Sie auf die ersten drei Schaltflächen, wenn Sie die Videos, die Audios oder die Standbilder einblenden möchten.

Abb. L2.33: Die Audioclips anzeigen lassen

Über das links neben den drei Schaltflächen liegende Listenfeld können Sie ferner noch entscheiden, in welcher Reihenfolge die Videos angezeigt werden.

5 Klicken Sie auf den Listenpfeil, um die Optionen der Medienanordnung nach Datum einzusehen.

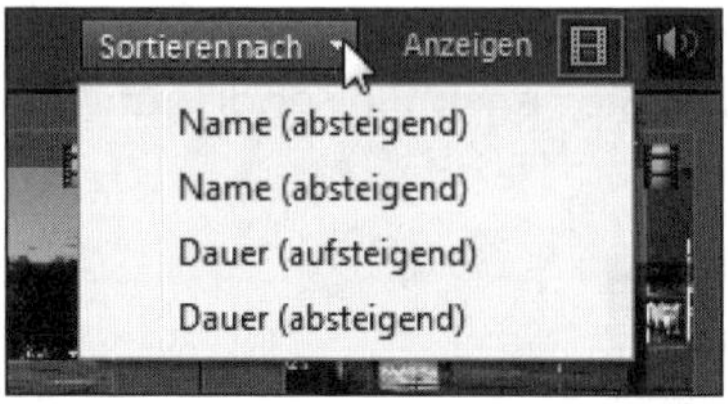

Abb. L2.34: In welcher Reihenfolge sollen die Clips angezeigt werden?

Das Szenenfenster

Das Szenenfenster am unteren Rand des Bildschirms hat sich, wie Sie sicherlich bemerkt haben, durch die Aufnahme verändert. Dort wurden nämlich die einzelnen Clips von Premiere Elements angeordnet.

Abb. L2.35: Das veränderte Szenenfenster

Dabei wird das erste Bild des jeweiligen Clips angezeigt.

Schnittfenster

Wenn Sie über die Registerkarte zum *Schnittfenster* wechseln, sehen Sie eine schematische und zeitliche Ansicht Ihres Videos einschließlich aller Video-, Audio- und Überlagerungsspuren.

In diesem Fenster werden die – unter Umständen recht zahlreichen – Teilszenen Ihres Videoprojekts zusammengesetzt.

Abb. L2.36: Das veränderte Schnittfenster

Kennzeichnend für dieses Fenster ist die Zeitleiste am oberen Rand, die mit dem Wert 00:00:00:00 beginnt (in Abbildung 2.36 durch den linken Rand nur abgeschnitten gezeigt) und damit den Anfang Ihres Videos definiert. Unterhalb der Zeitgabe finden Sie die Marke für die aktuelle Zeit, die Ihnen den Abspielstand des Videos anzeigt.

Das Schnittfenster zeigt die Positionen der einzelnen Clips in der Zeitebene, deren Dauer sowie ihr Verhältnis zu den anderen Clips im Programm grafisch an und erlaubt Ihnen so eine visuelle Vorstellung vom Ablauf Ihres Projekts.

Wenn Sie – wie zuvor gezeigt – mit der Aufnahme beginnen, platziert Premiere Elements alle Elemente auf einer Video- (*Video 1*) und einer Audiospur (*Audio 1*).

Wie Sie im Verlauf dieses Buchs noch sehen werden, können Elemente auf verschiedenen Spuren abgelegt werden, etwa, wenn sie zur gleichen Zeit beginnen sollen.

TIPP

> Standardmäßig blendet Premiere Elements jeweils eine Video- und eine Audiospur ein. Sie sind an diese Anzahl aber nicht gebunden, da man recht mühelos bis zu 99 Spuren über das Kontextmenü einfügen kann.

Die Ansicht verändern Sie über die beiden Symbole oberhalb der Zeitleiste.

Ein Klick auf das Symbol mit dem Plus führt zum *Einzoomen*, ein Klick auf das Gegenstück dagegen zum *Auszoomen*.

Abb. L2.37: Die Ansicht vergrößern (oder verkleinern)

L3 Wo ist was? Ordnung mit System

Haben Sie auch schon mal verzweifelt einen Videoclip auf Ihrem Computer gesucht? Je mehr Videos man besitzt, desto unübersichtlicher – so scheint es – wird die Sammlung.

Doch Premiere Elements bietet Ihnen ein paar recht interessante Hilfsmittel, mit denen Sie Ihre Bilder bequem verwalten können und dabei nicht den Überblick verlieren.

Ansichtssachen

Die Videos, wie auch die anderen Mediadateien, werden in Premiere Elements über den sogenannten *Elements Organizer*, kurz Organizer genannt, verwaltet. In diesem finden Sie alle Videos in Form einer kleinen Vorschaugrafik nebst Datum der Aufnahme aufgelistet.

1 Klicken Sie in der Titelleiste auf die Schaltfläche *Organizer*.

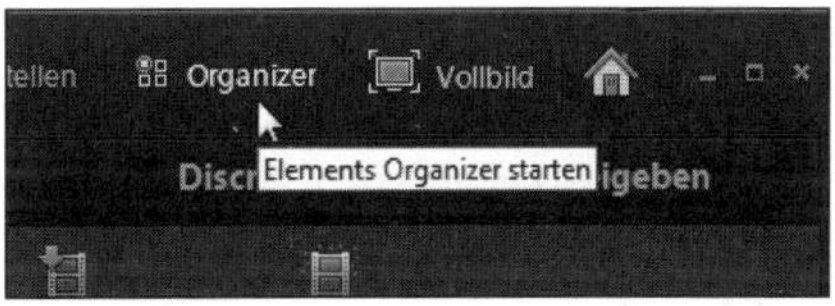

Abb. L3.1: In den Elements Organizer wechseln

> **TIPP**
> Befinden Sie sich im Startbildschirm, klicken Sie einfach auf die Schaltfläche *Organisieren*.

Premiere Elements startet das Programm und präsentiert Ihnen in einem eigenen Fenster den Organizer.

Premiere Elements Organizer

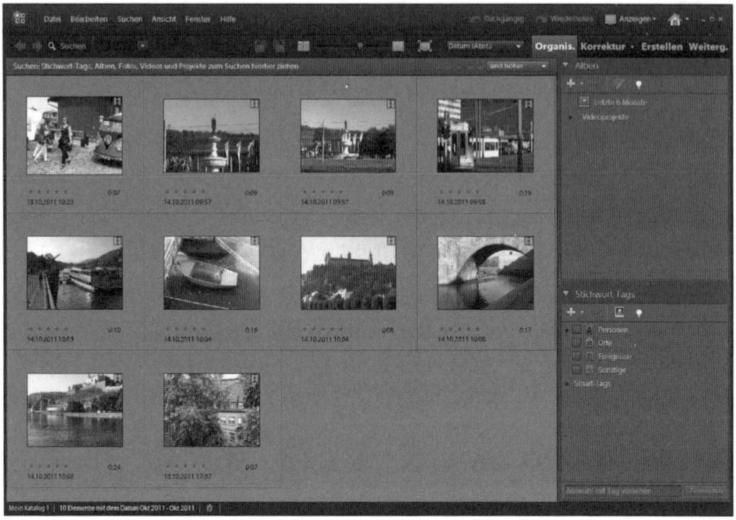

Abb. L3.2: Der Organizer in voller Pracht

Hier finden Sie die Videos, als auch die restlichen Medien, als Vorschauen.

Bilder bewerten

Die Sternchen stehen für das Bewertungssystem, welches Ihnen hilft, die Filme nach wichtigen und für Sie weniger wichtigen Videos zu sortieren. Dabei gilt, dass ein Clip um so für Sie wichtiger ist, je mehr Sternchen er hat.

2 Um eine Bewertung vorzunehmen, müssen Sie lediglich mit der Maus über die gewünschte Anzahl von Sternchen fahren, die dadurch gefärbt werden.

3 Haben Sie die gewünschte Anzahl erreicht, setzen Sie noch einen Klick und schon ist die Bewertung vorgenommen (siehe Abbildung L3.3).

Wenn Sie diese Bewertungen vornehmen, können Sie später nach diesen Kriterien suchen.

1 Dazu geben Sie oberhalb der Vorschauen die gewünschte Anzahl der Sterne an und legen damit den Filtergrad für den Favoritenrang an (siehe Abbildung L3.4).

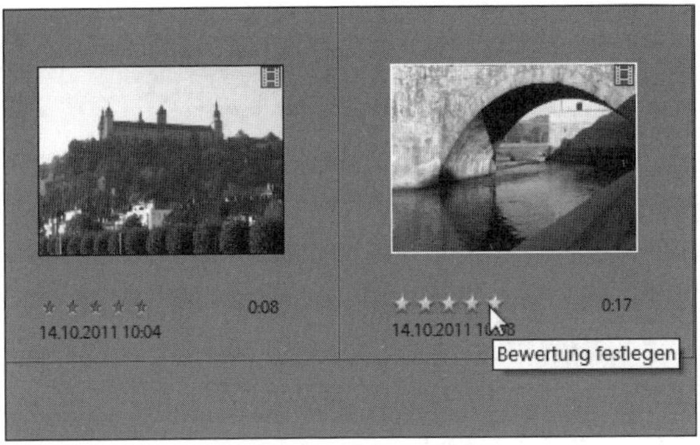

Abb. L3.3: Einen Videoclip bewerten

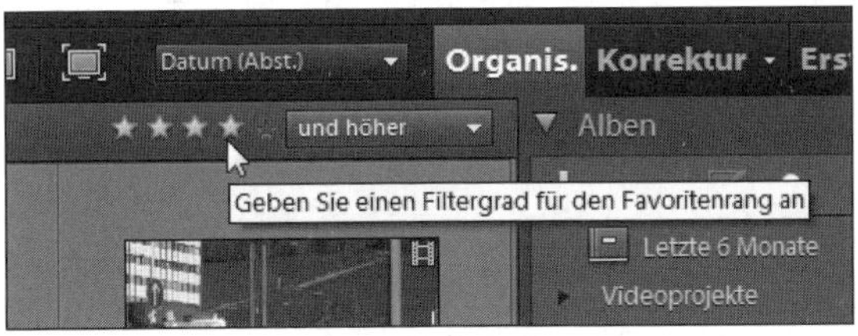

Abb. L3.4: Suchen nach dem Filtergrad

2 Anschließend wählen Sie aus der Liste noch die gewünschte Option aus.

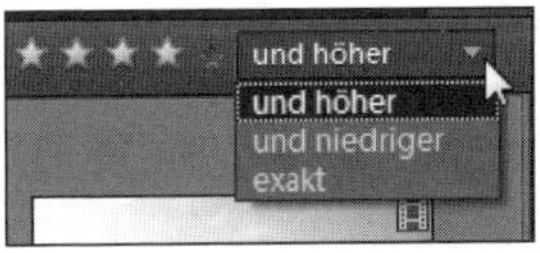

Abb. L3.5: Einstellen der Empfindlichkeit

Nachdem Sie die gewünschte Stufe ausgewählt haben, werden nur noch die entsprechenden Videos angezeigt.

3 Nachdem Sie fertig sind, klicken Sie noch auf die Schaltfläche *Alles einblenden*, damit Ihnen wieder alle Videos angezeigt werden.

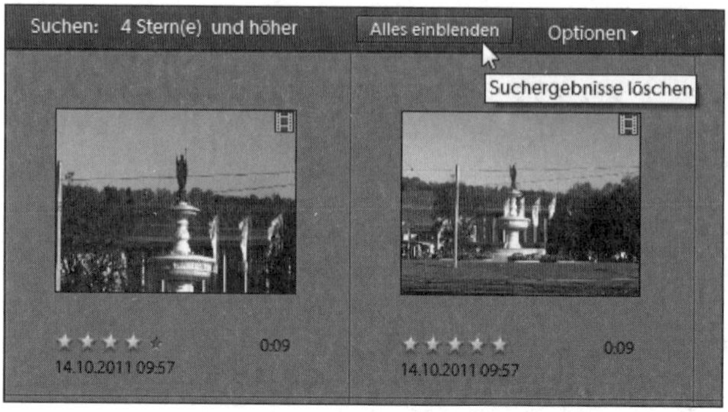

Abb. L3.6: Vergessen Sie nicht, die Suche zu löschen

Größe anpassen

Die Größe der einzelnen Vorschaubilder können Sie durch den Schieberegler anpassen.

4. Zeigen Sie auf den Regler ❶ und ziehen Sie ihn in die entsprechende Richtung.

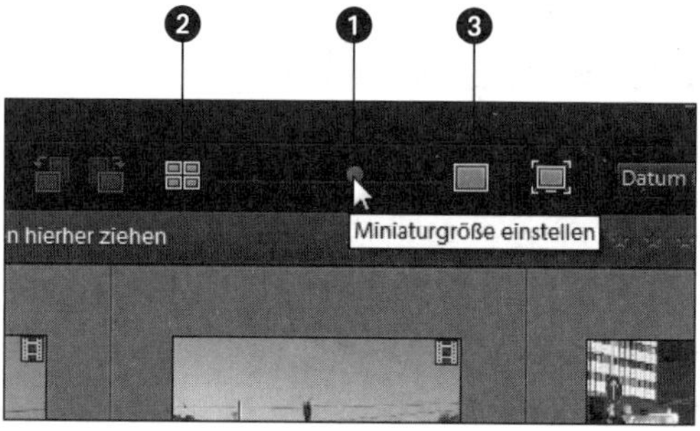

Abb. L3.7: Die Vorschaugrafik anpassen

Dabei gilt:

- Wenn Sie den Regler nach links bewegen, erhalten Sie einen besseren Überblick, da die Vorschaubilder kleiner werden.
- Das Ziehen nach rechts führt zu einer besseren Erkennung, da die Vorschaubilder größer werden.

5. Über die beiden Schaltflächen links und rechts des Reglers können Sie zwischen der kleinstmöglichen Darstel-

lung (*Kleine Miniaturen* ❷) und der größtmöglichen Darstellung (*Einzelbildanzeige* ❸) umschalten.

Und schließlich können Sie auch die Sortierreihenfolge ändern. Am oberen Rand des Fensters finden Sie ein entsprechendes Listenfeld.

Bilder umsortieren

6 Klicken Sie auf den Listenpfeil des Feldes und stellen Sie die gewünschte Sortierreihenfolge ein.

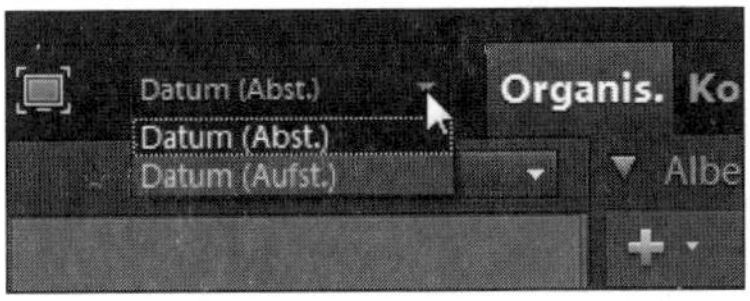

Abb. L3.8: Die Sortierreihenfolge ändern

Hier haben Sie folgende Möglichkeiten:

- *Datum (Abst.)*: Das ist die Standardeinstellung, denn dadurch werden alle Clips in der Reihenfolge ihrer chronologischen Aufnahme aufgelistet.
- *Datum (Aufst.)*: Diese Option kehrt die Reihenfolge um, so dass der zuerst aufgenommene (also ältere) Clip am Anfang angezeigt wird.

Zeitepoche

Möchten Sie Videos aus einem ganz bestimmten Zeitraum angezeigt bekommen, dann kommt die Zeitleiste zum Einsatz.

1 Ist sie nicht sichtbar, rufen Sie die Menüfolge *Fenster / Zeitleiste* auf.

TIPP

Schneller geht es über die Tastenkombination [Strg] + [L].

Vorhandene Clips werden Ihnen durch kleine Rechtecke oberhalb der Jahresskala angezeigt.

2 Klicken Sie auf die betreffende Monatsangabe, um die Clips der betreffenden Periode angezeigt zu bekommen.

Abb. L3.9: Die Zeitleiste hilft beim chronologischen Suchen

Wie Sie sehen, kann man so die verschiedenen zeitlichen Perioden einstellen und ein Video rasch anhand des Datums ausmachen.

Vollbildansicht

Darüber hinaus können Sie sich ein einzelnes Bild in der Vollbildansicht anzeigen lassen, in der Sie zudem Bearbeitungs- und Organisationsschritte vornehmen können. Diese beziehen sich in erster Linie auf das Schwesterprogramm Photoshop Elements, aber es finden sich auch einige Werkzeuge, die speziell für Premiere Elements bestimmt sind.

Vollbildansicht

1 Klicken Sie auf die Schaltfläche *In Vollbildansicht anzeigen, bearbeiten und organisieren* oder betätigen Sie ganz einfach die Funktionstaste F11.

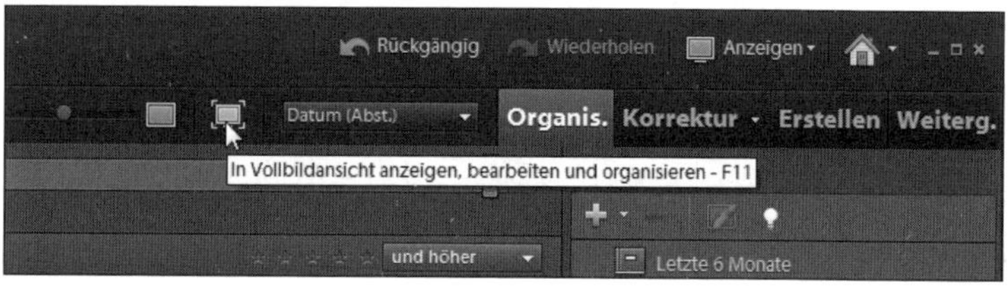

Abb. L3.10: Auf die Vollbildansicht umschalten

Nahezu alle Bedienungselemente werden ausgeblendet und Sie sehen das Video in der Mitte.

Auf der linken Seite finden Sie zum einen das Bedienfeld *Schnell bearbeiten*, welches hauptsächlich für das Bearbeiten von Fotos verwendet wird. Wenn Sie bei einem Videoclip dessen Werkzeuge anwenden, wird von dem ersten Bild des Clips ein Standbild erstellt und Sie können anschließend die wichtigsten Korrekturen vornehmen.

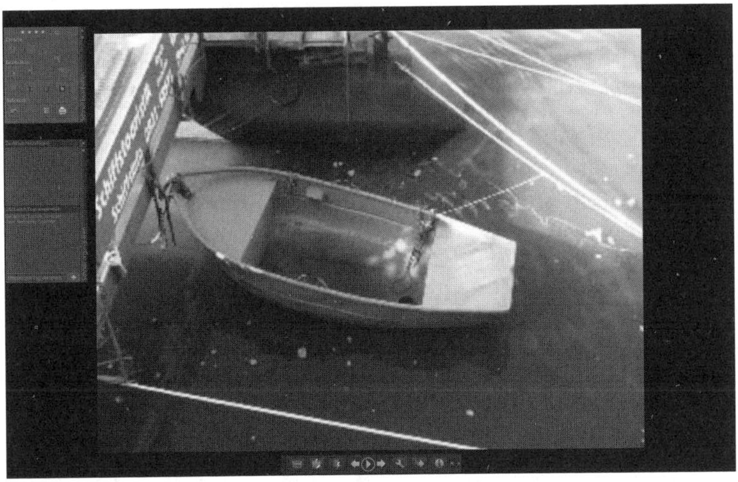

Abb. L3.11: Ein Video in der Vollbildansicht

Mit Hilfe des Bedienfeldes *Schnell organisieren* können Sie die Clips sofort verwalten.

> TIPP
>
> Die dort angebotenen Optionen werden Sie im Verlaufe dieses Buches kennen lernen und können dann an dieser Stelle die üblichen Routinearbeiten erledigen.

Am unteren Rand befindet sich eine Leiste mit der Sie das Aussehen der Vollbildansicht schnell gestalten können.

2 Bewegen Sie den Mauszeiger mittig in die untere Hälfte des Bildes.

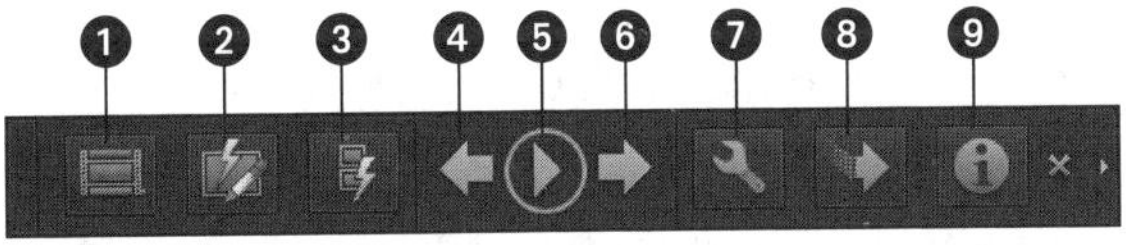

Abb. L3.12: Ermöglicht das Aussehen der Vollbildansicht zu gestalten

Schaltflächen der Vollansicht

Diese Schaltflächen haben folgende Bedeutung:

- *Filmstreifen ein/aus*: Ein Klick auf diese Schaltfläche **1** blendet auf der rechten Seite einen Überblick mit den vorhandenen Fotos in Form eines Filmstreifens ein. Mit einem Klick auf die entsprechende Vorschaugrafik können Sie rasch die Bilder austauschen.

- *Schnell-bearbeiten-Bedienfeld ein/aus*: Ein Klick auf die zweite Schaltfläche ❷ blendet das entsprechende Bedienfeld auf der linken Seite ein und auch wieder aus.
- *Schnell-organisieren-Bedienfeld ein/aus*: Ist das Bedienfeld zum schnellen Organisieren nicht sichtbar, dann kann man es mit dieser Schaltfläche ❸ wieder zum Vorschein bringen.
- *Vorheriges Medium*: Mit dieser Schaltfläche ❹ gelangen Sie zum vorher angezeigten Foto zurück.
- *Wiedergabe*: Über diese Schaltfläche ❺ können Sie eine Diashow starten und Ihre Bilder mit Übergängen und Musik genießen.
- *Nächstes Medium*: Zum nächsten Bild gelangen Sie mit einem Klick auf diese Schaltfläche ❻.
- *Einstellungsdialogfeld öffnen*: Über diese Schaltfläche ❼ öffnen Sie das Dialogfenster *Vollbildansicht-Optionen,* in dem Sie den Ablauf der Diashop näher festlegen können.

Vollbildansicht-Optionen

In diesem Fenster (siehe Abbildung L3.13) können Sie folgende Einstellungen vornehmen:

- *Hintergrundmusik* ❶: Wählen Sie aus der Liste die von Ihnen gewünschte Musik aus. Trifft keine Ihren Geschmack, so klicken Sie auf die Schaltfläche *Durchsuchen* und stellen den Pfad zu der von Ihnen bevorzugten Datei ein.
- *Audiokommentare wiedergeben* ❷: Wurden Audiokommentare aufgezeichnet, so können Sie über das Kontrollkästchen entscheiden, ob diese auch während der Diashow wiedergegeben werden sollen.

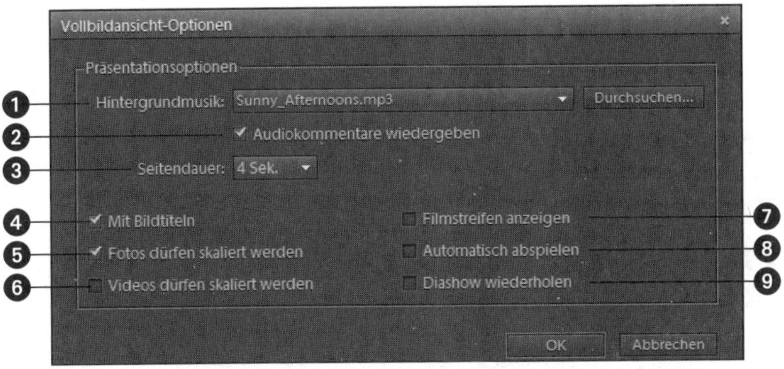

Abb. L3.13: Die Einstellungen für die Vollbildansicht-Optionen

- *Seitendauer* ❸: Über die Angaben in diesem Feld legen Sie fest, wie lange es dauern soll, bis das nächste Foto angezeigt wird.
- *Mit Bildtiteln* ❹: Standardmäßig aktiviert werden die Bildtitel in der Präsentation mit angezeigt.
- *Fotos dürfen skaliert werden* ❺: Die Aktivierung ermöglicht das Skalieren der Fotos auch während der Diashow.
- *Video dürfen skaliert werden* ❻: Diese Einstellung gilt entsprechend für eventuelle Videos.
- *Filmstreifen anzeigen* ❼: Über dieses Kontrollkästchen entscheiden Sie, ob die Vorschaubilder auf der rechten Seite angezeigt werden sollen.
- *Automatisch abspielen* ❽: Ist das Kontrollkästchen aktiviert, müssen Sie nichts mehr tun, außer der Show einfach zuzuschauen.
- *Diashow wiederholen* ❾: Ein Aktivieren bewirkt, dass die Show in einer Endlosschleife angezeigt wird, die man mit Hilfe der Taste [Esc] beenden kann.

Übergänge

- *Übergänge* ❽: Mit Hilfe dieser Schaltfläche können Sie Einfluss auf die Übergänge der Diashow nehmen. Im folgenden Dialogfenster erhalten Sie vier Kategorien zur Auswahl.

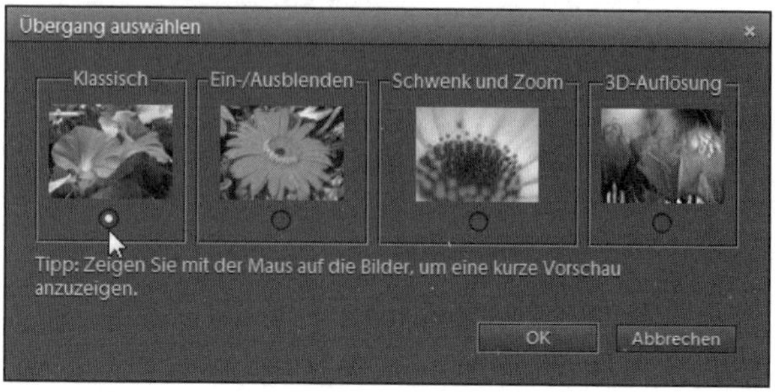

Abb. L3.14: Wie sollen die Übergänge gestaltet werden?

- *Eigenschaftenbedienfeld* ein/aus ❾: Über diese Schaltfläche können Sie das Eigenschaftenbedienfeld öffnen und mannigfaltige Einstellungen an dem betreffenden Bild vornehmen.

TIPP

Die Möglichkeiten dieses Dialogfensters werden Ihnen weiter unten ausführlich erläutert.

Am rechten Rand dieser Leiste finden Sie einen kleinen Pfeil, der weitere Steuerungselemente verbirgt.

Steuerungselemente ein- und ausblenden

3 Klicken Sie auf diesen Pfeil, um die Steuerungselemente ein- und auch wieder auszublenden.

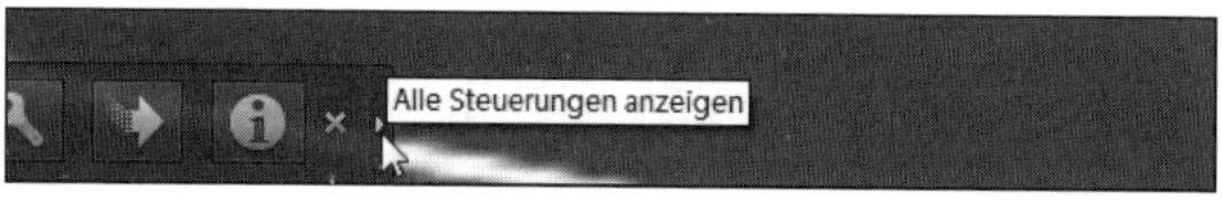

Abb. L3.15: Die weiteren Steuerungselemente anzeigen

Sie erhalten Zugriff auf drei weitere Schaltflächen.

Mit Hilfe dieser Schaltfläche können Sie folgende Abläufe steuern:

- *Vollbildansicht* ❶: Schaltet in die Ihnen schon bekannte Vollbildansicht.

- *Vergleichsansicht* ❷: Teilt den Bildschirm in zwei Hälften, so dass Sie das rechte mit dem linken Bild vergleichen können.
- *Schwenken und Zoomen in der Vergleichsansicht synchronisieren* ❸: Da standardmäßig das Schwenken und Zoomen für jede Hälfte des geteilten Fensters extra erfolgt, können Sie durch Aktivieren dieser Schaltfläche erreichen, dass die Schritte für beide Seiten gelten.

4 Beenden können Sie den Vorschaumodus mit einem Klick auf die Schaltfläche *Schließen* oder Betätigen von [Esc].

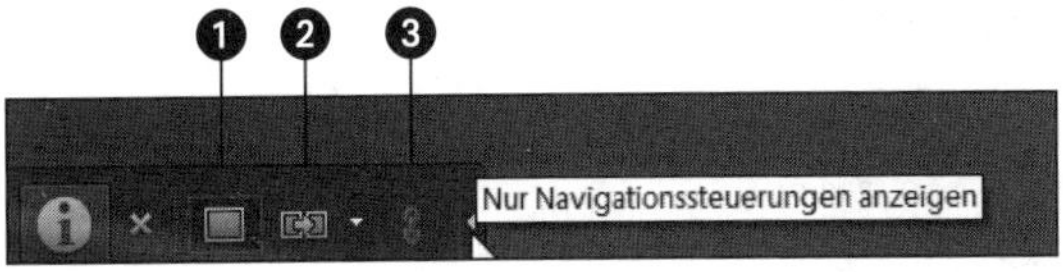

Abb. L3.16: Drei weitere Schaltflächen stehen Ihnen zur Verfügung

Dadurch gelangen Sie wieder in die normale Ansicht des Organizers zurück.

Stichwort-Tags

Eine spätere umständliche Suche wird ungemein erleichtert, wenn Sie die im Organizer enthaltenen Clips mit Stichwörtern, so genannten Stichwort-Tags, versehen. Diese ermöglichen es, die Videos nach Kategorien zu unterteilen und so später alle markierten Bilder themenbezogen schneller aufzufinden. Konkret handelt es sich um benutzerdefinierte Stichwörter wie »Kinder« oder »Urlaub«, die Sie den Videoclips zuweisen, um sie zu ordnen und später problemlos wiederzufinden. Wenn Sie Stichwort-Tags verwenden, müssen Sie die Filme nicht von Hand in themenspezifische Ordner sortieren oder die Dateien entsprechend ihrem Inhalt umbenennen.

Stichwörter vergeben

Zunächst gilt es, jedes Video einfach mit einem oder mehreren Stichwort-Tags zu versehen, welche(s) Sie dann später bei der Suche einfach in das Textfeld *Suchen* eingeben.

Bedienfeld Stichwort-Tags

Stichwörter vergeben

Alles, was Sie für das Erstellen solcher Stichwörter benötigen, finden Sie im Bedienfeld *Stichwort-Tags* auf der rechten Seite.

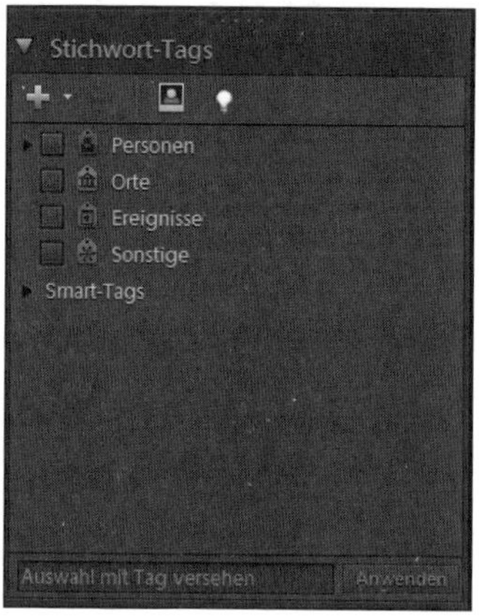

Abb. L3.17: Das Bedienfeld Stichwort-Tags

TIPP

Sollte das Bedienfeld nicht sichtbar sein, können Sie es über *Fenster / Aufgabenbedienfeld einblenden* sichtbar machen.

Dieses bildet sozusagen die Zentrale für die Vergabe von Stichwörtern und enthält die vier Hauptkategorien, *Personen*, *Orte*, *Ereignisse* und *Sonstiges* sowie die Kategorie *Smart-Tags.*

Stichwort-Tags vergeben

Wenn Sie einem Clip eines dieser vorhandenen Tags zuzuweisen wollen, müssen Sie wie folgt vorgehen:

Stichwort-Tags vergeben

1. Zeigen Sie auf das Symbol und
2. ziehen Sie es dann auf das Vorschaubild des betreffenden Clips.

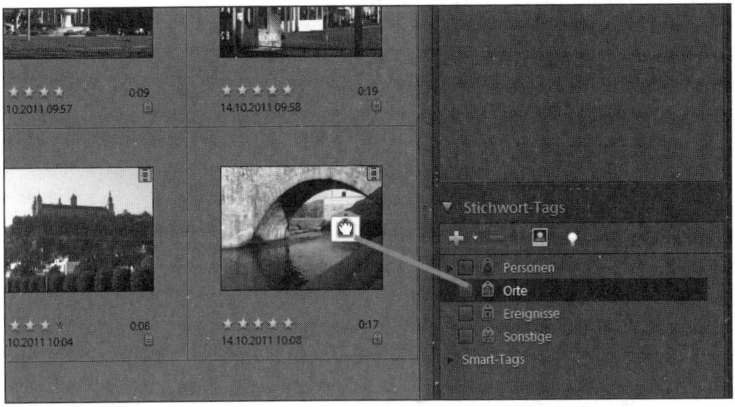

Abb. L3.18: Ein Stichwort-Tag zuweisen

Das Tag wird augenblicklich zugewiesen, was Ihnen durch ein kleines Symbol am rechten unteren Rand angezeigt wird.

Abb. L3.19: Ein angehängtes Stichwort-Tag

3. Auf diese Art und Weise ordnen Sie alle Ihre Bilder ein.

TIPP

> Möchten Sie das Tag auf eine Reihe von zusammengehörigen Videos auf einen Schlag anwenden, dann müssen Sie diese lediglich zunächst mit gedrückter [Strg]-Taste markieren und dann das Tag auf ein x-beliebiges Bild ziehen.

Ein neues Stichwort-Tag anlegen

Oftmals werden Ihnen die Standard-Stichwort-Tags zu allgemein sein und deshalb der Wunsch nach eigenen bzw. stärkeren Unterteilungen aufkommen.

Stichwort-Tags anlegen

Das ist kein Problem, denn ein solches Stichwort-Tag können Sie problemlos erstellen.

1 Klicken Sie auf das Pluszeichen im Aufgabenbedienfeld *Stichwort-Tags*.

2 Wählen Sie den Menüeintrag Neues Stichwort-Tag.

Abb. L3.20: Ein neues Stichwort-Tag anlegen

3 Im folgenden Dialogfenster Stichwort-Tag erstellen wählen Sie zunächst die Kategorie aus, der Sie das Stichwort zuordnen wollen.

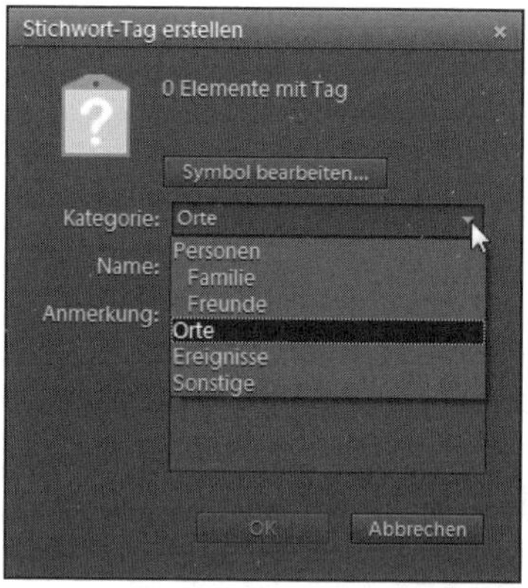

Abb. L3.21: Wem soll das neue Tag untergeordnet werden?

4 Anschließend tragen Sie im Feld *Name* die gewünschte Bezeichnung ein.

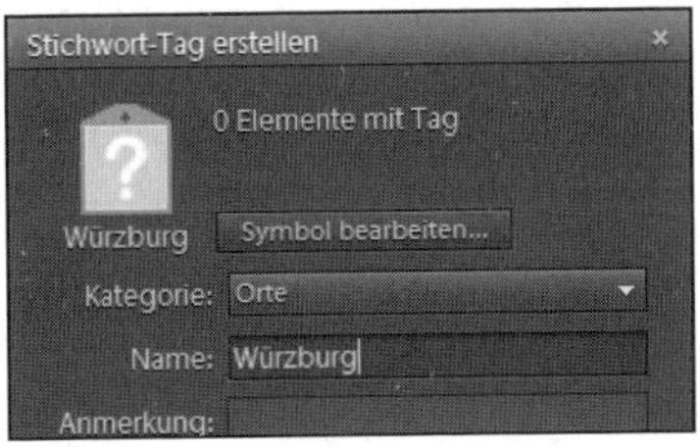

Abb. L3.22: Einen Namen vergeben

5 Wenn Sie mögen, können Sie im Feld *Anmerkung* noch eine nähere Erläuterung einfügen.

6 Anschließend gehen Sie wie bereits bekannt vor und ziehen das neue Stichwort-Tag auf das zu bezeichnende Video.

Wenn Sie danach einmal den Mauszeiger auf das kleine Symbol unterhalb des Bildes bewegen, werden Ihnen die nun vorhandenen Stichwort-Tags angezeigt.

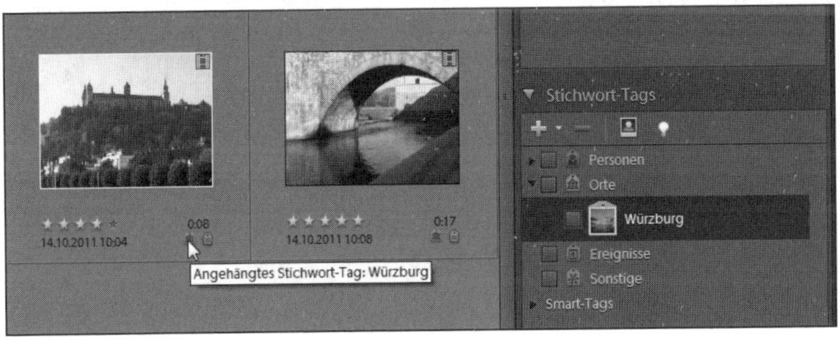

Abb. L3.23: Das neue Stichwort-Tag

Smart-Tags

Neben den bislang gezeigten Tags können Sie in Premiere Elements auch sogenannte Smart-Tags setzen.

Durch die intelligenten (engl. *smart*) Tags können Sie sich die Suche nach Videos anhand von Qualität und Inhalt erleichtern. Zudem können Sie auf diese Weise die am besten geeigneten Clips bestimmen und ungeeignetes Material (z. B. verschwommene, verwackelte oder dunkle Aufnahmen) für die spätere Bearbeitung aussortieren.

Intelligente Tags

1. Klicken Sie im Bedienfeld *Stichwort-Tags* auf den kleinen nach rechts weisenden Pfeil, um die gesamte Breite der intelligenten Tags einzusehen.
2. Ein Tag ziehen Sie, wie bereits bekannt, einfach auf den betreffenden Clip.

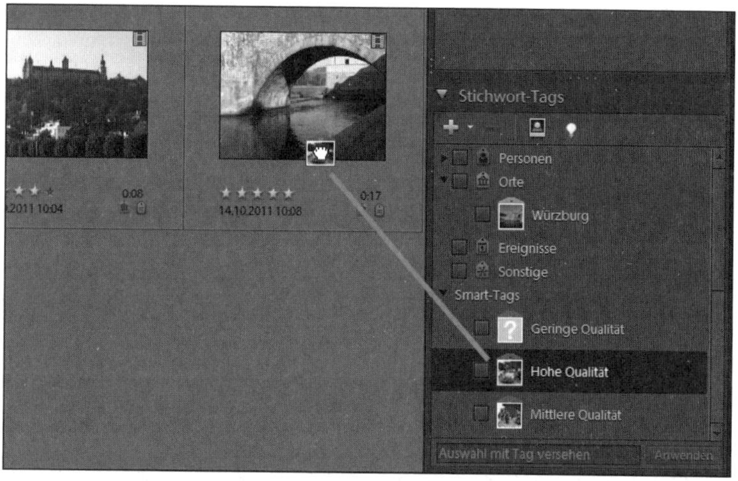

Abb. L3.24: Die intelligenten Tags

Dort wird es wie ein normales Tag unterhalb des Vorschaufotos platziert und gibt, wenn Sie die Maus drauf bewegen, Auskunft über seine Eigenschaft.

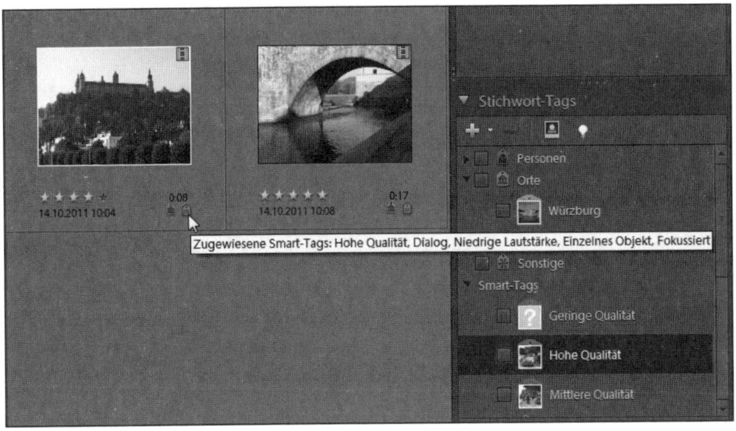

Abb. L3.25: Ein intelligentes Tag in Aktion

Stichwörter speichern

Abschließend sollten Sie die Tags sichern, denn sie werden gegenwärtig nur im Organizer angezeigt.

1 Rufen Sie die Befehlsfolge *Datei / Stichwort-Tag und Eigenschafteninformation mit Fotos speichern* auf.

Allerdings können Stichwort-Tags nur in Foto-Dateien, nicht jedoch Videodateien geschrieben werden. Falls Sie – wie beschrieben – eine Zuordnung vornehmen, werden diese beim Speichern übersprungen.

2 Ein weiterer Klick auf *OK* startet dann den Vorgang.

TIPP

Nehmen Sie sich dafür ein bisschen Zeit, denn der Vorgang des Schreibens der Metadaten kann je nach Umfang der von Ihnen mit Stichwörtern versehenen Dateien eine Zeit dauern. Der Fortschritt wird Ihnen in einem kleinen Hinweisfenster angezeigt.

L4 Wer macht was? Projektmanagement

Im Regelfall eignet sich das Rohmaterial nicht wirklich zu einer Vorführung. Vielmehr gilt es, aus all den aufgenommenen Szenen ein schlüssiges Gesamtwerk zu gestalten. Vielleicht denken Sie jetzt, dass das schwer ist. Doch keine Sorge. In diesem Kapitel erfahren Sie alles, was Sie bei der digitalen Bearbeitung am Computer wissen müssen und wie Sie selbst ein langweiliges Projekt mit überraschenden Effekten aufpeppen können.

Arbeiten mit Projekten

Wenn Sie gerade Premiere Elements gestartet haben, sollte der Startbildschirm vor Ihnen sein.

Befinden Sie sich im Premiere Elements Editor oder Organizer, dann klicken Sie auf die Schaltfläche mit dem Häuschen und wählen den Eintrag *Premiere Elements-Startbildschirm*.

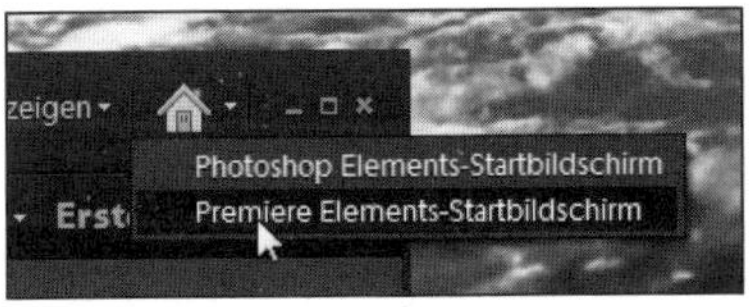

Abb. L4.1: Den Startbildschirm aufrufen

Vorhandenes Projekt

1 Im Startbildschirm klicken Sie auf die Schaltfläche *Projekt öffnen*.

Hier finden Sie alle bislang von Ihnen mit Premiere Elements angelegten Projekte.

2 Klicken Sie mit der Maus auf die betreffende Bezeichnung.

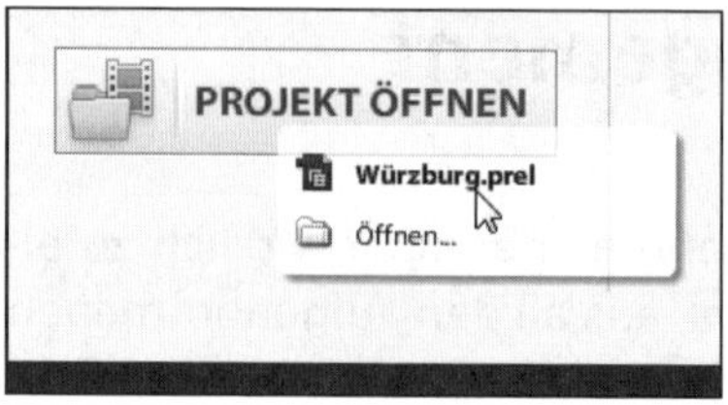

Abb. L4.2: Ein vorhandenes Projekt öffnen

Danach wird das Projekt geladen und Sie können weiter machen.

3 Befindet sich das Projekt nicht in der Liste, dann klicken Sie auf die Schaltfläche *Öffnen* und wählen in dem folgenden Dialogfenster *Projekt öffnen*, die entsprechende Projektdatei und klicken auf *Öffnen*.

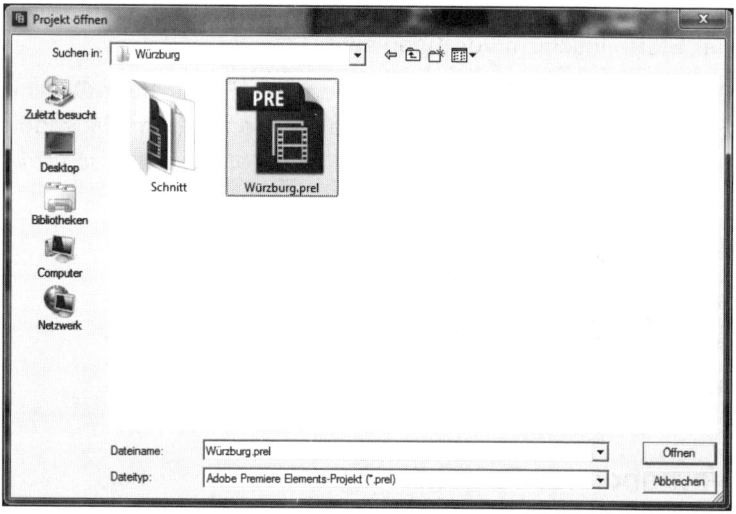

Abb. L4.3: Ein abgespeichertes Projekt öffnen

Wie Sie sehen, trägt die Datei die Endung *prel*, die das Programm automatisch vergeben hat.

> **TIPP**
>
> Leider werden die Dateiendungen bei Windows 7 (wie schon seit den seeligen Windows-XP-Zeiten) nicht standardmäßig angezeigt. Deshalb kann es sein, dass Sie nur den Namen auf Ihrem Bildschirm sehen. Wenn Sie jedoch diese professionelle Ansicht erhalten möchten, klicken Sie im Explorer auf die Schaltfläche *Organisieren* und wählen den Menüpunkt *Ordner und Suchoptionen*. Im folgenden Dialogfenster *Ordneroptionen* wechseln Sie zur Registerkarte *Ansicht* und deaktivieren im Bereich *Erweiterte Einstellungen* den Eintrag *Dateinamenerweiterungen bei bekannten Dateinamen ausblenden*.

Für das weitere Arbeiten sollen die vom Programm bereits im Schnittfenster platzierten Clips entfernt werden, denn im Folgenden werden Sie sehen, wie man diese nach seinen Vorstellungen anordnen kann.

Clips entfernen

1. Klicken Sie auf einen Clip, um diesen zu markieren.

Abb. L4.4: Einen Clip markieren

Zur Kontrolle wird er mit einer anderen Farbe dargestellt.

2. Betätigen Sie nun die Tastenkombination [Strg] + [A], um alle Clips zu markieren.

3. Anschließend betätigen Sie noch die Taste [Entf], um die so markierten Clips zu entfernen.

Danach ist das Szenenfenster leer.

Abb. L4.5: Das geleerte Szenenfenster

4. Rufen Sie nun noch die Menüfolge Datei / Speichern auf, um das Projekt in diesem Zustand zu speichern. Alternativ können Sie auch die Tastenkombination [Strg] + [S] verwenden.

Neues Projekt

Möchten Sie ein neues Projekt anlegen, dann gehen Sie im Editor wie folgt vor:

Neues Projekt anlegen

1. Zunächst klicken Sie auf das Menü *Datei*.
2. Im folgenden Menü wählen Sie den Eintrag *Neu*.

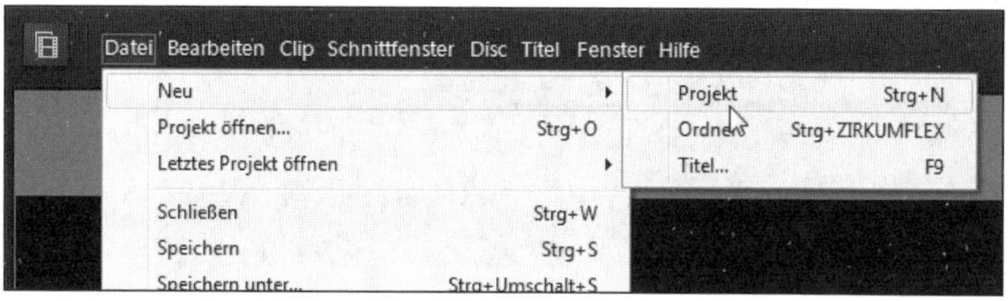

3. Mit einem Klick auf den Menüeintrag *Projekt* geht es dann los.

Arbeiten mit Clips

Haben Sie bereits – wie zuvor beschrieben – Ihre Videos von dem Aufnahmegerät auf den Computer überspielt, dann finden Sie die Vorschauclips im Arbeitsbereich *Medien* vor.

Arbeitsbereich Medien

Abb. L4.6: Diese Clips sind bereits aufgenommen worden

Medien hinzufügen

Sie können aber auch Videos hinzufügen, die sich bereits auf Ihrer Festplatte befinden.

Medien abrufen

1. Klicken Sie dazu auf die Schaltfläche *Medien abrufen*.
2. Hier klicken Sie auf die Schaltfläche *Dateien und Ordner*.

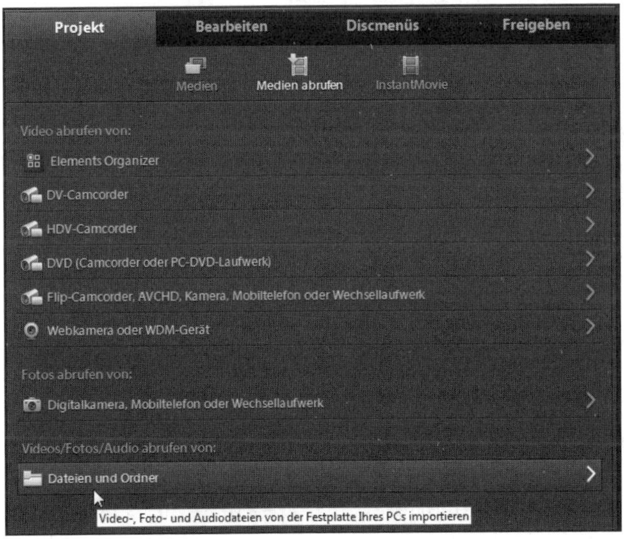

Abb. L4.7: Videos von der Festplatte importieren

> **TIPP**
>
> Bevor Sie mit dem eigentlichen Zusammenstellen beginnen, sollten Sie ungefähr wissen, welche Szenen Sie zusammenfügen wollen. Hierbei kann eine kleine Ablaufliste, die ein paar nähere Informationen zu den Clips enthält, Ihre Arbeiten enorm erleichtern.

Es öffnet sich das Dialogfenster *Medien hinzufügen*.

Stellen Sie zunächst den Speicherort der Dateien ein.

3 Stellen Sie im Feld *Suchen in* den Speicherort Ihrer Videodaten ein.

4 Anschließend klicken Sie einmal auf den Listenpfeil *Dateityp*.

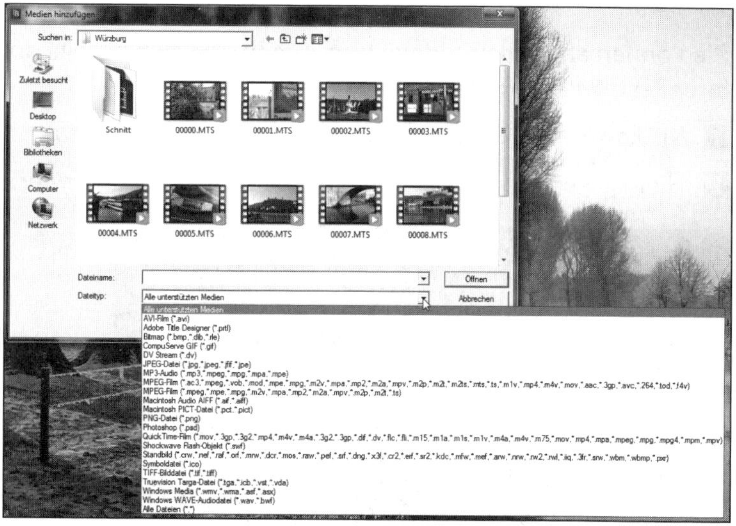

Abb. L4.8: Die Unterstützung der Formate ist schon beeindruckend

In dieser Liste finden Sie alle von Premiere Elements unterstützten Medien.

5 Wählen Sie anschließend die gewünschte Datei aus. Möchten Sie gleich mehrere Dateien aufnehmen, dann halten Sie die [Strg]-Taste gedrückt, während Sie sie anklicken.

6 Haben Sie alle beisammen, dann klicken Sie auf *Öffnen*, um sie in das Fenster *Medium* zu befördern.

Die ausgewählten Clips werden importiert und Ihnen im Bereich *Medien* präsentiert.

Abb. L4.9:
Der gerade importierte Videoclip

Ein Projekt bearbeiten

Die eben gezeigte Methode hat jedoch den Nachteil, dass Sie auch Dateien eventuell anderer vorliegender Projekte angezeigt bekommen.

Projekt bearbeiten

1 Klicken Sie deshalb auf die Schaltfläche mit dem Projektnamen, um nur die Clips des aktuellen Projekts angezeigt zu bekommen.

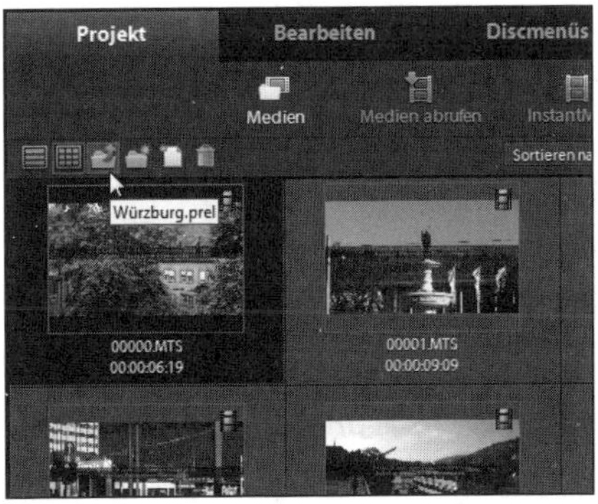

Abb. L4.10:
Die Dateien des Projekts auf einen Blick

Wie Sie sehen, wurden die Clips beim Aufnehmen von Premiere Elements mit einer durchlaufenden Nummer versehen bzw. es werden die Bezeichnungen der Kamera übernommen. Das ist auf die Dauer jedoch recht unübersichtlich.

Sie können jedoch die Titel der Clips mühelos in eine aussagekräftigere Bezeichnung ändern.

Clips benennen

2 Klicken Sie einfach dazu auf den Text des Titels und überschreiben ihn mit dem von Ihnen gewünschten Namen.

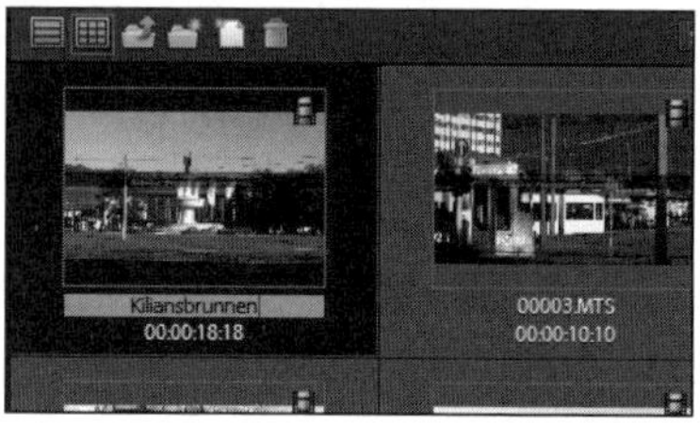

Abb. L4.11: Die Clips benennen

TIPP

> Haben Sie – wie vorgeschlagen – die Dateiendungen eingeblendet, dann achten Sie darauf, dass Sie diese nicht löschen bzw. umbenennen.

Clips bearbeiten

Nicht selten werden Sie den Wunsch verspüren, den einen oder anderen Clip bearbeiten zu wollen.

Clip im Vorschaufenster betrachten

1 Doppelklicken Sie auf einen Clip, um ihn in einem eigenen Vorschaufenster zu öffnen (siehe Abbildung L4.12).

Hier können Sie zunächst den Clip mit den Steuerelementen für die Wiedergabe betrachten und analysieren.

2 Klicken Sie zum Abspielen auf die Schaltfläche *Abspielen/Pause* bzw. betätigen Sie die [Leer]-Taste.

In-Point

3 Haben Sie die Szene erreicht, in die Sie einsteigen wollen, klicken Sie auf die Schaltfläche *In-Point setzen* bzw. betätigen die Taste [I] (siehe Abbildung L4.13).

Abb. L4.12: Ein Clip im Vorschaufenster

Abb. L4.13: Einen In-Point setzen

4 Spielen Sie den Clip weiter ab, um die Szene zu finden, an der Sie aussteigen möchten.

Out-Point

5 Markieren Sie diese durch Klicken auf die Schaltfläche *Out-Point setzen* bzw. durch Betätigen der Taste [O] (siehe Abbildung L4.14).

Auf der Zeitleiste erkennen Sie anhand des farbigen Bereichs den durch das Setzen des *In-* und *Out-Points* gewählten Abschnitt des Clips (siehe Abbildung L4.15).

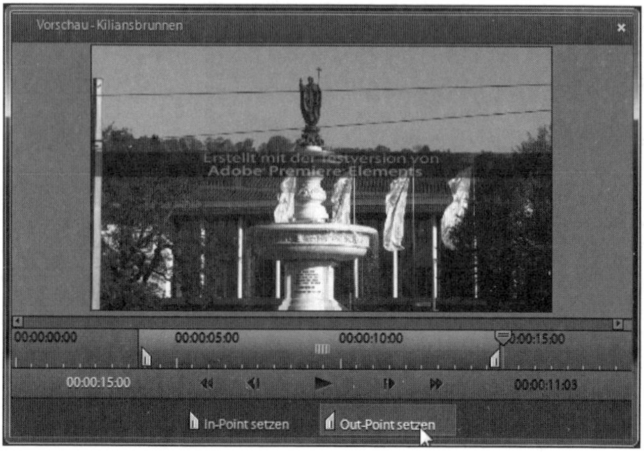

Abb. L4.14: Den Out-Point setzen

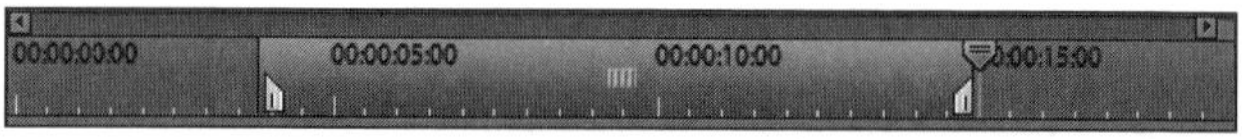

Abb. L4.15: Die durch die Points ausgewählte Stelle

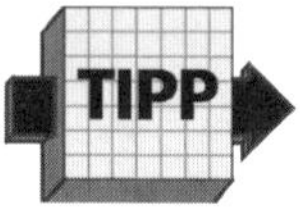

Wie Sie sehen, setzt man In- und Out-Points, um die Teile der Clips festzulegen, die man verwenden möchte. Das wird insbesondere dann der Fall sein, wenn die Originalclips mehr Filmmaterial enthalten, als in die fertige Sequenz aufgenommen werden soll.

6 Schließen Sie nach Abschluss der Arbeiten das Vorschaufenster über das *Schließen*-Feld.

Clips mehrfach einsetzen

Wenn Sie möchten, können Sie ein und denselben Clip in Ihrem Projekt mehrmals einsetzen.

Clip mehrfach einsetzen

Dazu können Sie zwei verschiedene Vorgehensweisen wählen:

- Zunächst einmal können Sie einen Originalclip beliebig oft in einen Film hinzufügen. Die im Folgenden zu zeigenden Schritte sind dann gar nicht notwendig.
- Wenn Sie lediglich einen bestimmten Teil, d.h. eine Szene aus einem Clip, an verschiedenen Stellen verwenden möchten, ist es hilfreich, sich eine Kopie des Clips zu erstellen und die entscheidende Stelle als *Titelframe* festzulegen.

1. Um eine Clipkopie zu erstellen, markieren Sie zunächst diesen Clip und rufen dann Bearbeiten / Duplizieren auf. Alternativ können Sie aber auch den Befehl Duplizieren aus dem Kontextmenü des Clips aufrufen.

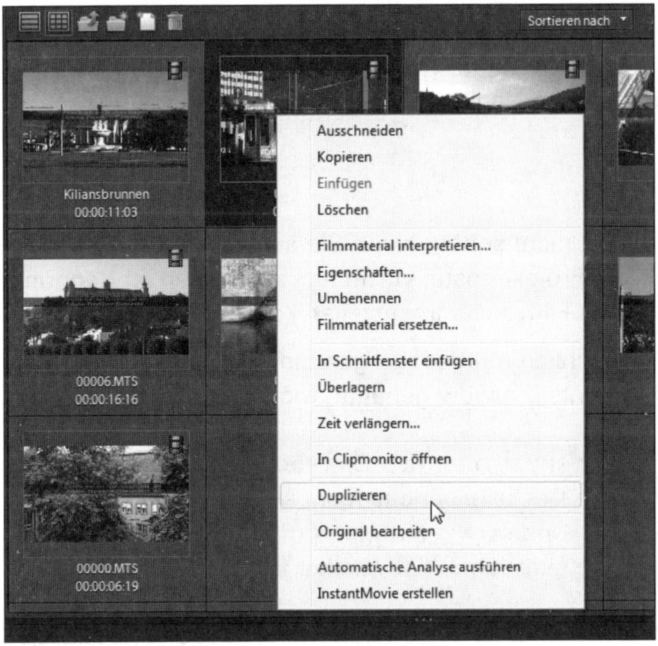

Abb. L4.16: Einen Clip duplizieren

Premiere Elements fügt dann diesen Clip noch einmal ein und versieht den Dateinamen mit dem Zusatz *Kopie*.

Abb. L4.17: Der duplizierte Clip

2 Wenn Ihnen dieser Name nicht behagt, dann klicken Sie einfach zweimal auf den Namen und überschreiben den vorhandenen Namen mit dem neuen.

Diashow

Wäre es jetzt nicht schön, wenn Sie aus den vielen Clips, die Sie in Ihrem Projektfenster vorfinden, sozusagen im Handumdrehen einen Film zusammenstellen könnten?

Das ist tatsächlich mit dem so genannten *Storyboard*, in Premiere Elements *Diashow* genannt, möglich.

TIPP

Häufig verwendet man das Storyboard für einen ersten Durchgang. Deshalb spricht man auch von einem *Rohschnitt*. Sie können, wie Sie weiter unten erfahren werden, jederzeit die einzelnen Clips exakter bearbeiten.

Storyboard

Mit Hilfe eines Storyboards können Sie Ihr Projekt visualisieren und planen, bevor die Aufnahme beginnt. Statt – wie Sie noch sehen werden – Clip für Clip auf das Schnittfenster zu ziehen, können Sie diesen Schritt in einem Durchgang erledigen. Auf diese Art und Weise erhalten Sie schnell ein Ergebnis, das Sie später immer noch verbessern können.

Diashow erstellen

Wundern Sie sich nicht über das Wort »Diashow«. Das hat beileibe nichts mit einem langweiligen Diaabend zu tun. Vielmehr ist das die Bezeichnung dafür, wie Sie jetzt alle markieren Clips in das Schnittfenster bringen.

Zunächst widmen Sie sich den einzelnen Clips, um sie für den Schnitt vorzubereiten. Diese müssen nun einfach durch Aneinanderfügen in die gewünschte Reihenfolge gesetzt werden. Diese Technik bezeichnet man übrigens als harten Schnitt, den Sie im folgenden Kapitel noch ausführlich kennen lernen werden. Doch der Reihe nach.

Diashow

1. Markieren Sie in der gewünschten Reihenfolge mit gedrückter Strg-Taste die Clips, die Sie abspielen möchten.
2. Klicken Sie mit der rechten Maustaste auf einen der markierten Clips und wählen Sie im Kontextmenü *Diashow erstellen*.

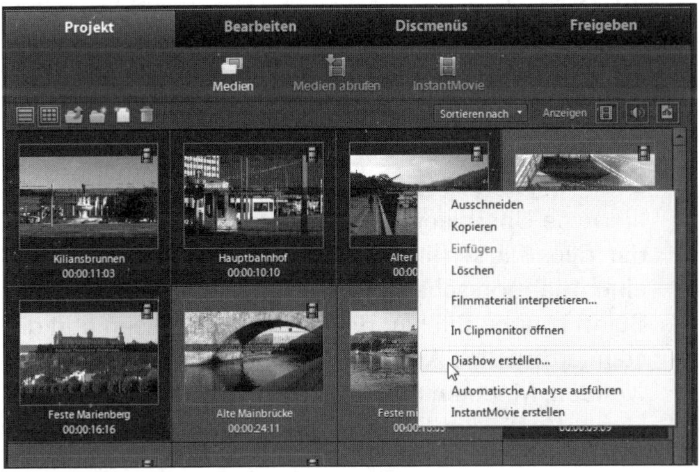

Abb. L4.18: Eine Diashop erstellen

Sie erhalten daraufhin das Dialogfenster *Diashow erstellen*, in dem Sie die Einstellungen für die Diashow vornehmen können.

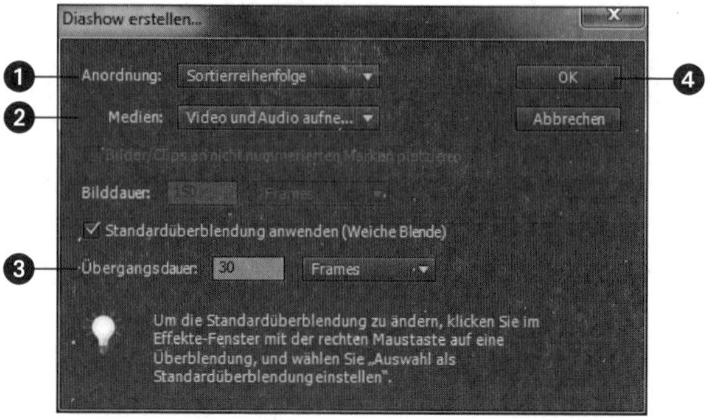

Abb. L4.19: Legen Sie die Einstellungen der Diashow fest

3 Hier können Sie folgende Einstellungen vornehmen:

- Zunächst können Sie die *Sortierreihenfolge* oder die *Auswahlreihenfolge* im Feld *Anordnung* ❶ festlegen. Wenn Sie – wie weiter oben beschrieben – die Clips umgeordnet haben, ist die erste Option die richtige.
- Im Listenfeld *Medien* ❷ sollten Sie ruhig die Einstellung *Video und Audio aufnehmen* belassen. Möchten Sie nur die Bilder bzw. nur den Ton aufnehmen, dann wählen Sie die entsprechenden Menüeinträge.
- Schließlich können Sie noch die Optionen für die *Übergangsdauer* ❸ festlegen. Premiere Elements fügt hier eine Überblendung ein. Das heißt, die Bilder beider Clips fließen ineinander über und sorgen so für einen harmonischen Übergang. Zum gegenwärtigen Stand können Sie hier die Vorgaben belassen und die standardmäßige Audio- oder Videoüberblendung verwenden. Möchten Sie selbst Hand anlegen, geben Sie einen Wert in das Feld *Übergangsdauer* ein.

4 Ist alles nach Ihren Vorstellungen, dann setzen Sie einen Klick auf *OK* ❹.

Premiere Elements macht sich sofort an die Arbeit und die so ausgewählten Clips werden entsprechend der angegebenen Optionen zusammengestellt.

Abb. L4.20: Die eben erstellte Diashow im Abspielfenster

Vorschau

Sicherlich würden Sie das neue Video gern einmal auf dem Monitor oder einem angeschlossenen Fernseher betrachten. Kein Problem! Premiere Elements verfügt über eine elegante *Vorschau*.

1 Nachdem Sie alle Szenen in Ihr Video eingefügt haben, drücken Sie einfach mal die [↵]-Taste.

Premiere Elements macht sich an das sogenannte *Rendern*. Als Rendern wird das Berechnen von Daten bezeichnet. In diesem Fall wird das gesamte Quellmaterial nach den im Szenenbereich vorgegebenen Anweisungen vom Programm neu zusammengestellt und berechnet.

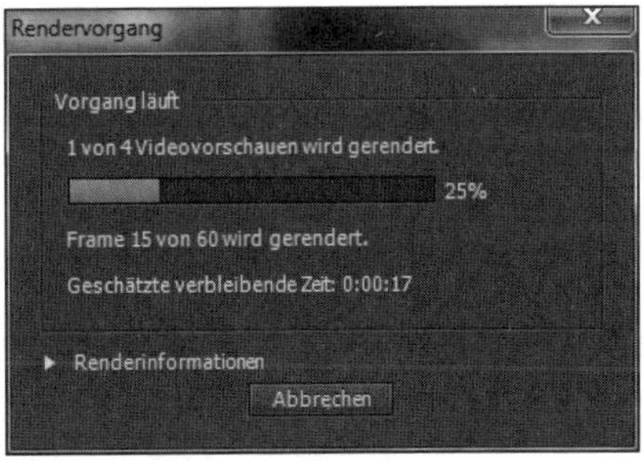

Abb. L4.21: Die Daten werden aufbereitet

Wenn der Vorgang abgeschlossen ist, können Sie gleich im Monitorfenster Ihr neues Meisterwerk begutachten.

Abb. L4.22: Und schon läuft das neue Video

Gleichzeitig können Sie den Ablauf über die Abspielleiste am unteren Rand des Monitorfensters anhand der sich weiter bewegenden Positionsmarkierung verfolgen.

2 Über die Abspielsteuerung können Sie zudem Einfluss nehmen und beispielsweise den Film über die Schaltfläche *Abspielen/Pause* **1** anhalten.

Auch wenn dieses Arbeiten sehr schnell ein brauchbares Ergebnis liefert, werden Sie bei bestimmten Sequenzen trotzdem selbst Hand anlegen wollen. Wie Sie dabei vorgehen, erfahren Sie im Folgenden.

Instant Movie

Instant Kaffee kennen Sie vermutlich. Aber haben Sie schon mal vom InstantMovie gehört?

Nun, so schnell wie Sie mit erstem einen Kaffee bekommen, können Sie mit zweitem einen Film zusammenstellen. Konkret handelt es sich um eine Option mit der Sie automatisch aus einer Auswahl an Clips und Stilarten ruckzuck einen Film erstellen können.

1. Markieren Sie im Bereich *Medien* mit gedrückter [Strg]-Taste die Videofilme, die Sie in Ihren Film integrieren wollen.
2. Danach klicken Sie im Arbeitsbereich *Organisieren* auf die Schaltfläche *InstantMovie*.

Abb. L4.23: Die InstantMovie-Funktionen aufrufen

Im veränderten Arbeitsbereich können Sie nun über das Listenfeld das Thema des Films auswählen. Bei diesen Themen handelt es sich um Rundumsorglosglücklichsein-Pakete, die Ihrem Film ein professionelles Erscheinungsbild mit Titel, Video- und Audio-Spezialeffekten und Übergängen verleihen (siehe Abbildung L4.24).

3. Falls Sie mögen, können Sie sich weitere einzelne Vorlagen unter der Adresse *http://www.adobe.com/de/special/premiereel/downloads/* herunterladen.

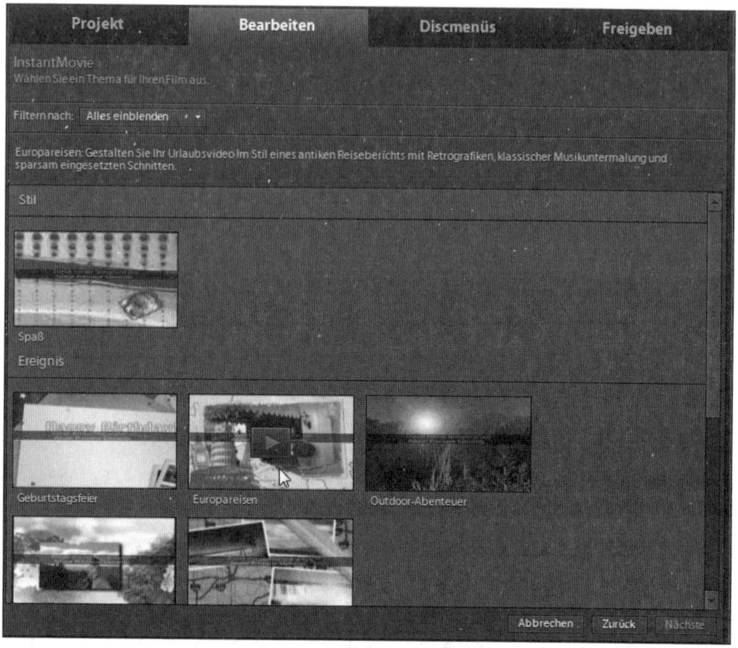

Abb. L4.24: Wählen Sie das Thema

Konkret stehen Ihnen folgende Themengruppen zur Verfügung: Vorlagen zu Themengruppen wie Mein Geburtstag, Autoreise, Hochzeit usw. (siehe Abbildung L4.25).

4 Klicken Sie auf den entsprechenden Hyperlink *Jetzt herunterladen* und folgen Sie den Anweisungen.

5 Im Arbeitsbereich *Bearbeiten* treffen Sie Ihre Wahl, indem Sie das betreffende Thema auswählen und auf die Schaltfläche *Nächste* klicken.

Im folgenden Dialog können Sie das Thema Ihrem speziellen Fall anpassen (siehe Abbildung L4.26).

6 Nehmen Sie die Anpassungen der entsprechenden Felder vor.

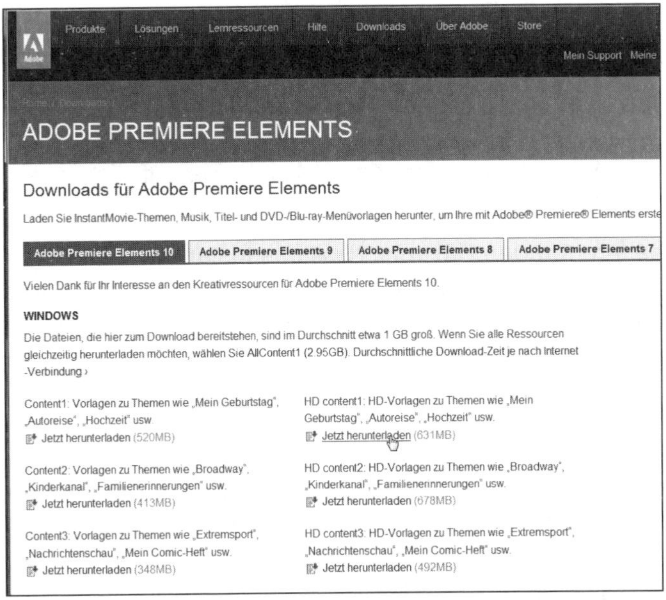

Abb. L4.25: Im Internet gibt es Nachschub

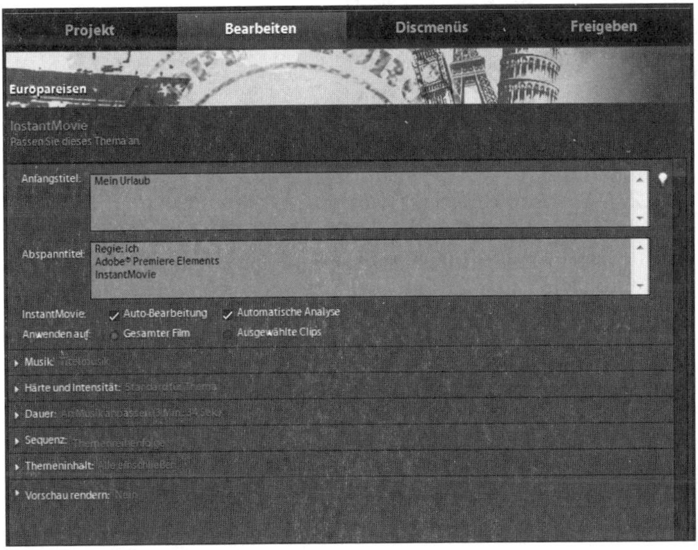

Abb. L4.26: Passen Sie das Thema an

TIPP

Schauen Sie auch einmal in die gegenwärtig zugeklappten Bereiche (einfach auf den nach rechts weisenden Pfeil klicken).

7 Haben Sie alles erledigt, dann klicken Sie auf die Schaltfläche *Anwenden*.

Sie erhalten nun den Hinweis, dass das InstantMovie zahlreiche Effekte und Multitrack-Kompositionen enthält. Deshalb empfiehlt Ihnen Premiere Elements die Durchführung eines Rendervorgangs.

Wenn Sie die nötige Zeit aufbringen können, sollten Sie mit einem Klick auf *Ja* dem folgen.

Premiere Elements macht sich an die Arbeit und bereitet Ihren Film vor. Dieser Vorgang kann ein wenig dauern.

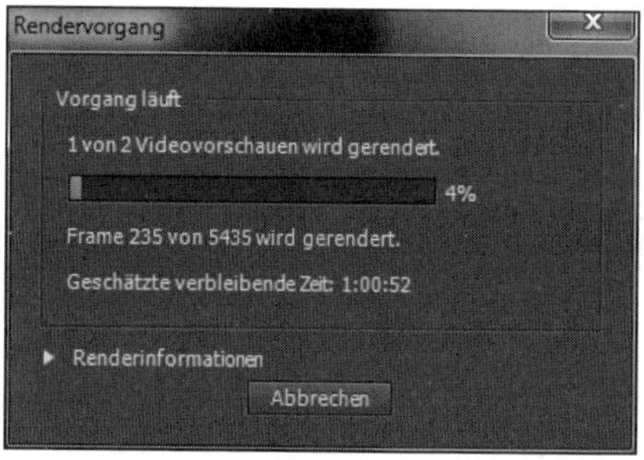

Abb. L4.27: Ein wenig Geduld werden Sie brauchen

Ist der Vorgang beendet, können Sie das Ergebnis im Monitorfenster betrachten.

8 Klicken Sie auf die Schaltfläche *Abspielen* und lehnen Sie sich entspannt zurück.

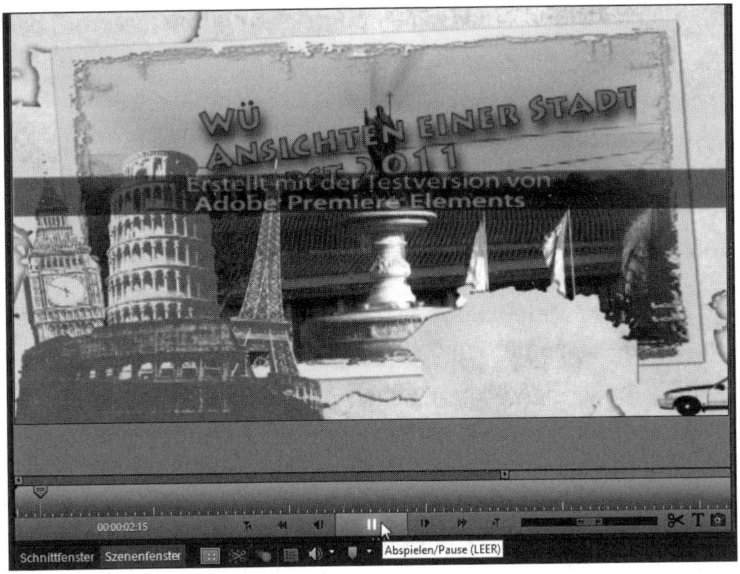

Abb. L4.28: Das InstantMovie betrachten

Clips selbst arrangieren

Auch wenn die beiden zuletzt vorgestellten Möglichkeiten sehr schnell ein brauchbares Ergebnis liefern, werden Sie bei bestimmten Sequenzen trotzdem selbst Hand anlegen wollen. Wie Sie dabei vorgehen, erfahren Sie im Folgenden.

Im Folgenden geht es nun darum, Ihre Mediendateien zu schneiden, d.h. zu einem Film zusammenzufassen.

Ihr Hauptarbeitswerkzeug wird dabei die Maus sein. Mit ihr markieren Sie einzelne Clips und verschieben diese dann im Schnittfenster an die gewünschte Position.

Übernahme ins Schnittfenster

Zentraler Ort in Premiere Elements, in dem die Szenen angeordnet werden, ist also das *Schnittfenster*.

Schnittfenster

1 Klicken Sie auf die Registerkarte Schnittfenster, um diese Ansicht zu aktivieren.

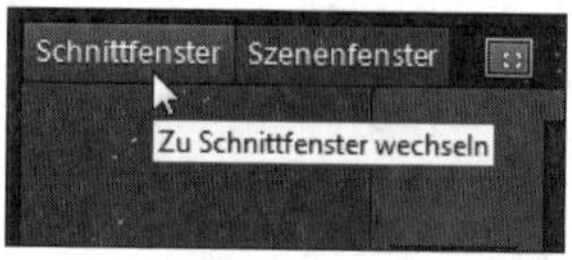

Abb. L4.29: Das Schnittfenster aktivieren

2 Um einen Videoclip in dieses Fenster aufzunehmen, wählen Sie diesen lediglich im *Medien*-Fenster aus.

Sicherlich werden Sie sich jetzt fragen, wohin Sie den Clip ziehen sollen. Wie Sie sehen, stehen Ihnen im *Schnittfenster* verschiedene Spuren zur Auswahl. Jeder dieser Spuren ist eine besondere Aufgabe zugeordnet. Deshalb ist es wichtig, dass Sie auch die richtige Spur verwenden. Da an dieser Stelle Videoclips eingefügt werden sollen, sind sicherlich die Spuren mit der Bezeichnung *Video* relevant.

3 Ziehen Sie den ausgewählten Clip nun bei gedrückter linker Maustaste in das Schnittfenster.

Sobald Sie mit der Maus über der Videospur *Video 1* angekommen sind, sehen Sie den Clip in Form eines grünen Balkens, der die Position und die Länge des Videoclips in der Spur anzeigt.

4 Ziehen Sie gegebenenfalls diesen Balken so an den Anfang, dass er genau an Position *0:00:00:00* der Timeline steht (siehe Abbildung L4.30).

5 Wenn Sie diese Position erreicht haben, lassen Sie einfach die Maustaste los und schon platziert das Programm den Clip an die gewünschte Stelle.

Premiere Elements stellt Ihnen nun den Clip als einen Balken mit einer Vorschau dar. Zusätzlich finden Sie am oberen Ende die Dateiangabe, was das spätere Zuordnen des Clips erleichtert (siehe Abbildung L4.31).

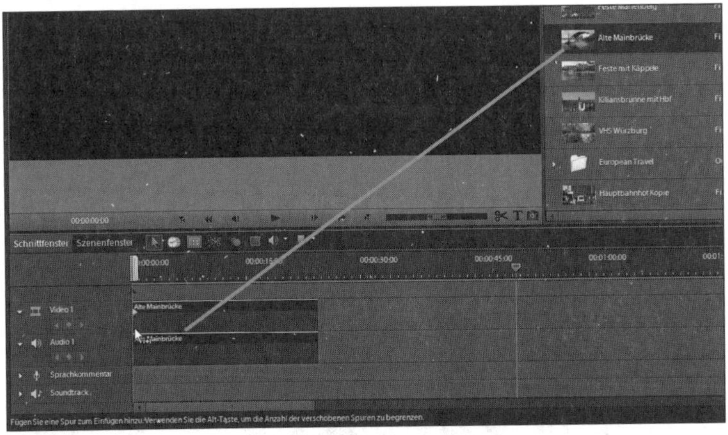

Abb. L4.30: Einen Videoclip ins Schnittfenster ziehen

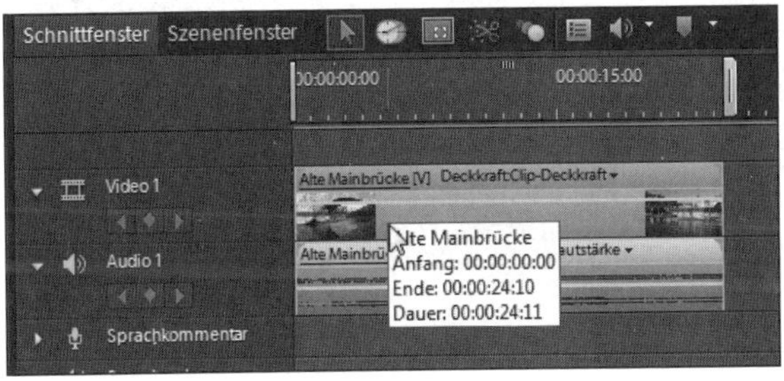

Abb. L4.31: Der neu platzierte Clip

Wenn Sie die obige Abbildung etwas genauer betrachten, wird Ihnen auffallen, dass zusätzlich die Spur *Audio 1* mit einem Balken versehen wurde. Das liegt daran, dass der Clip Toninformationen enthielt, die von Premiere Elements automatisch auf der ersten Audiospur platziert werden.

Zusätzlich hat das Programm diesen Clip im Arbeitsbereich Projekt mit einem kleinen grünen Haken versehen, so dass Sie gleich wissen, dass dieses Video bereits einmal platziert wurde.

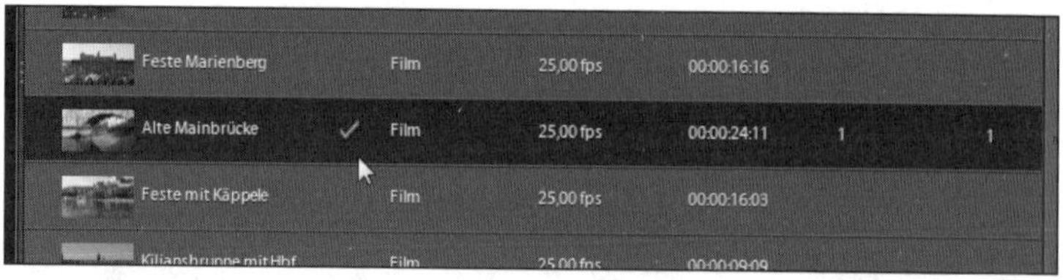

Abb. L4.32: Der Clip wurde bereits platziert

6 Wiederholen Sie diese Schritte für den zweiten Clip. Ziehen Sie dabei den Clip ganz dicht an den ersten heran.

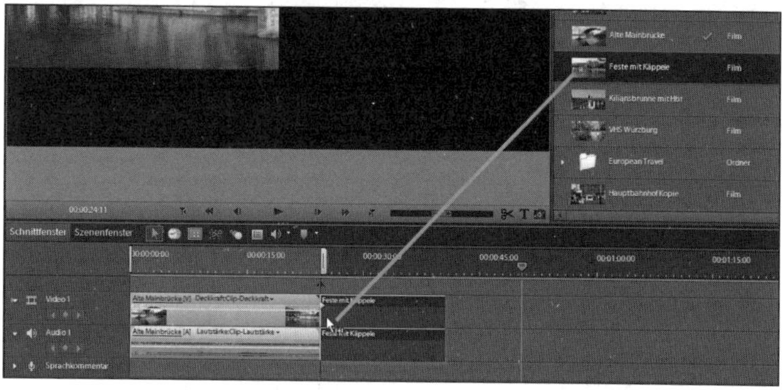

Abb. L4.33: Den nächsten Clip platzieren

Wie Sie sehen, brauchen Sie den Clip nur ein wenig an den anderen heranzuziehen und schon platziert Premiere Elements ihn an der richtigen Stelle.

TIPP

Sie könnten die Clips auch im *Szenenfenster* anordnen. Hierbei müssen Sie nicht darauf achten, die Clips auf Stoß zu setzen, da Sie den Clip lediglich auf ein vorgesehenes Feld ziehen.

7 Verfahren Sie jetzt mit allen Szenen, die Sie in Ihren Film einfügen wollen, auf die gleiche Art und Weise.

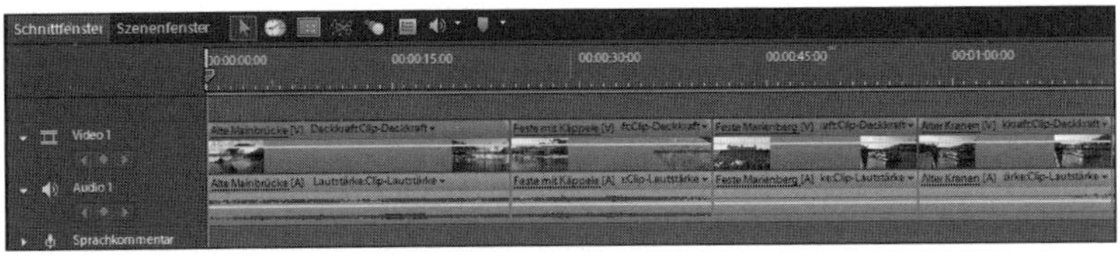

Abb. L4.34: Clip für Clip geht es voran

Schnittfenster-Optionen

Nicht immer werden Sie mit der standardmäßigen Einstellung zufrieden sein. Insbesondere werden die Clips nur symbolisch dargestellt und man kann oft nur erahnen, um welche Szene es geht.

In einem solchen Fall können Sie die Ansicht einfach vergrößern.

1 Klicken Sie entsprechend oft auf die Schaltfläche *Vergrößern*.

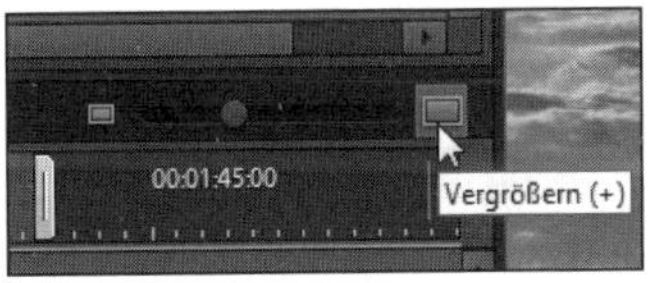

Abb. L4.35: Die Ansicht vergrößern

2 Möchten Sie die Ansicht wieder verkleinern, klicken Sie auf die Lupe mit dem Minuszeichen (*Verkleinern*).

TIPP

Schneller geht es übrigens, wenn Sie die Tasten [-] (zum Verkleinern) und [+] (zum Vergrößern) verwenden.

Üblicherweise werden Ihnen die Szenen in einem Sekundenrhythmus angeboten, wie Sie der Linealleiste entnehmen können.

Stufenloses Zoomen

3 Stufenlos zoomen Sie mit dem Schieberegler zwischen den beiden Lupen-Symbolen.

Abb. L4.36: Stufenloses Zoomen

Wie Sie gesehen haben, werden die einzelnen Clips mit dem Vergrößerungsgrad unterschiedlich dargestellt. Doch wäre es nicht praktisch, wenn man zumindest erkennen könnte, mit welchem Bild der Clip endet bzw. anfängt?

Man kann! Sie können den Anzeigestil für jede Spur festlegen.

Videospur-Anzeige

4 Klicken Sie dazu auf das kleine Filmstreifen-Symbol *Videospur-Anzeige festlegen*, welches sich am Anfang der Spurbezeichnung befindet.

Abb. L4.37: Die Anzeige ändern

Mit jedem Klick auf diese Schaltfläche können Sie das Aussehen vielfältig gestalten.

Je nachdem, für welche Option Sie sich entscheiden, sieht der Clip dann wie folgt aus:

Option	Beschreibung	Beispiel
Anfang und Ende einblenden	Bei dieser Einstellung werden der erste und der letzte Frame angezeigt.	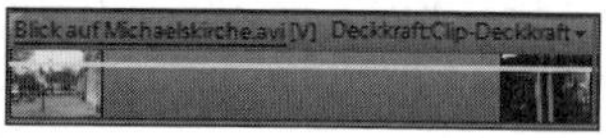

Option	Beschreibung	Beispiel
Nur Anfang einblenden	In diesem Fall wird nur der erste Frame angezeigt.	
Nur Namen einblenden	Hier sind alle Vorschauframes ausgeblendet und nur der Clipname wird angezeigt.	
Frames einblenden	Diese Option zeigt alle Frames (je nach Vergrößerungsgrad werden Bilder ausgelassen) an.	

Des Weiteren werden Sie nicht immer mit der Anordnung der Spuren bzw. der Proportionen des Schnittfensters hinsichtlich der Größe zufrieden sein. Die Höhe einer Spur können Sie jedoch recht einfach im Spurheaderbereich korrigieren.

5 Dazu platzieren Sie den Mauszeiger des Schnittfensters zwischen zwei Spuren bzw. zwischen der Video- und der Audiospur, so dass das Symbol für die Höhenanpassung angezeigt wird.

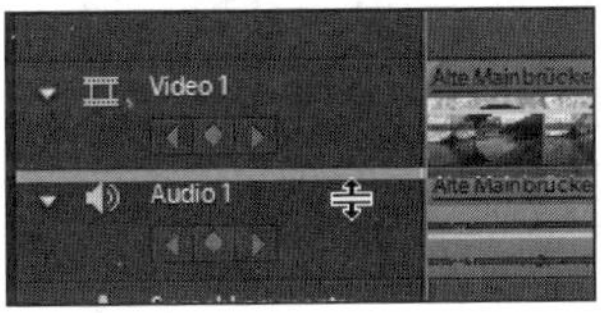

Abb. L4.38: Die Spurhöhe anpassen

6 Ziehen Sie dann den Mauszeiger nach oben oder unten, um die Höhe Ihren Vorstellungen anzupassen.

Clip-Aktionen

Sie haben alle Clips angeordnet und stellen fest, dass Sie einen vergessen haben? Oder Sie haben aus Versehen einen

Clip zu viel eingefügt? Keine Sorge, Sie müssen nicht ganz von vorne anfangen!

Clips nachträglich umordnen

Clips lassen sich nach Belieben verschieben.

Clips umordnen

1. Markieren Sie dazu den Clip, den Sie an eine andere Stelle setzen möchten.
2. Klicken Sie mit der linken Maustaste darauf und verschieben Sie ihn bei gedrückter Maustaste auf derselben Spur an die Stelle, an die er gesetzt werden soll.

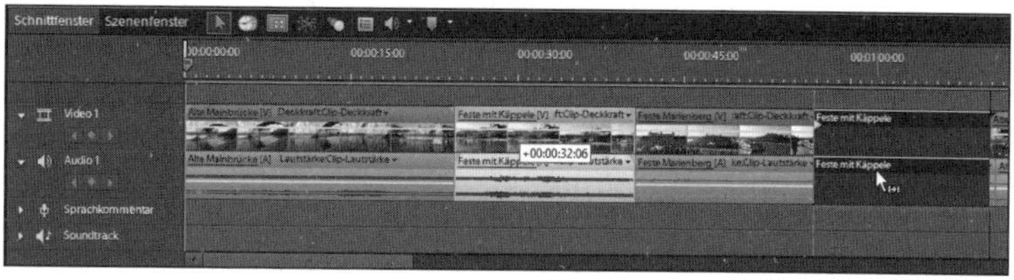

Abb. L4.39: Einen Clip auf der Spur nach hinten verschieben

3. Schieben Sie dann den anderen Clip nach vorne.

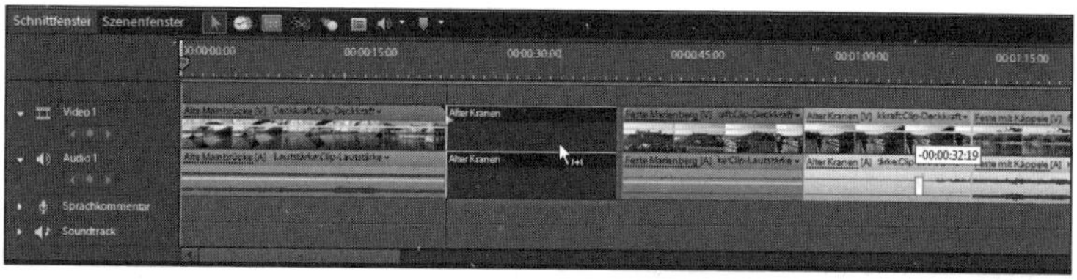

Abb. L4.40: Einen Clip nach vorne schieben

Da Premiere Elements die Enden »magnetisch« ausgestattet hat, ist das Verschieben kein Problem und Sie haben rasch Ordnung geschaffen.

Lücken löschen

Beim Verschieben von Clips können Lücken entstehen, die Sie von Hand schließen können, oder Sie lassen sich von Premiere Elements helfen.

Lücken löschen

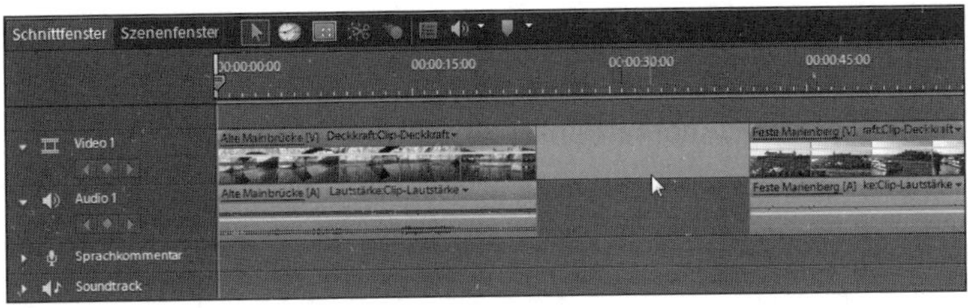

Abb. L4.41: Diese Lücke gilt es zu schließen

1. Klicken Sie dazu mit der rechten Maustaste in die Lücke.
2. Bestätigen Sie das Kontextmenü *Löschen und Lücke schließen*.

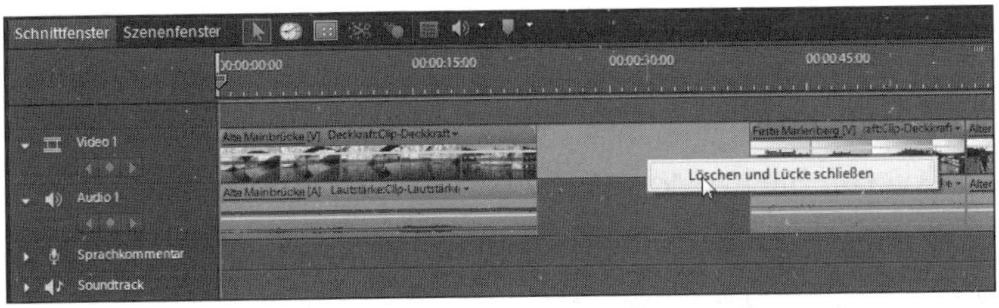

Abb. L4.42: Die Lücke schließen

Clips aus einem Film löschen

Sie können auch einzelne Clips aus dem Film löschen.

Clip löschen

1. Dazu markieren Sie ihn.

Zur Kontrolle wird er mit einer helleren Hintergrundfarbe versehen.

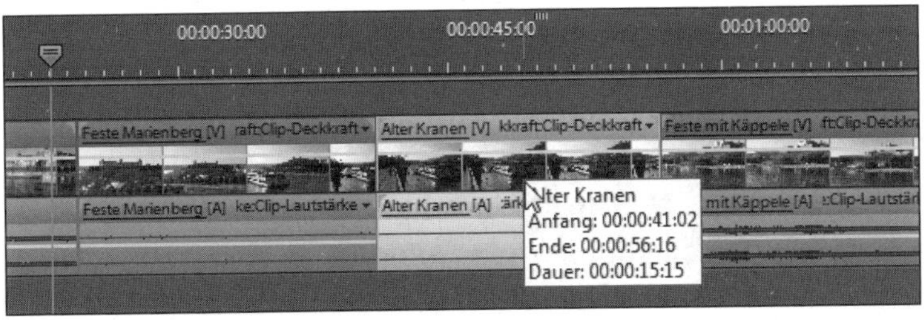

Abb. L4.43: Vorbereitung zum Löschen

2 Abschließend drücken Sie die [Entf]-Taste und schon ist der Clip entfernt.

Anders als beim Verschieben, werden hier Lücken sofort vom Programm geschlossen.

Standbilder

Ohne größeren Arbeitsaufwand können Sie von jeder Szene Ihres Videos ein Standbild erstellen. Dabei wird ein einzelnes Bild, das man als *Frame* bezeichnet, erstellt. Ein *Frame* ist nichts anderes als ein Einzelbild eines Videos. Einzelne Videoframes kann Premiere Elements mit einem einfachen Mausklick in ein Foto umwandeln. Dabei gibt die *Framegröße* die Ausmaße (in Pixel) für Frames an, mit denen ein Video im Schnittfenster abgespielt wird. Im Idealfall sollte die Framegröße des Projekts mit der des Videoclips übereinstimmen.

Standbild exportieren

1 Klicken Sie im Monitor-Fenster auf das Symbol *Frame einfrieren* rechts unter der Vorschau.

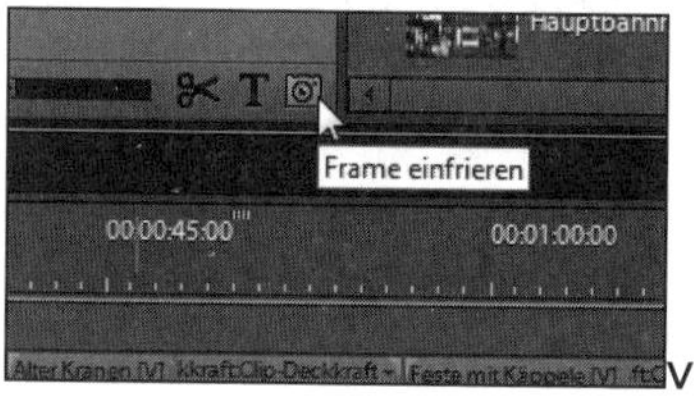

Abb. L4.44: Ein Standbild erstellen

Es öffnet sich dann das Dialogfenster *Frame einfrieren*.

2 Klicken Sie auf die Schaltfläche *Export...*, wenn Sie das Standbild auf Ihre Festplatte speichern wollen.

TIPP

Sie können das Standbild mit dem Schwesterprogramm Photoshop Elements bearbeiten und entsprechend aufpeppen. Wenn Sie das wünschen, müssen Sie lediglich das Kontrollkästchen *Nach Einfügen in Photoshop Elements bearbeiten* aktivieren.

Abb. L4.45: Das Dialogfenster *Frame einfrieren*

Sie erhalten das Dialogfenster *Frame exportieren*.

3 In diesem wählen Sie den Speicherort, ändern gegebenenfalls den Vorgabewert im Feld *Dateiname* und klicken dann auf *Speichern*.

Abb. L4.46: Geben Sie die Speicherangaben ein

Das war es dann auch schon.

Standbild in Film einfügen

Alternativ können Sie das Standbild aber auch gleich in den Film einfügen, beispielsweise, wenn Sie den Zuschauer auf eine bestimmte Szene länger einstimmen wollen.

1. Bewegen Sie gegebenenfalls den Aktuellbildanzeiger an die gewünschte Position.
2. Klicken Sie auf die Schaltfläche *Frame einfügen*.
3. Im folgenden Fenster klicken Sie auf die Schaltfläche *In Film einfügen*.

Abb. L4.47: Das Standbild in den Film einfügen

Und schon platziert Premiere Elements das Standbild hinter dem Aktuellbildanzeiger und versieht es automatisch mit einem Namen, den Sie natürlich wie gewohnt ändern können.

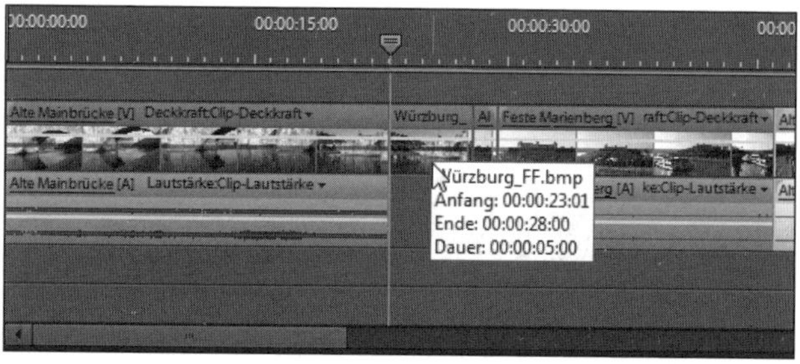

Abb. L4.48: Das in den Film eingefügte Standbild

4. Schließen Sie abschließend das Dialogfenster *Frame einfrieren*.

Videoeffekte

Im Folgenden werden Sie den Einsatz von *Videoeffekten* kennen lernen. Diese werden auf den Clip selbst angewendet.

Konkret handelt es sich dabei um Funktionen, die ein Bild vollständig verfremden können. Vielleicht kennen Sie solche Verfremdungseffekte von Ihrem Bildbearbeitungsprogramm her, wo Sie einmal aus Spaß Ihr Foto »verunstaltet« haben. Und genau dieselben Auswirkungen haben die Ihnen im Folgenden vorgestellten Videofilter.

Arbeiten mit Effekten

Videoeffekte

Einen Videoeffekt können Sie immer nur einem ganzen Clip zuweisen. Auf einzelne markierte Frames haben sie keine Auswirkung.

Die Videoeffekte finden Sie in der Palette mit der Bezeichnung *Effekte*.

1 Klicken Sie auf die Schaltfläche *Bearbeiten*, um in diesen Arbeitsbereich zu wechseln.

Abb. L4.49: Zu den Videoeffekten wechseln

Nachdem Sie in den Arbeitsbereich gewechselt sind, sehen Sie, dass die Schaltfläche *Effekte* bereits aktiviert ist und Sie deshalb schon die Liste mit den Videoeffekten vor sich haben (siehe Abbildung L4.50).

Über die Bildlaufleiste am rechten Rand können Sie sich die gegenwärtig nicht angezeigten Effekte anzeigen lassen.

Die Effekte sind nach Gruppen geordnet. Über das Listenfeld neben dem Listenfeld Videoeffekte können Sie diese einsehen und die Suche so einschränken (siehe Abbildung L4.51).

Abb. L4.50: Die Videoeffekte in voller Pracht

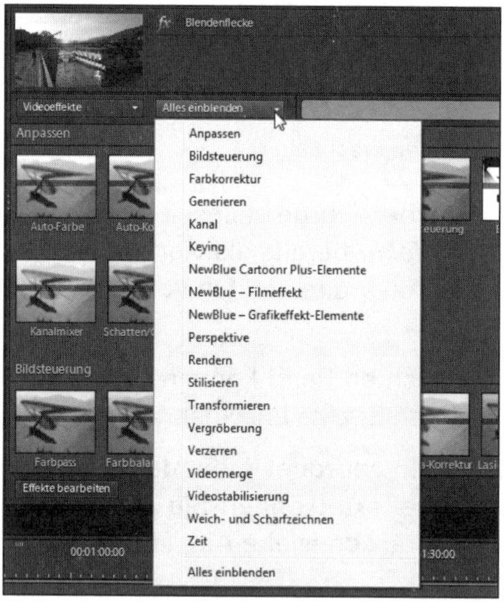

Abb. L4.51: Die Effektgruppen auf einem Blick

2 Um nun einem Clip einen Filter zuzuweisen, klicken Sie zunächst im *Schnittfenster* auf den Clip, dem Sie den Filter zuweisen möchten.

3 Dann wählen Sie den gewünschten Effekt, z.B. *3D-Effekte* aus dem Bereich *Perspektive* aus und ziehen ihn bei gedrückter linker Maustaste auf den Clip.

Abb. L4.52: Einen Effekt zuweisen

Der Effekt wird augenblicklich (wie Sie dem Monitorfenster entnehmen können) angewandt.

4 Achten Sie darauf, dass Sie den entsprechenden Clip markiert haben.

5 Klicken Sie im Schnittfenster auf die Schaltfläche *Eigenschaften*.

Abb. L4.53: Die Eigenschaften anzeigen lassen

Im Arbeitsbereich werden Ihnen daraufhin die Einzelheiten angezeigt, die Sie ändern können.

6 Klicken Sie auf den kleinen Pfeil vor Alter Film, um sich die einzelnen Optionen anzeigen zu lassen.

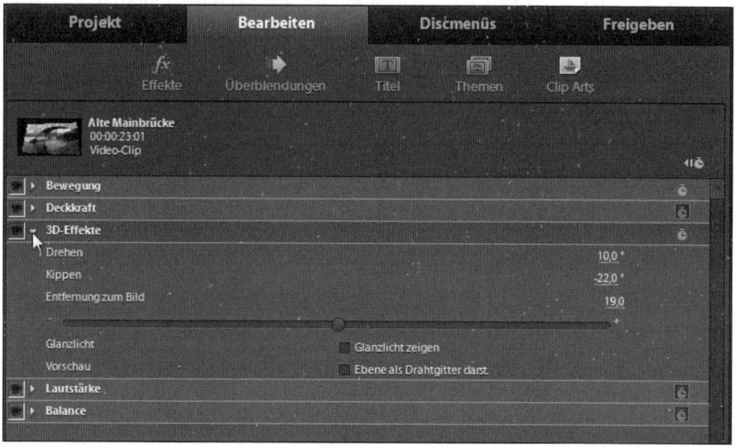

Abb. L4.54: Der veränderte Arbeitsbereich

7 Anschließend können Sie über die einzelnen Regler, Kontrollkästchen und Listenfelder die gewünschte(n) Änderung(en) vornehmen.

TIPP

Wenn Sie möchten, können sogar mehrere Filter kombinieren. Dazu weisen Sie dem betreffenden Clip einfach den weiteren Filter zu.

Möchten Sie einen Filter entfernen, ist das recht einfach.

8 Klicken Sie den zu entfernenden Effekt mit der rechten Maus in der Palette an.

9 Im Kontextmenü klicken Sie auf den Eintrag *Löschen*.

Alternativ können Sie aber auch lediglich die [Entf]-Taste drücken und schon ist der Effekt entfernt.

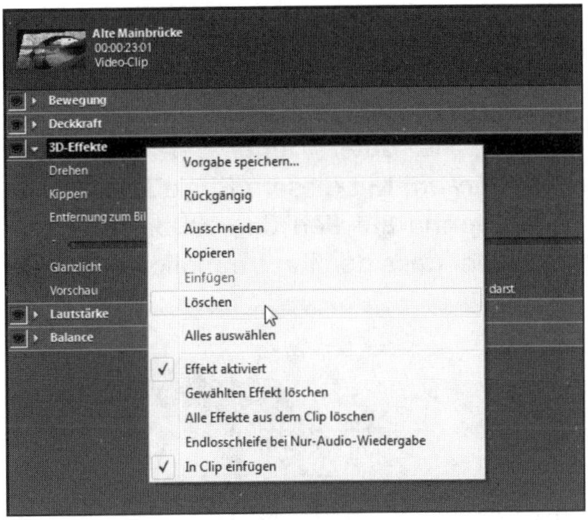

Abb. L4.55: Einen Effekt entfernen

Interessante Effektfilter

Effektfilter

Premiere Elements stellt Ihnen zahlreiche *Effektfilter* zur Auswahl, die Ihnen einzeln im Rahmen dieses Buchs nicht alle vorgestellt werden können. Die Identifikation und der Verwendungszweck sind jedoch meist leicht anhand der Namen auszumachen und Sie werden sehen, dass man im Prinzip zwischen den reinen Effektfiltern und den Korrekturfiltern unterscheidet. Während es bei der ersten Gattung mehr um den optischen Reiz geht, versucht die zweite mit Mitteln, die von der Bildbearbeitung herrühren, das Rohmaterial zu verbessern.

TIPP

Je nach Clip können Sie in den Einstellungen mehr oder weniger Einfluss auf den Effekt nehmen. Diese Optionen sind recht unterschiedlich gestaltet und die Erklärung aller Filter würde den Rahmen dieses Buchs bei Weitem sprengen. Die meisten sind jedoch leicht intuitiv zu erfassen. Sollte Ihnen beim Herumexperimentieren ein Filter gar nicht gefallen, können Sie jederzeit mit *Abbrechen* die Aktion beenden bzw. ihn einfach entfernen.

Im Folgenden finden Sie eine Reihe von Effektfiltern, mit deren Hilfe Sie die Wirkung der Clips verändern können.

Blendenflecke

- *Blendenflecke*
  Diesen Filter finden Sie unter *Generieren* unter der Bezeichnung *Brennflecken*. Mit diesem Effekt können Sie das Gegenlicht der Sonne auf den Clip zaubern und so den Eindruck erzeugen, dass der Tag freundlicher war als gedacht.

Abb. L4.56: Brennflecken simulieren das Sonnengegenlicht

Strudel

- *Strudel*
  Ein typischer Vertreter der Verfremdungseffekte ist beispielsweise der *Strudel*, welchen Sie unter *Verzerren* finden. Er verzerrt das Bild horizontal und vertikal in alle Richtungen.

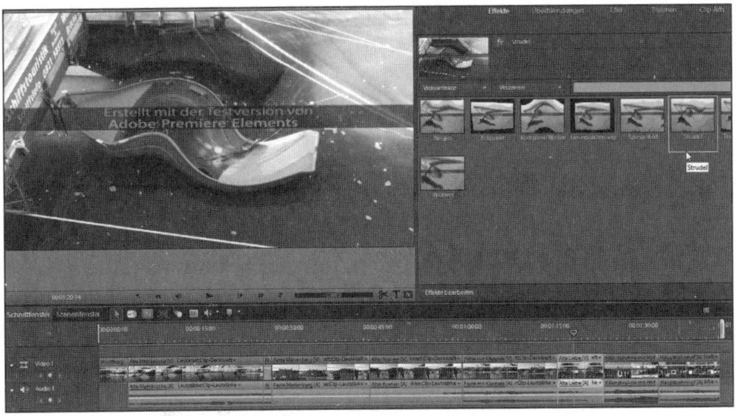

Abb. L4.57: Ein Hinkucker, um Aufmerksamkeit zu erregen

Motion Tracking (Bewegungsverfolgungsmodus)

Sie können bestimmten Bereichen eines Videos grafische Elemente, etwa Gedankenblasen oder Grafiken) hinzufügen und diese sogar den Bewegungen folgen lassen.

Abb. L4.58: Den Bewegungsverfolgungsmodus einschalten

1 Wählen Sie zunächst das Video aus, welches Sie mit einer Grafik versehen möchten, die einer Bewegung folgt.

2. Spulen Sie das Video an die Stelle, an der die betreffende Person das Bild betritt.
3. Klicken Sie auf die Schaltfläche *Bewegungsverfolgungsmodus*.

Die Person wird mit einem gelben Rahmen versehen.

4. Im Arbeitsbereich *Bearbeiten* klicken Sie nun auf die Schaltfläche *Clip Arts* und stellen den Filter auf Gedanken- und Sprechblasen ein.

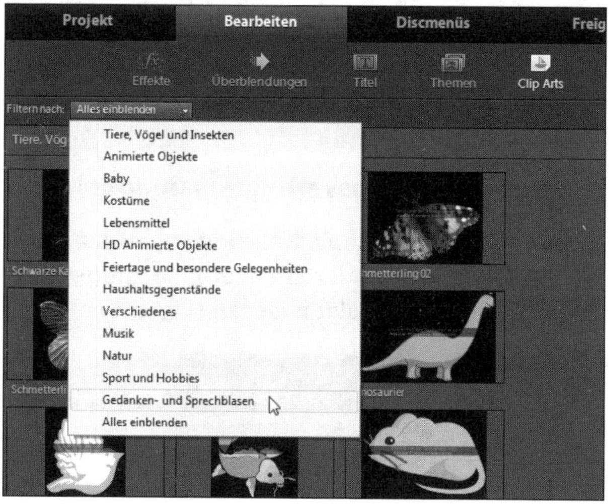

Abb. L4.59: Die gewünschte Rubrik einstellen

5. Suchen Sie sich eine passende Gedanken- oder Sprechblase aus.
6. Zeigen Sie mit der Maus darauf und ziehen Sie sie per Drag&Drop auf das Bild.
7. Positionieren Sie den Cursor dabei innerhalb der gelben Linie und lassen Sie die Maustaste dann los.
8. Führen Sie nun einen Doppelklick auf das Textfeld aus.
9. Anschließend markieren Sie den Text und überschreiben ihn mit Ihrem Wunschtext.

10 Im veränderten Aufgabenbereich können Sie nun den Text entsprechend formatieren.

Abb. L4.60: Text ändern

> Die Sprechblase wird nur im Bearbeitungsmodus so groß dargestellt.

TIPP

11 Bestätigen Sie mit *OK*.

12 Nun können Sie noch mit der Maus das Objekt an eine geeignete Stelle verschieben und mit der Marke für die aktuelle Zeit den Bewegungsverlauf beobachten.

Abb. L4.61: Den Bewegungsablauf kontrollieren

TIPP

Die Größe der Sprechblase können Sie über die quadratischen Anfasser anpassen. Den Text formatieren Sie nach einem Doppelklick darauf über die entsprechenden Felder und Schaltflächen im Bereich *Textoptionen*.

L5 Cut! Videoschnitt

In diesem Kapitel geht es um das Schneiden von Clips. Der Begriff des Schneidens stammt daher, dass vor dem Aufkommen des Computerschnitts ein Film mit Schere und Klebestreifen in eine abspielbare Form gebracht wurde. Hatte man das Material geschnitten, dann wurde es einfach mit Klebebändern zusammengefügt. Daraus entstanden die so genannten *harten Schnitte*. Erst später kamen die vielen Effekte und Überblendmöglichkeiten hinzu, die Sie sicherlich von den heutigen Filmen kennen. Da hier ein weicher Übergang von einer Szene zu einer anderen gewährt ist, spricht man von *weichen Schnitten*.

Harte Schnitte

Beim *Schneiden* am Computer handelt es sich eigentlich gar nicht um einen »Schnitt«, denn die Szenen werden nicht geschnitten, sondern eher zusammengestellt. Ein Bild wechselt ohne Vorwarnung zu dem folgenden. Dieser Schnitt muss gut durchdacht sein. Durch den plötzlichen Bildwechsel werden Fehler sehr schnell sichtbar und zudem wird vom Betrachter eine erhöhte Aufmerksamkeit gefordert, da er sich schlagartig mit einem neuen Bild, einem neuen Eindruck konfrontiert sieht. Nicht zuletzt arbeiten viele Actionfilme mit dieser Technik, weil mit Hilfe guter harter Schnitte sich nämlich das Tempo der Bilderflut steuern lässt. Gezielt eingesetzt, lassen sich eindrucksvolle Filme damit gestalten.

Spurschnitt

Je nachdem, ob Sie die Clips auf einer oder zwei Spuren angeordnet haben, ergeben sich leichte Unterschiede beim Schneiden.

Um die Übersicht bei den folgenden Arbeiten zu behalten, sollten Sie zunächst alle überflüssigen Spuren löschen.

1 Klicken Sie dazu mit der rechten Maustaste auf die Bezeichnung *Video 1*.

2 Wählen Sie im Kontextmenü den Eintrag *Leere Spuren löschen.*

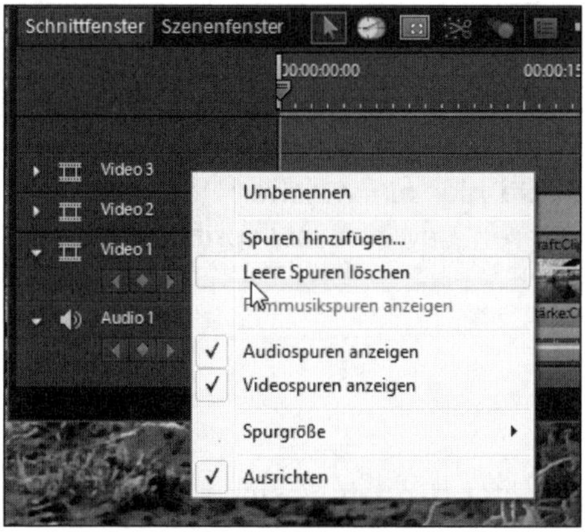

Abb. L5.1: Die überflüssigen Spuren entfernen

Premiere Elements entfernt alle Spuren, die keine Clips enthalten. Zurück bleiben nur die Spuren *Video1* und *Audio 1.*

Der harte Schnitt auf einer Spur

Spurschnitt

Die einfachste Form, einen harten Schnitt zu gestalten, ist, die beiden Clips einfach Stoß an Stoß auf einer der beiden Spuren anzuordnen.

Harter Schnitt auf einer Spur

1 Ziehen Sie den zweiten Clip mit gedrückter Maustaste an den ersten Clip heran.

2 Lassen Sie die Maus los.

Der Clip wird unmittelbar an den vorherigen angefügt. Sobald das letzte Bild des vorderen Clips abgespielt ist, folgt unmittelbar das erste Bild des nächsten.

Abb. L5.2: Die einfachste Form des harten Schnitts

Harter Schnitt mit zwei Spuren

Ein harter Schnitt ist selbstverständlich auch bei einer Anordnung der Clips auf zwei Spuren möglich.

Harter Schnitt mit zwei Spuren

Für einen solchen Schnitt benötigen Sie eine zweite Spur, die Sie in unserem Fall zunächst anlegen müssen.

1 Klicken Sie mit der rechten Maustaste auf die Spur *Video 1*.

2 Im Kontextmenü wählen Sie den Eintrag *Spuren hinzufügen*.

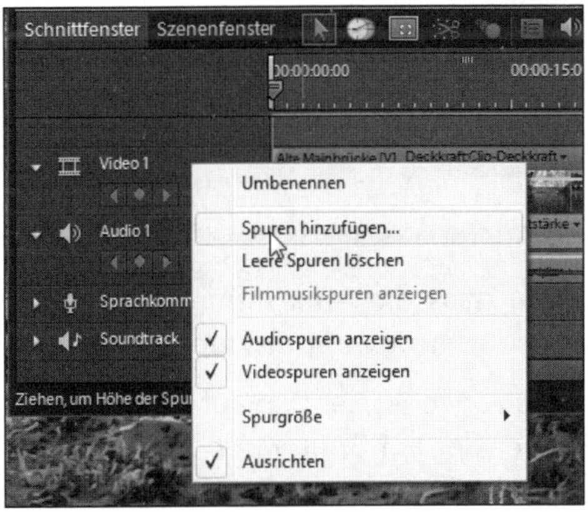

Abb. L5.3: Eine weitere Spur hinzufügen

3 Im folgenden Dialogfenster bestätigen Sie die Vorgaben mit einem Klick auf *OK*.

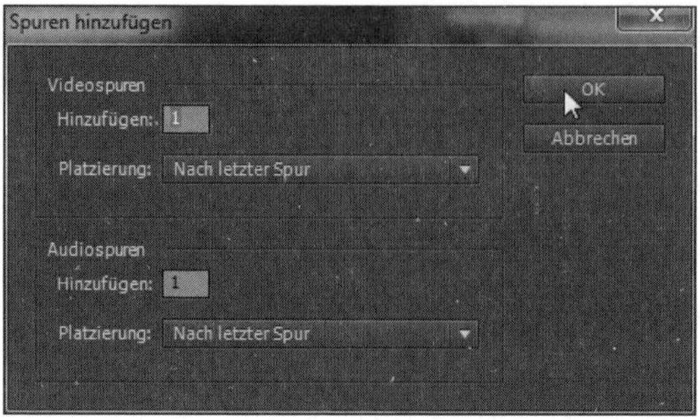

Abb. L5.4: Eine weitere Videospur hinzufügen

4 Wählen Sie gegebenenfalls über den Listenpfeil Platzierung die Position der neuen Spur(en) aus.

5 Klicken Sie abschließend auf *OK*.

Premiere Elements fügt nun oberhalb der ersten Spur eine weitere Spur hinzu.

Abb. L5.5: Die neue Spur

Hierzu müssen Sie wissen, dass die Anordnung in der Spur *Video 2* Vorrang vor der Anordnung in Spur *Video 1* hat.

Konkret bedeutet das, dass zunächst der Clip auf Spur *Video 1* abgespielt wird, sobald aber der auf Spur *Video 2* befindliche Clip erscheint, wird nur noch dieser wiedergegeben.

Dadurch können Sie sehr schöne Zwischenschnitte erzielen.

6 Ordnen Sie nun den zweiten Clip versetzt zum ersten an.

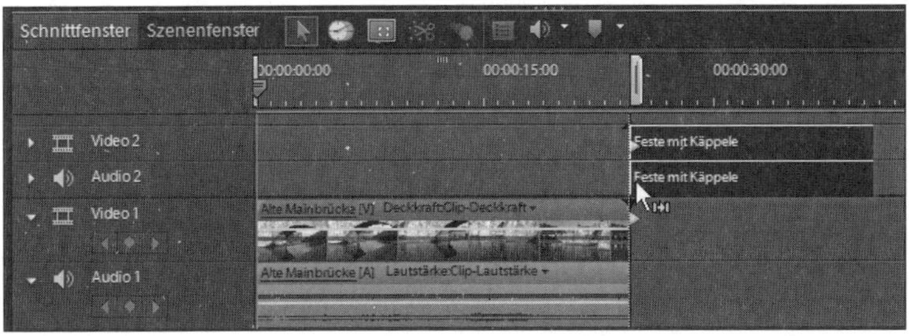

Abb. L5.6: Den zweiten Clip auf die zweite Spur platzieren

In diesem Fall wird der erste Clip nicht vollständig abgespielt, sondern wechselt auf den Frame des zweiten Clips, der mit dem Ende des ersten abschließt.

Für ein besseres Arbeiten sollten Sie die neue Spuren zunächst entfalten.

7 Klicken Sie auf den kleinen nach rechts weisenden Pfeil vor der Bezeichnung.

Abb. L5.7: Die Audiospur erweitern

Die Spur wird nun in der gleichen Form wie die erste Spur dargestellt.

Umgekehrt können Sie einen Clip abbrechen, indem Sie einen Clip so anordnen, dass er in den ersten hineinragt.

8 Ziehen Sie den nächsten Clip wieder auf Spur *Video 1*.

Abb. L5.8: Der obere Clip wird jetzt vollständig abgespielt

In diesem Fall wird der erste Clip (auf Spur *Video 2*) so lange abgespielt, bis der zweite Clip (auf Spur *Video 1*) beginnt.

Abschneiden und Trimmen

Vielleicht finden Sie diese Art des Umordnens ein wenig mühsam.

Und es ist ein bisschen gefährlich, wenn Sie mit nur einer Spur arbeiten. Dabei kann es nämlich passieren, dass Sie einen Clip beim Verschieben auf einen anderen ziehen. Das hat dann zur Folge, dass ab der Stelle, an der der übergeschobene Clip sich befindet, der überlagerte Teil des Clips entfernt wird.

Abschneiden

1 Ziehen Sie den zweiten Clip auf den ersten.

Abb. L5.9: Überlagerte Stellen werden entfernt

2 Lassen Sie dann die Maustaste los.

Dabei wird der Clip nicht physikalisch entfernt, sondern er wird an dieser Stelle durchgeschnitten und Premiere Elements platziert den abgetrennten Clipschnipsel hinter den, den Sie auf den anderen gezogen hatten.

Abb. L5.10: Der abgeschnittene Teil des überlagerten Clips

3 Klicken Sie auf diesen Teil und entfernen Sie ihn durch Betätigen von [Entf].

Im Ergebnis bedeutet das, dass Sie ihn erneut ins Schnittfenster ziehen müssen, wenn Sie ihn wieder komplett haben möchten.

Trimmen

Idealer ist da oft das so genannte *Trimmen*. Bei dieser Aktion wird der Originalclip nicht verändert, sondern es wird lediglich ein Teilbereich verwendet. Der nicht angezeigte Teil wird nicht abgespielt.

Vorteil eines solchen »Schnitts« ist, dass Sie jederzeit den Clip wieder verlängern können, etwa weil Sie noch eine Szene hinzufügen und die Musik damit später enden muss.

Der Vorgang des Trimmens ist recht intuitiv mit der Maus zu bewerkstelligen.

4 Fahren Sie zunächst mit der Maus an den linken oder rechten Rand des Clips heran.

Wenn die rote eckige Klammer mit dem Doppelpfeil ❶ erscheint, haben Sie die richtige Stelle erreicht.

5 Ziehen Sie dann die Maus bei gedrückter Maustaste an die Position, an der Sie den Clip ausblenden möchten.

Abb. L5.11: Der Trimmvorgang im vollem Gang

Beobachten Sie dabei das *Monitorfenster*. Es zeigt Ihnen den genauen Bildausschnitt. Haben Sie ihn erreicht, lassen Sie die Maus einfach los.

6 Möchten Sie die ausgeblendeten Stellen wieder sichtbar machen, so verfahren Sie genau wie beschrieben – ziehen allerdings den Mauszeiger in die andere Richtung.

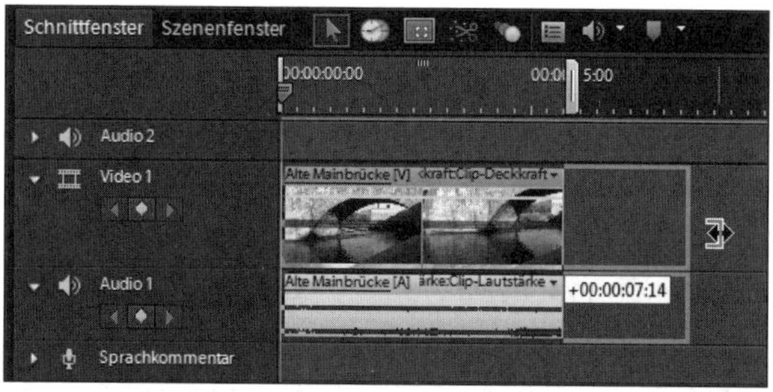

Abb. L5.12: Die ausgeblendete Stelle wieder einblenden

Der Schnitt mit der Schere

Über das bloße Anordnen der Clips hinaus gibt es in Premiere Elements selbstverständlich auch weitere Methoden des Schneidens. Das dazu erforderlichen Werkzeug, die Schere

(*Clip teilen*), finden Sie am rechten unteren Rand des Schnittfensters.

Clip teilen (mit Schere)

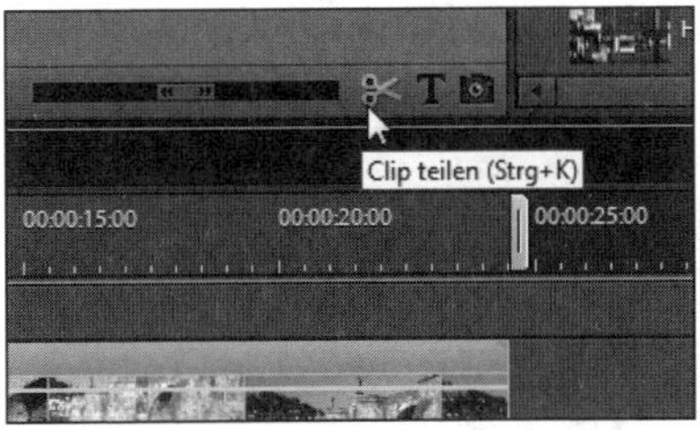

Abb. L5.13: Die Schere

Die Funktion *Clip teilen* dient zum gezielten Schneiden von einzelnen Szenen. Sie kommt beispielsweise dann zum Einsatz, wenn Sie einen größeren Clip digitalisiert haben, von dem Sie aber nur einen Ausschnitt brauchen. Zwar könnten Sie ihn im Schnittfenster auf den entsprechenden Spuren so anordnen, dass Sie im Endeffekt zum gleichen Ergebnis kommen, doch wie Sie gleich sehen werden, können Sie ihn im Schnittfenster auch mit Hilfe der Schere problemlos aufteilen.

Hilfreich ist es, wenn Sie vor Beginn der eigentlichen Schneidearbeit den Zeit-Zoomfaktor in die kleinstmögliche Ansicht einstellen, also das die Frames eingeblendet werden.

1 Klicken Sie also dementsprechend auf das Symbol am Beginn der Spur und passen Sie die Ansicht mit den beiden Symbolen an.

Abb. L5.14: Gute Vorbereitung ist fast alles

Des Weiteren ist es hilfreich, wenn Sie den Zoomfaktor dergestalt erhöhen, dass Sie den Framewechsel erkennen.

2 Klicken Sie auf die Schaltfläche *Vergrößern*, bis die Ansicht groß genug ist.

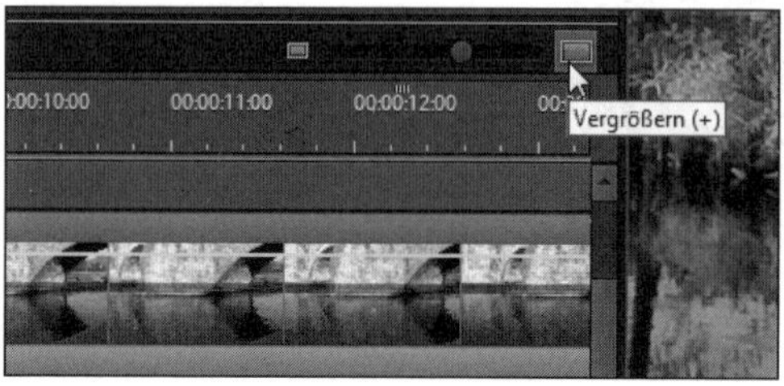

Abb. L5.15: Achten Sie auf ausreichende Vergrößerung

Wenn Sie die Veränderungen vorgenommen haben, werden Sie im Schnittfenster viel besser erkennen, an welcher Stelle eine Szene wechselt und wo die Trennung am besten zu vollziehen ist.

Führen Sie als nächstes die Marke für die aktuelle Zeit ❶ auf die Stelle, an der Sie den Clip teilen wollen.

3 Klicken Sie dann auf das Symbol *Clip teilen* ❷.

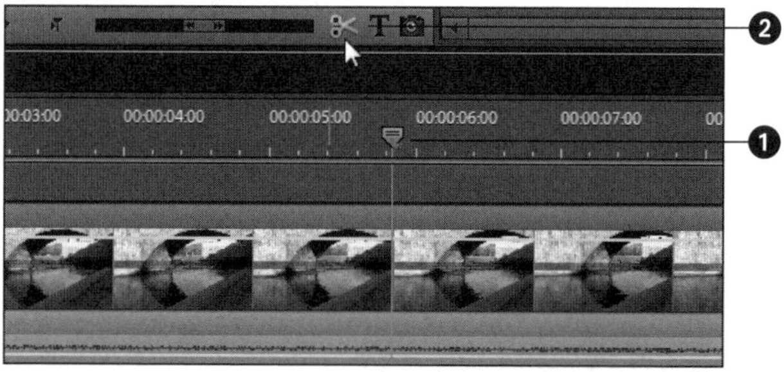

Abb. L5.16: Den Clip zwischen zwei Frames teilen

An dieser Stelle wird der Clip nun getrennt. Optisch erkennen Sie das zunächst an der neuen Bezeichnung, die ab dem Schnitt eingeblendet wird.

Wenn Sie ihn nun mit der Maus ein wenig wegziehen, werden Sie sehen, dass er nun aus zwei Teilen besteht.

4 Um die Clips zu verschieben, müssen Sie lediglich noch zum *Auswahlwerkzeug* wechseln und können dann den linken oder rechten Teil nach Belieben im Schnittfenster platzieren.

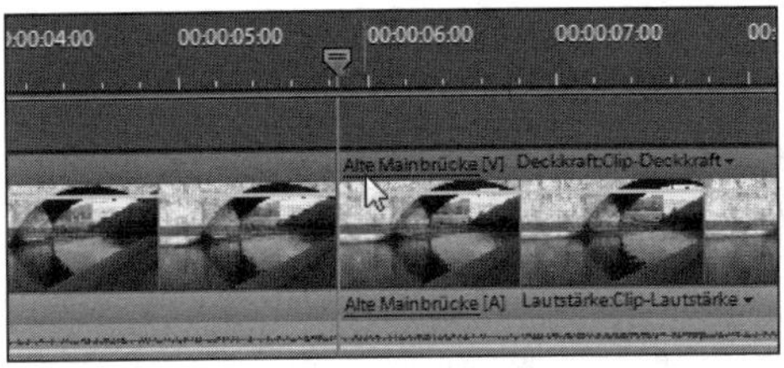

Abb. L5.17: Der Clip ist geteilt

Möchten bzw. müssen Sie die Lücke schließen, dann klicken Sie mit der rechten Maustaste in diese und wählen das Kontextmenü *Löschen und Lücke schließen*.

Intelligenter Zuschneidemodus

Falls Sie unerwünschte und qualitativ minderwertige Abschnitte aus Ihrem Video entfernen möchten, können Sie das mit dem intelligenten Zuschneidemodus erledigen. Dieses Werkzeug ermöglicht eine effiziente Handhabung von verschwommenen oder verwackelten Bildern bzw. schlechter Bildqualität Ihrer Videodateien. Sie können Ihre Videodateien schnell und einfach bearbeiten und Feinabstimmungen vornehmen. Dabei werden die Abschnitte eines Videos, die eine schlechte Qualität aufweisen, entsprechend zu geschnitten.

Diese Bearbeitung können Sie automatisch durchführen lassen oder selbst manuell vornehmen.

Automatisches intelligentes Zuschneiden

Für das automatische Zuschneiden gehen Sie wie folgt vor:

Automatisches intelligentes Zuschneiden

1 Rufen Sie die Menüfolge *Schnittfenster / Optionen für intelligentes Zuschneiden* auf.

Das Monitorfenster wird zur Kontrolle mit einer blauen Umrahmung versehen.

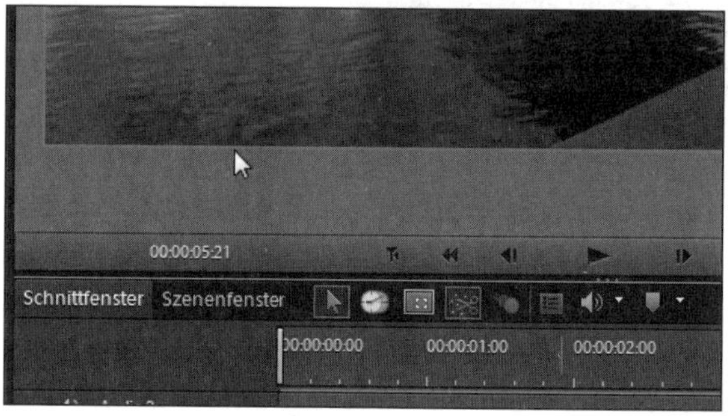

Abb. L5.18: Der intelligente Zuschneidemodus ist aktiviert

Zudem erhalten Sie am oberen Rand einen entsprechenden textlichen Hinweis und die Schaltfläche *Intelligente Zuschneide-Optionen*.

2 Klicken Sie auf diese Schaltfläche.

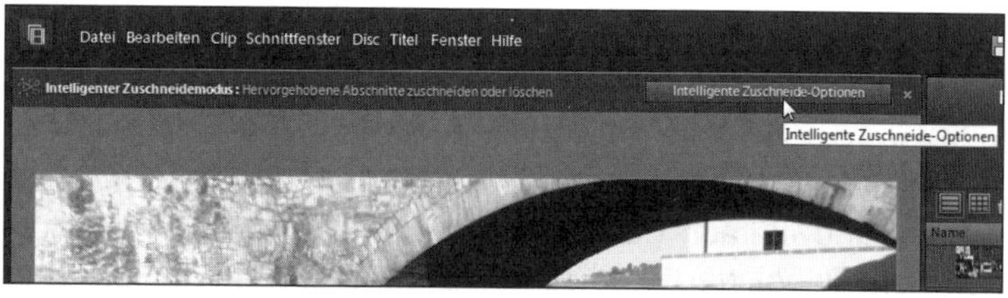

3 Wählen Sie im folgenden Dialogfenster im Bereich *Modus* die Option *Automatisch*.

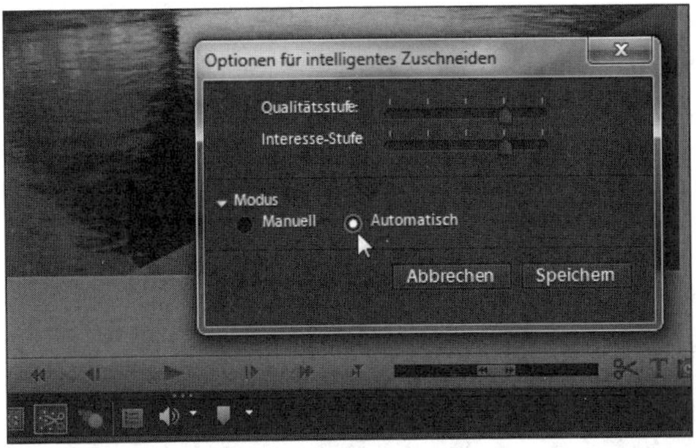

Abb. L5.19: Auf den automatischen Modus umschalten

4. Bestätigen Sie mit einem Klick auf *Speichern*.
5. Anschließend ziehen Sie den bzw. die gewünschten Clips per Drag&Drop ins Schnittfenster.

Das Dialogfenster zur Bestätigung des automatischen Zuschneidens wird angezeigt. Ferner werden Ihnen im Clip die betreffenden Stellen durch eine blau gestreifte Markierung ❶ hervorgehoben.

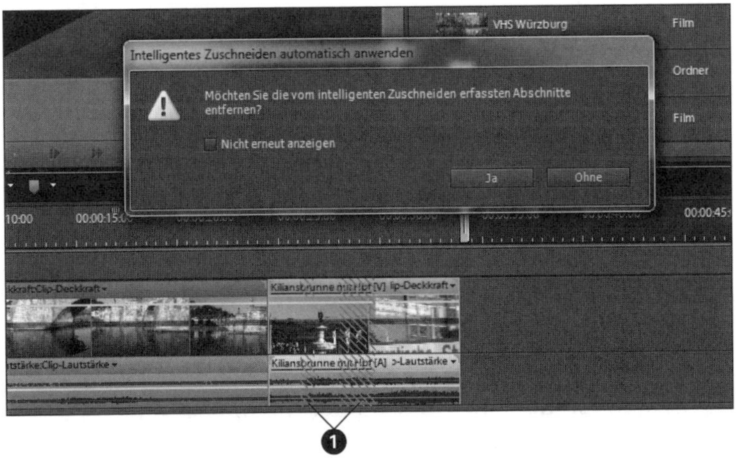

Abb. L5.20: Wollen Sie das wirklich?

6 Sollen die hervorgehobenen Abschnitte entfernt werden, dann klicken Sie auf *Ja*.

Das Programm entfernt diese Stellen und fügt den neu geschnittenen Clip in den ebenfalls neu erstellten Ordner *Smart Trim* ein.

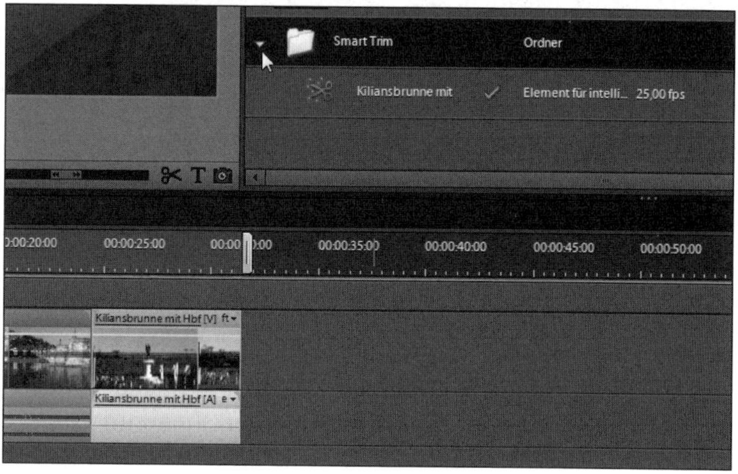

Abb. L5.21: Der geschnittene Clip im neuen Ordner

Manuelles intelligentes Zuschneiden

Standardmäßig ist das manuelle intelligente Zuschneiden aktiviert, so dass Sie im Regelfall nichts einstellen müssen.

Manuelles intelligentes Zuschneiden

1 Haben Sie allerdings – wie im vorherigen Abschnitt beschrieben – die Option auf den automatischen intelligenten Zuschnitt eingestellt, dann müssen Sie über die Menüfolge *Schnittfenster / Optionen für intelligentes Zuschneiden* das betreffende Dialogfenster aufrufen und auf *Manuell* umstellen.

2 Bestätigen Sie Ihre Wahl wieder mit *Speichern*.

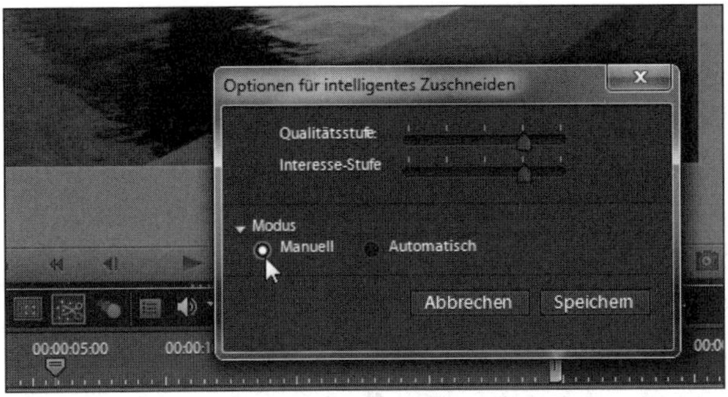

Abb. L5.22: Wieder auf *Manuell* umstellen

3. Ziehen Sie die gewünschten Clips per Drag&Drop ins Schnittfenster.
4. Zur Auswahl aller zuzuschneidenden Abschnitte in einem Clip führen Sie dann einen Doppelklick auf den entsprechenden Clip durch.

Abb. L5.23: Der intelligente Zuschneidemodus in Aktion

Die ausgewählten Abschnitte werden durch eine blau gestreifte Markierung ❶ hervorgehoben. Zusätzlich wird eine QuickInfo angezeigt, wenn Sie den Mauszeiger auf die Markierung setzen.

5. Klicken Sie im *Schnittfenster* mit der rechten Maustaste auf den zuzuschneidenden Abschnitt und wählen Sie unter folgenden Optionen aus:

- *Zuschneiden* ❶: Mit dieser Option können Sie die ausgewählten Abschnitte zuschneiden.
- *Beibehalten* ❷: In diesem Fall werden die ausgewählten Abschnitte beibehalten.
- *Alles auswählen* ❸: Ein Klick auf dieses Menü wählt alle zuzuschneidenden Abschnitte in der aktuellen Auswahl aus.

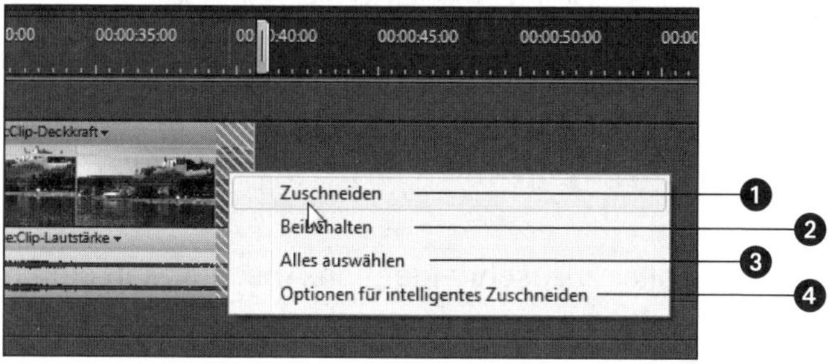

Abb. L5.24: Was soll mit den markieren Stellen geschehen?

- *Optionen für intelligentes Zuschneiden* ❹: In diesem Fall erhalten Sie die die Optionen für intelligentes Zuschneiden angezeigt.

6 Treffen Sie Ihre Wahl.

Die Markierung verschwindet ebenso wie das dazugehörige Stück vom Clip.

Abb. L5.25: Die markierte Stelle ist verschwunden

7 Wollen den intelligenten Zuschneidemodus verlassen, wählen Sie die Menüfolge *Schnittfenster / Intelligenter Zuschneidemodus*.

Als optische Kontrolle, dass Sie diesen verlassen haben, wird das Monitorfenster nicht mehr von einer blauen Linie umrahmt und auch der Hinweistext wird nicht mehr angezeigt.

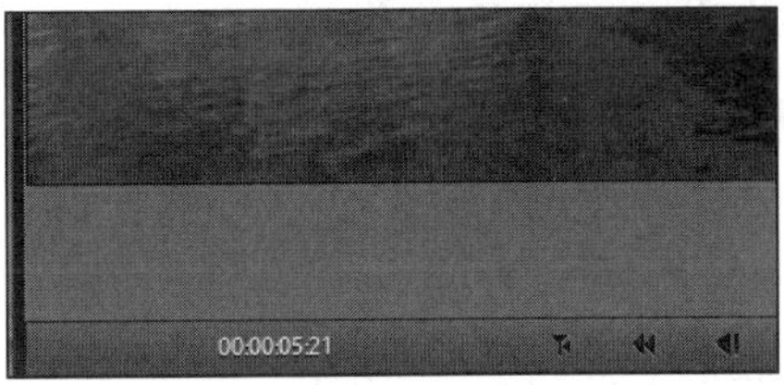

Abb. L5.26: Der intelligente Zuschneidemodus ist ausgeschaltet

In- und Out-Points

In- und Out-Points spielen – wie Sie schon gesehen haben – beim Arbeiten mit Premiere Elements eine gewichtige Rolle.

Zeit verlängern

Nicht immer wird ein Clip die gewünschte Dauer haben. Darunter versteht man die Zeit, die für dessen Wiedergabe erforderlich ist, also die Zeitdifferenz zwischen dem In-Point und dem Out-Point des Clips.

1 Um die Clipgeschwindigkeit im Schnittfenster zu ändern, klicken Sie auf das Werkzeug *für Zeit verlängern* ❶.

Abb. L5.27: Das Werkzeug einschalten

2 Anschließend ziehen eine der Kanten ❷ eines Clips im Schnittfenster in die gewünschte Richtung.

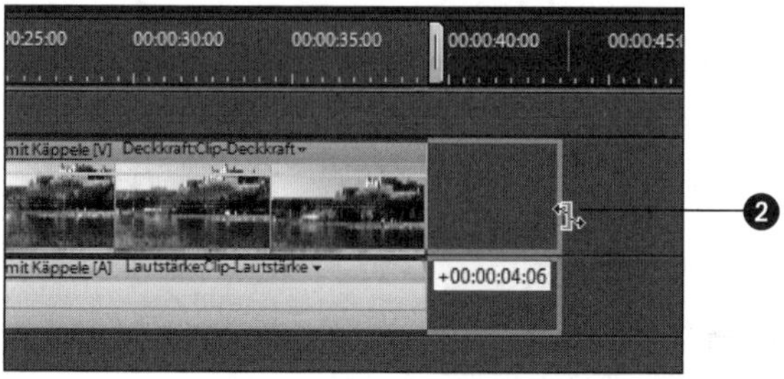

Abb. L5.28: Die Zeit eines Clips ändern

Der Clip wird auf die gezogene Länge verlängert.

Abb. L5.29: Ein zeitlich verlängerter Clip

3 Alternativ können Sie aber auch das Menü *Clip* aufrufen und den Menüpunkt *Zeit verlängern* wählen.

Zeit verlängern

4 Sie erhalten das gleichnamige Dialogfenster.

5 In diesem können Sie folgende Einstellungen vornehmen:

- Im Feld *Geschwindigkeit* ❶ können Sie nun eine prozentuale Eingabe vornehmen.

  Dabei gilt die Regel, dass Werte unter 100% die Geschwindigkeit verringern, Werte über 100% dagegen die Geschwindigkeit erhöhen.

Abb. L5.30: Die Zeit verlängern

- Über die Einstellung *Dauer* ❷ können Sie die Clipdauer verändern. Hier beschleunigt ein kürzerer Wert und ein längerer verlangsamt ihn.
- Möchten Sie den Clip einmal rückwärts abspielen, dann aktivieren Sie das Kontrollkästchen *Geschwindigkeit umkehren* ❸.
- Möchten Sie keinen »Micky-Maus-Effekt« beim Ton erhalten, dann sollten Sie das Kontrollkästchen *Tonhöhe beibehalten* ❹ aktivieren.

6 Mit *OK* schließen Sie das Fenster.

Premiere Elements rendert im Hintergrund die Daten und Sie können das Ergebnis im *Monitor*-Fenster betrachten.

7 Wenn Sie das Ergebnis gleich einmal betrachten wollen, dann drücken Sie einmal die [Leer]-Taste.

In- und Out-Points mit Hilfe des Monitorfensters setzen

Wenn Sie einen In- und Out-Point mit numerischer Genauigkeit eingeben möchten, sollten Sie dies mit dem *Monitorfenster* tun.

1 Doppelklicken Sie – sofern noch nicht geschehen – im *Schnittfenster* auf den Rohclip.

Daraufhin wird der Clip in das Fenster *Monitor* geladen.

Mit Hilfe des Aktuellbildanzeigers können Sie sehr präzise zu einer bestimmten Stelle in Ihrem Clip gelangen.

2 Klicken Sie dazu auf den Schieberegler, halten Sie die Maus gedrückt und ziehen Sie den Schieber an die gewünschte Stelle.

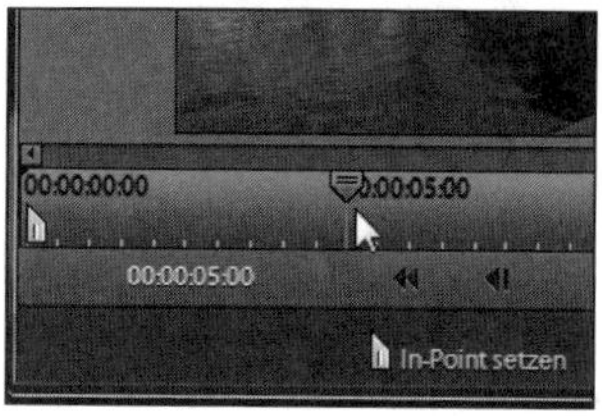

Abb. L5.31: Den Startpunkt suchen

Suchen Sie nun auf diese Art die gewünschte Anfangsstelle in dem Clip. Keine Sorge, wenn es Ihnen mit dem Schieberegler nicht gelingt. Für das framegenaue Ausrichten stehen Ihnen zwei Schaltflächen zur Verfügung. Sie können mit Hilfe dieser Schaltflächen entweder einen einzelnen Frame zurück (*Schritt zurück*) oder vor (*Schritt vorwärts*) ansteuern. Achten Sie dabei auf die Digitalanzeige, die Ihnen diesen Vorgang auch zahlenmäßig anzeigt.

Abb. L5.32: Frameweises Steuern

TIPP

Sehr praktikabel geht das mit den ←- bzw. →-Tasten.

In-Point

3 Haben Sie die gewünschte Anfangsposition erreicht, markieren Sie durch Anklicken der Schaltfläche *In-Point setzen* den Beginn der Szene.

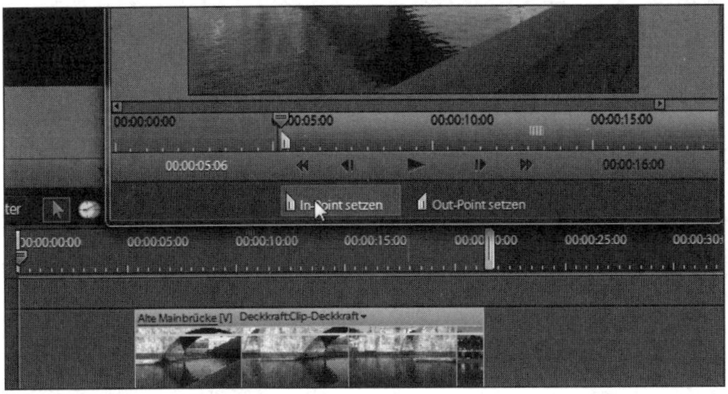

Abb. L5.33: Den Startpunkt setzen

Im *Schnittfenster* ist die durch den In-Point verursachte Lücke deutlich zu erkennen. Der ursprüngliche In-Point des Clips wandert nun auf die anvisierte Marke.

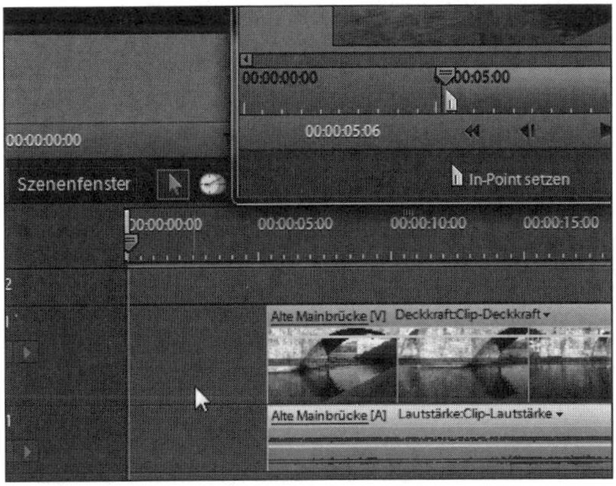

Abb. L5.34: Die durch den neuen Startpunkt entstandene Lücke

4 Spulen Sie nun an das Ende der Szene, also an den Frame, der das Ende anzeigt.

Out-Point

5 Ist die richtige Position erreicht, klicken Sie auf die Schaltfläche *Out-Point setzen*.

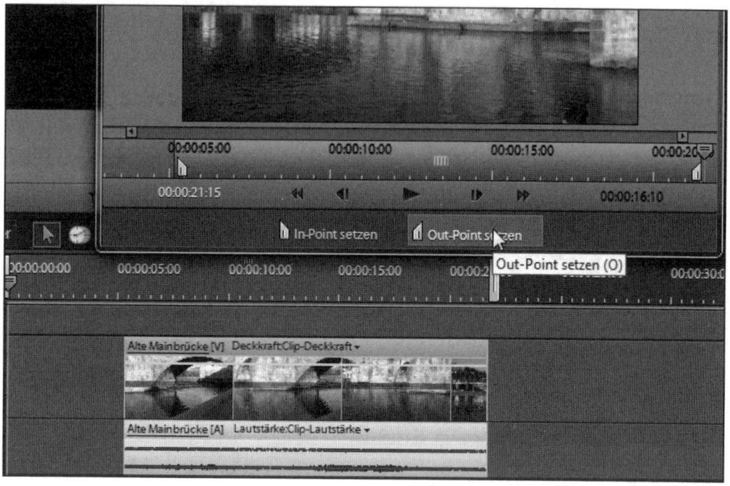

Abb. L5.35: Den Out-Point setzen

Mit dieser Definition haben Sie nun die Teilszene eindeutig markiert. Die übrigen Elemente dieses Clips werden von Premiere Elements nicht mehr berücksichtigt.

Wenn Sie einen Blick ins *Schnittfenster* werfen, werden Sie feststellen, dass Premiere Elements den Clip entsprechend Ihrer Vorgaben geschnitten hat.

TIPP

Eventuell entstandene Lücken schließen Sie, indem Sie das Auswahlwerkzeug aktivieren und den so geschnittenen Clip an den Vorgänger heranziehen oder das Kontextmenü *Löschen und Lücke schließen* verwenden.

Weiche Schnitte

Unter einem Schnitt versteht man beim Schneiden am PC den visuellen Wechsel von einem Clip zu einem anderen, d.h., der letzte Frame eines ersten Clips geht direkt in den ersten Frame des nächsten Clips über.

Überblendungen

Diesen Übergang können Sie jedoch weicher gestalten, indem der Übergang nicht so abrupt erfolgt, sondern die Clips weich in einander laufen. In der Fachsprache wird diese einfachste Variante als *Überblendung* bezeichnet. Premiere Elements verfügt über eine große Anzahl solcher Überblendungen, wie Sie gleich sehen werden.

Bevor Sie nun loslegen, sollten Sie folgende Aspekte berücksichtigen: Sicherlich wird Sie am Anfang die eine oder andere Überblendungsmöglichkeit sehr reizen und Sie werden versucht sein, möglichst viele in ein Projekt einzubauen. Doch bedenken Sie, dass man sich daran sehr schnell satt sehen kann. Des Weiteren sollten Sie in einem Film stets nur mit ein und derselben Überblendung arbeiten, denn das schafft Kontinuität. Ein ständiges Wechseln mag Sie sicherlich beim Schneiden begeistern, doch das daraus entstehende Produkt ist viel zu unruhig. Außerdem sollten Sie sich im Klaren darüber sein, dass ein einmal zugewiesener Effekt später aus dem fertigen Film nur durch (hartes) Ausschneiden, also unter Verlust der Sequenz, rückgängig gemacht werden kann. Und achten Sie einmal genauer darauf, wenn Sie demnächst einen Film im Kino anschauen. Sie werden sehen: Aufwändig gemachte Übergänge sind eher selten und wenn überhaupt, werden Sie vornehmlich Überblendeffekte finden. Und sehr oft werden Sie an Stellen, die einen Zeitsprung darstellen sollen, einen Untertitel (»Fünf Jahre später«) eingeblendet bekommen.

Beim Arbeiten mit Überblendungen und Filtern ist es sinnvoll, zunächst den *Arbeitsbereich* auf *Überblendungen* umzustellen.

1 Wechseln Sie zunächst in den Arbeitsbereich *Bearbeiten*.

2 Klicken Sie dann auf das Symbol *Überblendungen*.

Abb. L5.36: Wechseln Sie in de Arbeitsbereich *Überblendungen*

3 Klicken Sie hier auf den kleinen Pfeil hinter *Alles einblenden,* damit Sie an die Gruppenübersicht der einzelnen Überblendungen gelangen.

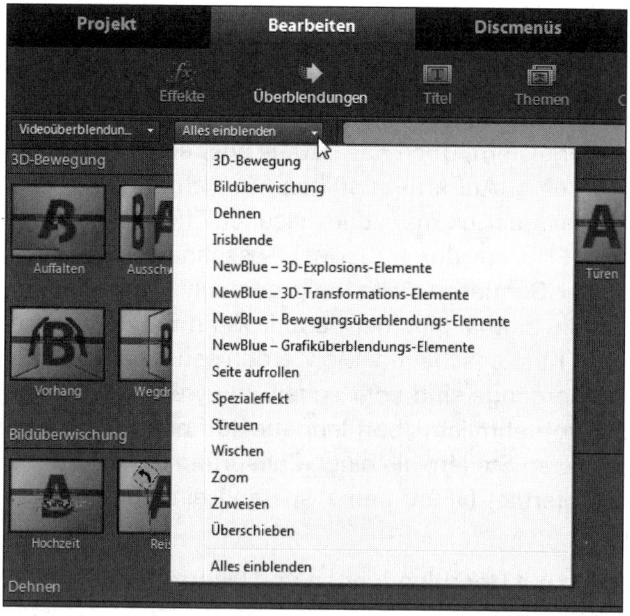

Abb. L5.37: Die Kategorien einsehen

Überblendungen ohne Ende

Premiere Elements stellt Ihnen eine Reihe von Überblendungsmöglichkeiten in Kategorien geordnet zur Verfügung, die nahezu keinen Wunsch mehr offen lassen.

Alle diese Möglichkeiten hier vorzustellen, würde den Umfang des Buches sprengen. Bei fast allen diesen Effekten befinden sich die gleichen Einstellungsdialogfelder, die sich zudem intuitiv bedienen lassen. Im Folgenden finden Sie allerdings eine Übersicht der Effekte und danach wird Ihnen die Arbeitsweise eines der am häufigsten verwendeten Effekte vorgestellt.

Um Ihnen eine Orientierung zu ermöglichen, können Sie einige Charakteristika der Effekte den nachfolgenden Tabellen entnehmen.

3-D-Bewegungen

Die wohl interessantesten und aufwändigsten Effekte können Sie durch die *3-D-Bewegungen* erreichen. Bei diesen Effekten wird mindestens eines der Szenenbilder plastisch verformt.

3D-Bewegungen

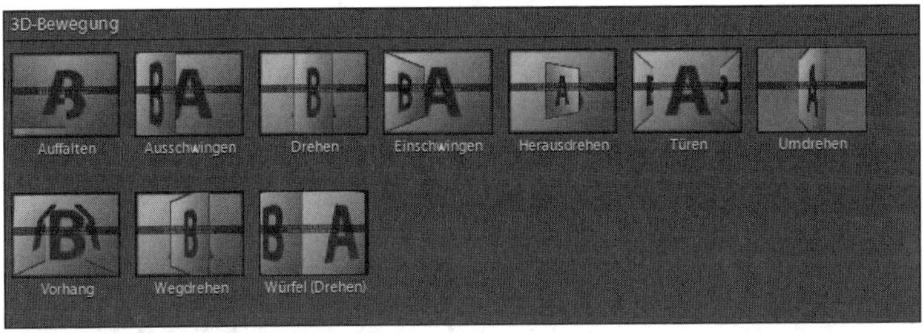

Abb. L5.38: Effekte *3D-Bewegungen*

- *Auffalten:* Das neue Szenenbild wird in das alte aufgefaltet oder die alte Szene wird wie ein Blatt Papier zunächst auf eine Seite und dann nach oben weggefaltet.
- *Ausschwingen:* Die eine Szene klappt wie eine Schwingtür auf die andere und deckt sie so ab.

- *Drehen:* Die eine Szene verschwindet, indem sie sich in der Bildmitte um die eigene Achse dreht.
- *Einschwingen:* Die Szene klappt wie eine Schranktür auf die andere.
- *Herausdrehen:* Die eine Szene verschwindet, indem sie sich in der Bildmitte um die eigene Achse nach innen wegdreht.
- *Türen:* Die neue Szene wird, verteilt auf zwei Schwingtüren, auf die alte geklappt.
- *Umdrehen:* Die Szene erweckt den Eindruck, als würde sie umgedreht, und auf der Rückseite läuft der neue Clip weiter.
- *Vorhang:* Ähnlich wie ein Theatervorgang hebt sich das eine Bild und gibt das andere frei.
- *Wegdrehen:* Das neue Bild wird um seine Mittelachse in das alte Bild ein- bzw. weggedreht.
- *Würfel (Drehen):* Bei diesem Effekt werden die beiden angrenzenden Szenenbilder auf den benachbarten Seiten eines Würfels wiedergegeben.

Bildüberwischen

Die Effekte dieses Bereiches wischen das eine Bild unter Anwendung eines Spezialeffektes weg, so dass das andere Bild sichtbar wird.

Bildüberwischen

Abb. L5.39: Effekte *Bildüberwischen*

- *Hochzeit*: Das erste Bild wird mit einer Blattgirlande aus dem Bild gewischt.

- *Reise:* Ein Verkehrsschild wischt das erste Bild nach links weg.
- *Sterne*: Das erste Bild wird durch eine Reihe von Sternen nach oben weggewischt.

Dehnen

Im Gegensatz zu den 3-D-Bewegungen arbeitet Premiere Elements hier nur in einer Ebene, so dass bei diesen Effekten mehr der Eindruck entsteht, es würde das eine Bild dem anderen wie ein Gummi übergezogen.

Dehnen

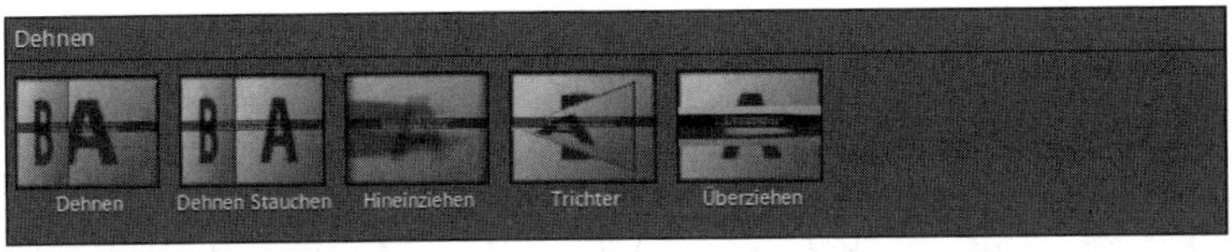

Abb. L5.40: Effekte *Dehnen*

- *Dehnen*: Das neue Bild wird dem alten senkrecht übergezogen. Dabei ist das Bild am Anfang gestaucht und nimmt die ursprünglichen Proportionen erst am Ende wieder ein.
- *Dehnen Stauchen*: Entspricht dem Effekt *Dehnen*, nur dass jetzt das andere Bild proportional gestaucht wird.
- *Hineinziehen*: Hierbei entsteht ein Effekt wie bei zwei Flüssigkeiten, die ineinander laufen.
- *Trichter*: Das erste Bild fließt wie durch einen Trichter nach links weg.
- *Überziehen*: Das eine Bild wird dem anderen waagerecht, als wäre es aus Gummi, übergezogen.

Irisblende

Ganz besondere Effekte können Sie mit den Überblendungen des Registers *Irisblende* erzielen.

Irisblenden

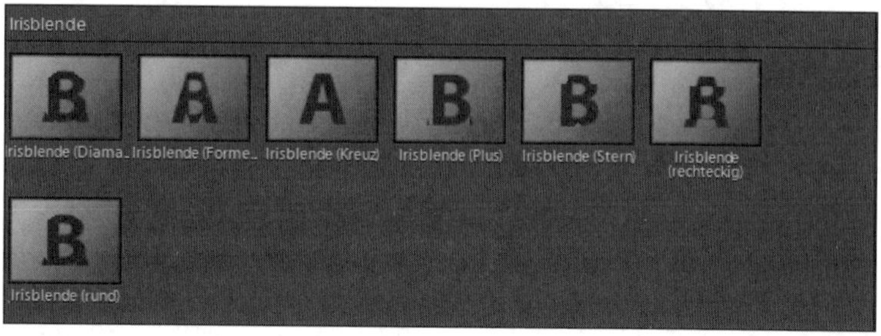

Abb. L5.41: *Effekte Irisblende*

- *Irisblende (Diamant)*: Das neue Bild wird in Form dreier Rauten aufgeblendet.
- *Irisblende (Formen)*: Die neue Szene wandelt sich Pixel für Pixel in die andere.
- *Irisblende (Kreuz)*: Die neue Szene wird in Kreuzform aufgezogen.
- *Irisblende (Plus)*: Das Bild wird durch eine in sich schließende plusförmige Blende geschlossen.
- *Irisblende (Stern)*: Hier erscheint das neue Bild innerhalb einer Sternform.
- *Irisblende (rechteckig)*: Das Bild erscheint in einer rechteckigen Form ...
- *Irisblende (rund)*: ... und diesmal in einer runden Form.

NewBlue 3D-Explosionen

Unter dieser Rubrik finden Sie aufregende Effekte, die dadurch entstehen, dass das Bild wie bei einer Explosion aufgelöst wird.

- *Explodierende Ebene*: Das Bild wird wie bei einer Explosion in Form von Rechtecken auseinander gezogen.
- *Explodierender Kasten*: Der Clip wird in einem verjüngenden Kästchen zusammengezogen, das kurz vor dem Verschwinden exploriert.

NewBlue 3D-Explosionen

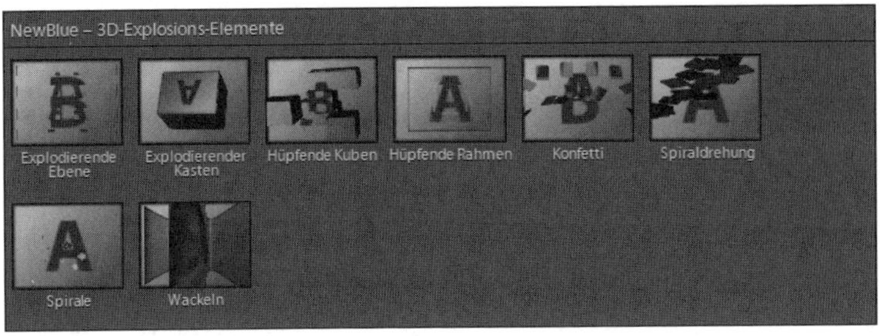

Abb. L5.42: Effekte *NewBlue 3D-Explosionen*

- *Hüpfende Kuben*: Das erste Bild wird in Form von federnden Würfeln zerlegt, bevor es verschwindet.
- *Hüpfende Rahmen*:Die beiden Sequenzen werden in federnden Rahmen übereinander gelegt.
- *Konfetti*: Das Bild wird in lauter kleinen Schnipseln aus dem Bild gefegt.
- *Spiraldrehung*: Das Bild dreht sich spiralförmig aus dem anderen heraus.
- *Spirale:* Die Explosion hat zur Folge, dass das Bild in Schlangenformen entfernt wird.
- *Wackeln*: Die Bildteile werden spiralförmig wackelnd nach innen gedreht.

NewBlue 3D-Transformationen

Unter dieser Rubrik finden Sie aufregende Effekte, die dadurch entstehen, dass das Bild wie bei einer Transformation aufgelöst wird.

NewBlue 3D-Transformationen

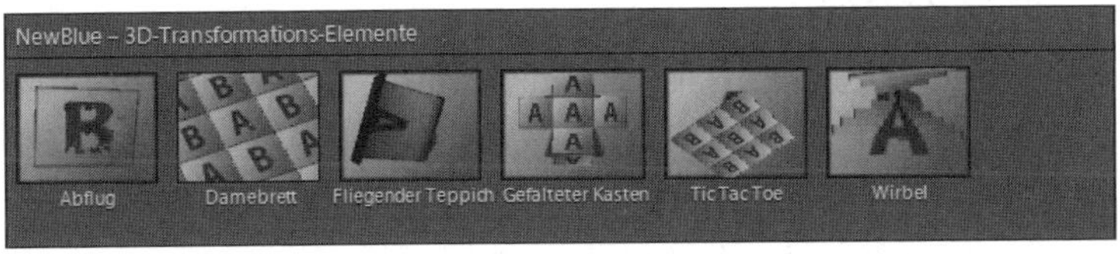

Abb. L5.43: Effekte *NewBlue 3D-Transformationen*

- *Abflug:* Der Clip wird in rechteckigen Formen in den anderen hinüber transformiert.
- *Damebrett:* Das Bild löst sich in sich zusammenfaltenden Rechtecken auf.
- *Fliegender Teppich:* Die Teilchen verschwinden wie auf einem fliegenden Teppich.
- *Gefalteter Kasten:* Das Bild löst sich schachbrettartig auf.
- *Tic Tac Toe:* Liebhaber dieses Computerspielklassikers werden Ihre Freude haben, wenn sich das Bild in dieser Form abbaut.
- *Wirbel:* Die einzelnen Teilchen fliegen wirbelnd nach außen weg.

NewBlue 3D-Bewegungsüberblendungen

Bei diesen Effekten erfolgt die Überblendung durch zum Teil recht heftige Bewegungen.

NewBlue 3D-Bewegungsüberblendungen

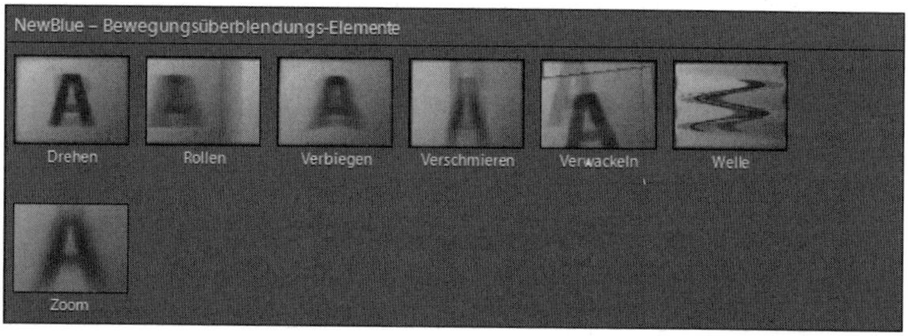

Abb. L5.44: Effekte *NewBlue 3D-Bewegungsüberblendungen*

- *Drehen:* Das Bild wird in neigenden Formen in das andere übergeblendet.
- *Rollen:* Ein Effekt, den man von schnellen Kopfbewegungen her kennt.
- *Verbiegen:* Die Szene transformiert in kreisförmigen Bewegungen in die andere.

- *Verschmieren:* Die Bilder laufen in Streifen in einander über.
- *Verwackeln:* Ein Gefühl, als hätte jemand beim Aufnehmen die Kamera nicht richtig gehalten.
- *Welle:* Das erste Bild wird wellenförming ausgeblendet.
- *Zoom:* Die Szene wird aus dem Bild herausgezoomt und gibt die zweite Szene frei.

NewBlue Grafiküberblendungs-Elemente

Bei diesen Effekten werden an den Szenen künstlerische Verfremdungen vorgenommen.

NewBlue Grafiküberblendungs-Elemente

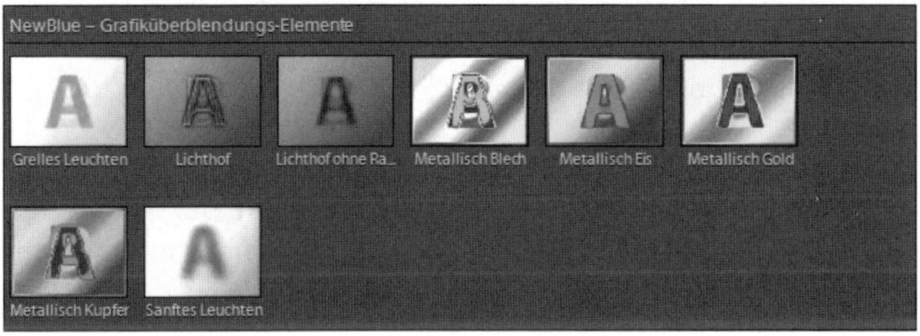

Abb. L5.45: Effekte *NewBlue Grafiküberblendungs-Elemente*

- *Grelles Leuchten):* Ein Effekt ähnlich, als würde man in ein gleißendes Feuer schauen.
- *Lichthof:* Ein Effekt, der aussieht wie von Licht angestrahlte Wassertropfen auf einer Glasscheibe.
- *Lichthof ohne Rand:* Wie vorher, nur ohne Konturen.
- *Metallisch Blech:* Das erste Bild verschwindet, indem es sich in eine Alufolie verwandelt.
- *Metallisch Eis:* Wie vorher, nur erscheint das Bild in blauer metallischer Färbung.
- *Metallisch Gold:* Wie vorher, nur in goldener Färbung.

- *Metallisch Kupfer:* Wie vorher, nur in kupferfarbener Färbung.
- *Sanftes Leuchten:* Der Effekt erzeugt ein sanftes, weiches Leuchten.

Seite aufrollen

Sehr schöne plastische Effekte können Sie mit den Effekten *Seite aufrollen* erzielen.

Seite aufrollen

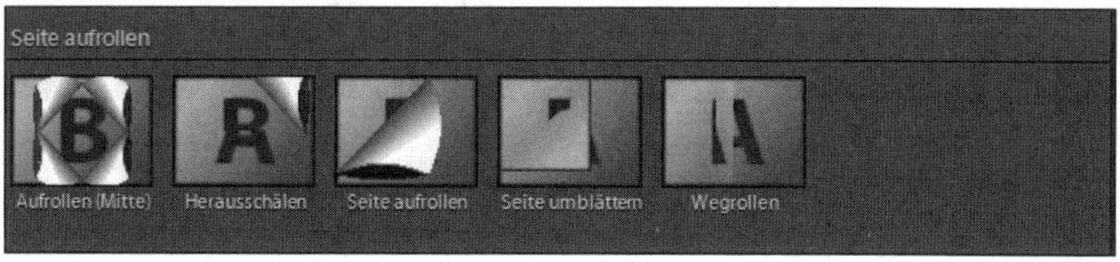

Abb. L5.46: Effekte *Seite aufrollen*

- *Aufrollen (Mitte):* Hier rollt sich die neue Szene von der Mitte heraus nach vier Seiten auf. Man bekommt den Eindruck, als würde die Szene durch eine Papierschicht dringen und deren Ränder zur Seite schieben.
- *Herausschälen:* Das alte Bild wird wie ein Geschenkpapier jeweils zu einer der Seiten weggerissen.
- *Seite aufrollen:* Diesen Effekt kennt man von Papier, das zu lange in der Sonne gelegen hat, es rollt sich auf.
- *Seite umblättern :* Ein Effekt wie beim Umblättern einer Zeitschrift
- *Wegrollen:* Das alte Bild rollt sich zusammen und gibt so die Sicht auf das neue frei.

Spezialeffekte

Die *Spezialeffekte* erlauben Ihnen, wie der Name schon sagt, recht aufwändige und eindrucksvolle Effekte. Leider lassen sie sich drucktechnisch nicht so optimal darstellen.

Spezialeffekte

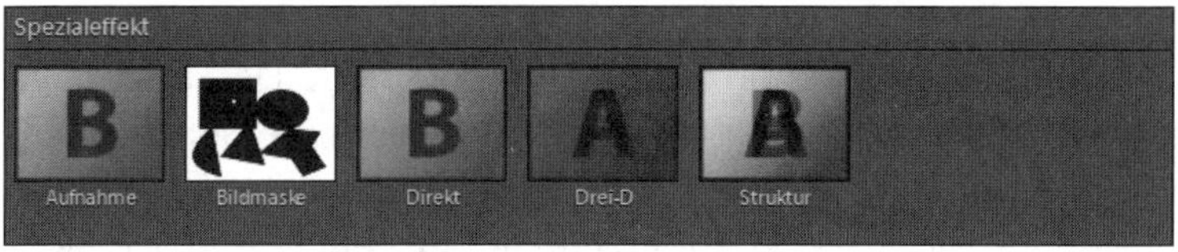

Abb. L5.47: Effekte *Spezialeffekt*

- *Aufnahme:* Der Effekt, der eintritt, wenn man die Kamera nach einer Aufnahme erneut startet.
- *Bildmaske:* Für die Überblendung kann man eine frei gewählte Bildmaske einstellen, in deren Form dann die Überblendung stattfindet.
- *Direkt:* Die zweite Szene wird einfach – ähnlich wie ein harter Schnitt – eingeblendet.
- *Drei-D:* Stellt den Übergang dreidimensional dar. Mit einer 3D-Brille können Sie den Übergang räumlich wahrnehmen.
- *Struktur:* Blendet die Struktur des neuen Bildes schon ein und reduziert die Struktur des alten.

Streuen

Neben der weichen Überblendung, die Ihnen bereits bekannt ist, können Sie die folgenden Streuungen gestalten:

Streuen

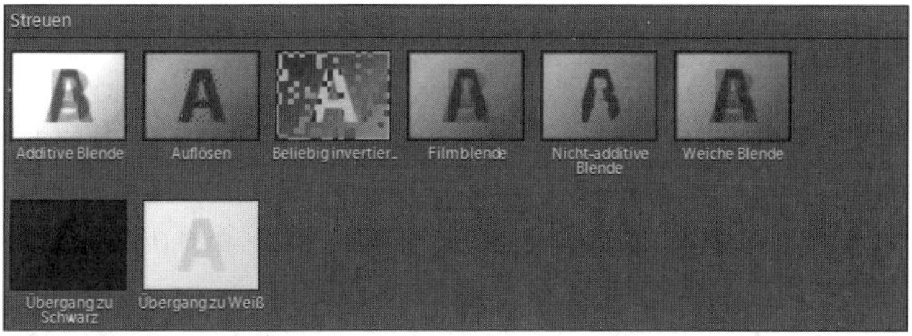

Abb. L5.48: Effekte *Streuen*

- *Additive Blende:* Bei dieser Blende werden die Lichtwerte der beiden Szenen miteinander addiert. Der erste Clip verschwindet dabei sozusagen in einem weißen Schleier und geht in das neue Bild über. Die höchste Helligkeit wird dabei in dem Moment erzielt, in dem beide Bilder gleichzeitig gezeigt werden.
- *Auflösen:* Das erste Bild wird nach und nach in Pixel zerlegt, während das folgende Bild dementsprechend zusammengesetzt wird.
- *Beliebig invertieren:* Der Clip wird in seine invertierte Struktur übergeblendet und anschließend wird das invertierte Bild mit den Bildern des Folgeclips kombiniert.
- *Filmblende*: Das weitere Bild wird in das vorherige Bild eingeblendet.
- *Nicht-additive Blende:* Das alte Bild löst sich wie in einem Säurebad auf und gibt das neue frei.
- *Weiche Blende:* Der Klassiker ermöglicht einen weichen Übergang, indem die Bilder ineinander geblendet werden.
- *Übergang zu Schwarz:* Blendet den Clip schwarz ab oder schwarz ein.
- *Übergang zu Weiß:* Blendet den Clip weiß ab oder weiß ein.

Wischen

Eine weitere Abart der Überblendeffekte sind die der Kategorie Wischen, bei denen man den Eindruck hat, dass der Clip aus dem Bildschirm gewischt wird.

- *Beliebig wischen:* Das alte Bild wird von oben nach unten in Form kleiner Rechtecke ausgewischt.
- *Beliebige Blöcke:* Die Auflösung erfolgt hier in unregelmäßigen Blöcken.

Wischen

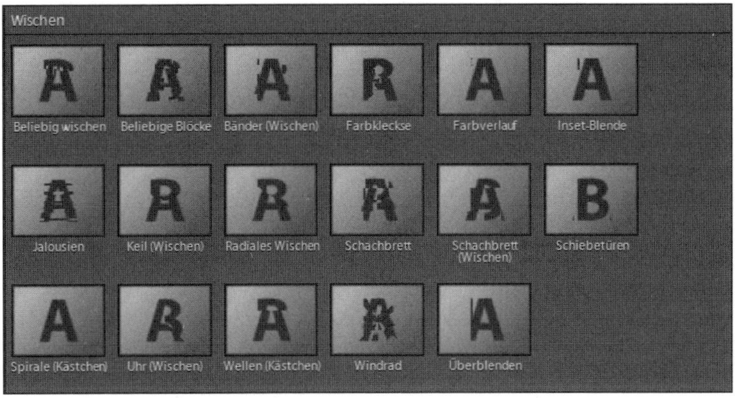

Abb. L5.49: Effekte *Wischen*

- *Bänder (Wischen):* Bei diesem Effekt wird das alte Bild in Form von Bändern aufgelöst.
- *Farbkleckse:* Das neue Bild wird in Form von Farbklecksen freigegeben.
- *Farbverlauf:* Bei diesem Effekt besteht die Möglichkeit, einen frei wählbaren Farbverlauf einzustellen.
- *Inset-Blende:* Das neue Bild schiebt sich von oben links in Form eines Rechtecks ein.
- *Jalousien:* Das neue Bild erscheint, als würde man es durch eine Jalousie betrachten.
- *Keil (Wischen):* Das neue Bild erscheint in einer Keilform und baut sich so vollständig auf.
- *Radiales* Wischen*:* Das alte Bild wird von oben rechts diagonal nach unten links herausgewischt.
- *Schachbrett:* Das neue Bild baut sich wie das Muster eines Schachbretts auf.
- *Schachbrett (Wischen):* Wie vorher, nur dass die Kästchen eingewischt werden.
- *Schiebetüren:* Das alte Bild wird wie auf einer Schiebetür platziert ausgewischt.

- *Spirale (Kästchen):* Das Bild wird spiralförmig nach innen in Form von Kästchen entfernt.
- *Uhr (Wischen):* Die Szene wird wie bei einer Uhr ausgeblendet.
- *Wellen (Kästchen):* Das Bild wird in wellenförmigen Bewegungen durch kleine Rechtecke ausgeblendet.
- *Windrad:* Das ursprüngliche Bild wird vom neuen in Form einer Windmühle verdeckt.
- *Überblenden:* Der erste Clip wird in den zweiten übergeblendet.

Zoom

Mit den *Zoom*-Effekten können Sie den Übergang entsprechend Ihren Wünschen vergrößern oder verkleinern.

Zoom

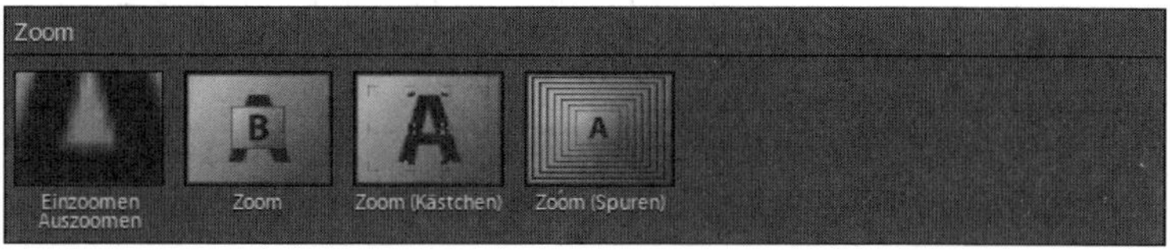

Abb. L5.50: Effekte *Zoom*

- *Einzoomen Auszoomen:* Das erste Bild wird zur Mitte hin eingezoomt, also vergrößert, und beim Auszoomen wird das andere Bild am Ende des Zoomvorgangs angezeigt.
- *Zoom:* Normales Ein- oder Auszoomen des Bilds von der Mitte her.
- *Zoom (Kästchen):* Die folgende Szene wird in einer Reihe von Kästchen so lange eingezoomt, bis das ganze Bild erscheint.
- *Zoom (Spuren):* Bei diesem Effekt bleiben die einzelnen Zoomspuren erhalten. Dadurch entsteht ein Geschwindigkeitssprung.

Zuweisen

Mit den *Zuweisen*-Effekten können Sie zum einen die Grundfarben und zum anderen die Helligkeit verändern und so surrealistische Effekte erzielen.

Zuweisen

Abb. L5.51: Effekte *Zuweisen*

- *Kanäle:* Ermöglicht, die drei Grundfarben zu entfernen bzw. einzublenden.
- *Luminanz:* Hiermit können Sie die Helligkeit der Szene verändern.

Überschieben

Beim Effekt *Überschieben* verdrängt immer das eine Bild das andere.

Überschieben

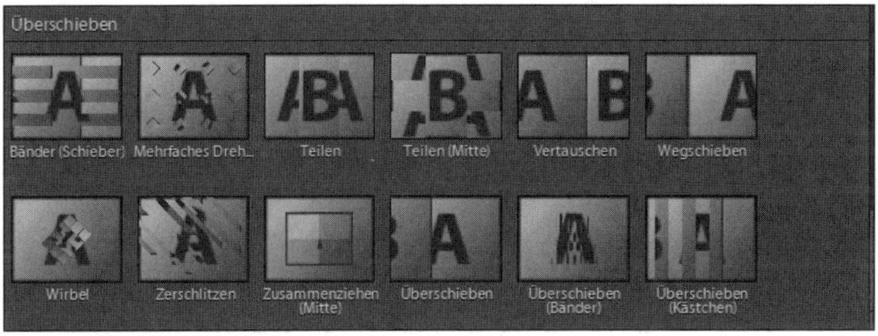

Abb. L5.52: Effekte *Überschieben*

- *Bänder (Schieber):* Die Bilder verschieben sich in Form von horizontalen Bändern ineinander.
- *Mehrfaches Drehen:* Das Bild wird, aufgeteilt in gleichmäßige Rechtecke, die sich drehen, eingeblendet.

- *Teilen:* Der folgende Clip teilt das Bild und schiebt die Hälften auseinander.
- *Teilen (Mitte):* Hier wird das Bild in vier Teile getrennt, und diese werden über die Ecken aus dem Bild geschoben.
- *Vertauschen:* Die Bilder werden beim Schieben ausgetauscht.
- *Wegschieben:* Das nächste Bild schiebt das erste Bild weg.
- *Wirbel:* Das ursprüngliche Bild wird durch das neue, das in sämtliche Bestandteile zerlegt hereingewirbelt wird, verdeckt.
- *Zerschlitzen:* Diesen Effekt kennen Sie vielleicht von Ihrem Aktenvernichter her.
- *Zusammenziehen (Mitte):* Das ursprüngliche Bild wird in die Mitte zusammengezogen, d.h., es werden ständig Pixel entzogen, bis es ganz verschwindet.
- *Überschieben:* Das neue Bild schiebt sich über das vorhandene.
- *Überschieben (Bänder):* Das Einschieben des neuen Bilds erfolgt hier in Form von Bändern.
- *Überschieben (Kästchen):* Das Einschieben des neuen Bilds erfolgt hier in Form von Kästchen.

Überblendungen im praktischen Einsatz

Die weiche Überblendung ist sicherlich die am meisten verwendete Überblendtechnik. Das mag auch nicht verwundern, denn schon in den frühesten Zeiten der Filmproduktion arbeitete man mit solchen Blenden. Dazu musste nämlich lediglich der Film in der Kamera etwas zurückgedreht werden und die neue Szene wurde sozusagen in die alte belichtet.

Weiche Überblendung

Premiere Elements geht dabei genauso vor. Der Vorgängerclip wird einfach immer transparenter dargestellt, so dass man das Gefühl hat, er verblasst. Gleichzeitig wird der nachfolgende Clip immer stärker eingeblendet, bis er allein sichtbar ist. Dadurch kann sich das Auge an den Wechsel allmählich gewöhnen und man bekommt den Eindruck eines fließenden Übergangs.

Bevor Sie mit Blenden arbeiten können, sind ein paar Vorarbeiten zu erledigen. So müssen sich die beiden aufeinander folgenden Clips ein wenig überlappen.

1 Verschieben Sie dazu den nachfolgenden Clip bei gedrückter linker Maustaste so, dass er sich mit dem Ende des Vorgängerclips um etwa eine Sekunde überlagert.

Abb. L5.53: Die Clips müssen sich überlagern

> **TIPP**
>
> Die Überlappung von einer Sekunde ist keine starre Regel, sondern lediglich ein Anhaltspunkt. Je nach gewünschtem Effekt können Sie mit einer kürzeren oder längeren Überblendzeit einen eindrucksvollen Effekt erzielen.

2 Nachdem Sie die Clips angeordnet haben, müssen Sie den Effekt zwischen den beiden Videospuren anbringen.

Weiche Blende

Im Folgenden soll eine weiche Blende eingefügt werden. Diese ermöglicht einen sanften Übergang von einem Clip zum anderen.

3 Suchen Sie in der Hauptkategorie *Streuen* den Eintrag *Weiche Blende*.

Sie finden ihn im Bereich *Überblenden*.

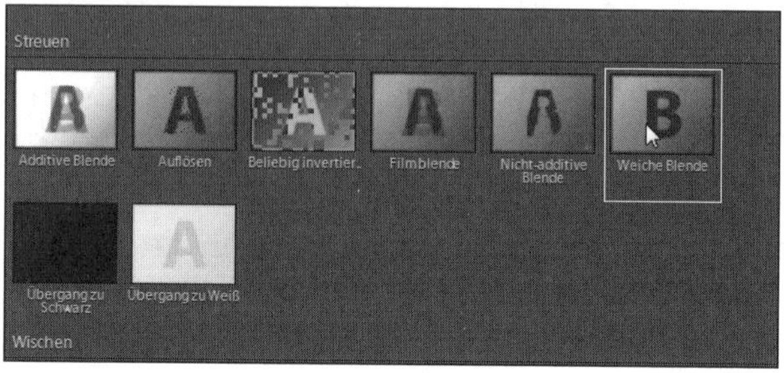

Abb. L5.54: Die weiche Blende

4 Klicken Sie darauf und ziehen Sie ihn nun bei gedrückter linker Maustaste auf den In-Point des Clips, den Sie weich einblenden wollen.

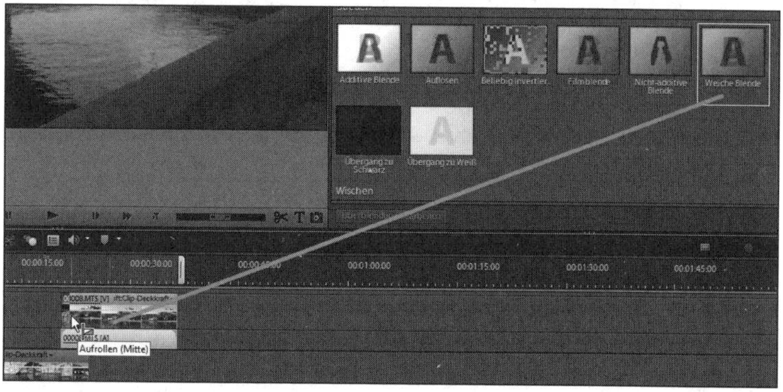

Abb. L5.55: Eine weiche Blende einfügen

5 Lassen Sie dann die Maustaste los, um den Effekt an dieser Stelle zu platzieren.

Das war es dann auch schon: Der Effekt ist gesetzt und wird Ihnen in Form eines Rechtecks mit einem Doppelpfeil angezeigt.

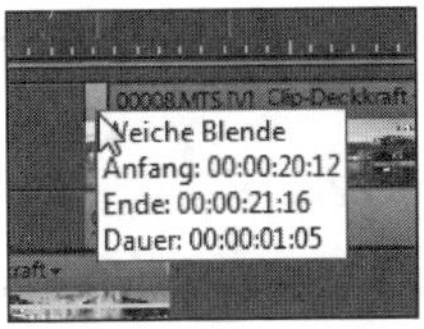

Abb. L5.56: Der eingefügte Effekt

6 Um den Effekt gleich einmal »live« zu sehen, schieben Sie doch einmal die Marke für die aktuelle Zeit langsam über diese Stelle und betrachten Sie dabei das *Monitor*-Fenster.

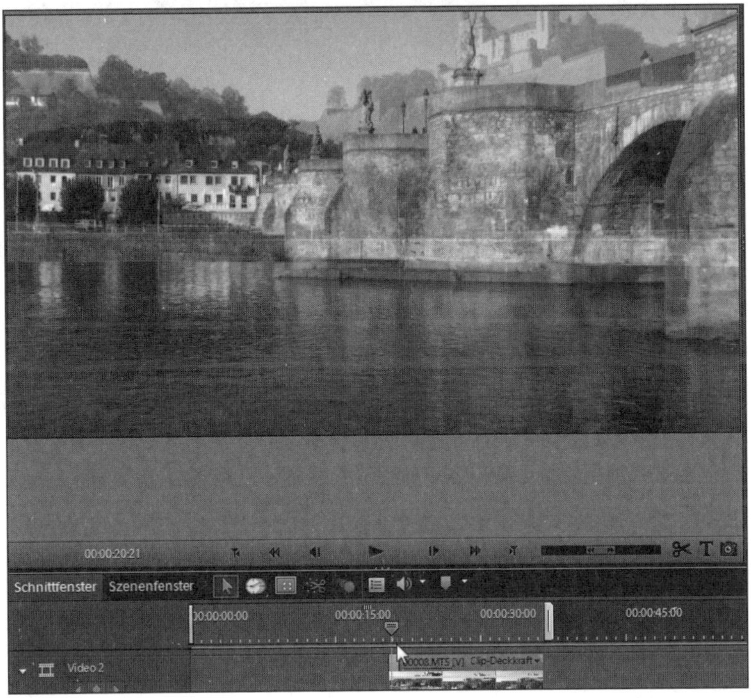

Abb. L5.57: Anzeigen des Überblendeffekts

Von Schwarz einblenden oder ausblenden

Ein sehr effektvoller, wenn gleich auch schlichter Effekt, ist das Einblenden von Schwarz bzw. das Ausblenden in Schwarz.

1 Suchen Sie in den Videoeffekten ebenfalls in der Kategorie *Streuen*.

Dort finden Sie den Effekt *Übergang zu Schwarz*.

2 Um nun am Anfang oder Ende von Schwarz einzublenden bzw. auszublenden, ziehen Sie diesen Effekt an die entsprechende Position auf dem Clip.

Abb. L5.58: Über Schwarz einblenden

Möchten Sie dagegen einen Übergang zwischen zwei Clips durch Ausblenden in Schwarz oder Einblenden in Schwarz erhalten, dann ziehen Sie den Effekt zwischen die beiden Clips.

Eine weitere Methode Effekte einzufügen, ist das Verwenden des Szenenfensters.

3 Klicken Sie auf die Registerkarte *Szenenfenster*, um in diese Ansicht umzuschalten.

4 Ziehen Sie nun den gewünschten Effekt auf die Fläche mit den zwei Pfeilen zwischen den einzelnen Szenenclips.

Abb. L5.59: Einen Effekt über das Szenenfenster einfügen

Wenn Sie dort die Maustaste loslassen, wird sofort der gewünschte Effekt eingefügt.

5 Mit Hilfe der Marke für die aktuelle Zeit können Sie nun die entsprechende Stelle ansteuern und gleichzeitig im Monitorfenster begutachten.

Überblendungen bearbeiten

Zwar wäre damit Ihre Arbeit an sich getan, Sie können jedoch an dieser Stelle noch ein paar interessante Einstellungen vornehmen.

Beginn und Ende anpassen

Interessant kann es sein, den Beginn oder das Ende des Effekts zu bearbeiten.

1 Führen Sie zunächst auf das Rechteck im Clip einen Doppelklick aus.

Effekteinstellungen

Dadurch werden die *Effekteinstellungen* in den Arbeitsbereich eingeblendet, wo Sie nun die Blendeneigenschaften weiter verändern können.

Effekte anpassen

Abb. L5.60: Hier nehmen Sie weitere Einstellungen vor

Im rechten Bereich befinden sich zwei Vorschaufenster, in denen Sie die Auswirkungen auf die Veränderung der Effektrichtung live mitverfolgen können.

Das linke (A) zeigt die Ausgangslage am *Anfang* des Effekts und das rechte (B) zeigt, wie das Effekt-*Ende* aussieht.

2 Möchten Sie das Erscheinungsbild der Überblendung am Anfangspunkt der Clipsequenz ändern, verwenden Sie den Schieberegler *Anfang*, der sich unter dem Symbol des ersten Bildes befindet. Sie können ihn von 0 % bis 100 % bewegen.

Die Einstellungsmöglichkeiten *Ende* entsprechen denen des Anfangs, nur dass Sie hier das Erscheinungsbild am Endpunkt regeln.

Über den kleinen Pfeil am unteren Rand können Sie zum einen sehen, wie sich der Effekt auswirkt, und zum anderen können Sie festlegen, in welchem Stadium der Effekt beginnt.

3 So können Sie beispielsweise den Schieber *Anfang* auf *40,0* ziehen. Das bedeutet, dass das folgende Bild bereits zu 40 % angezeigt wird, bevor es auf volle 100 % aufzieht.

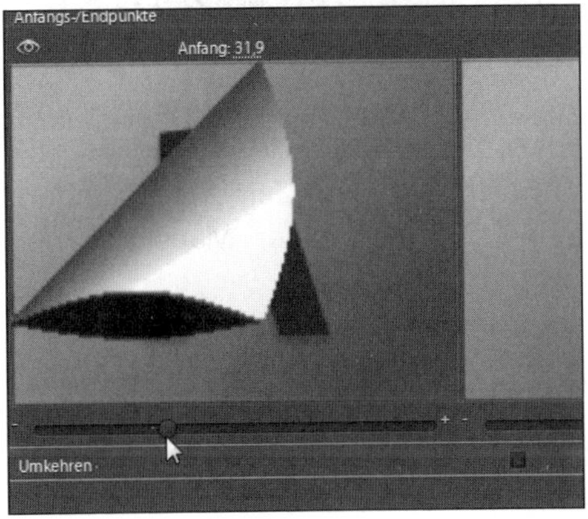

Abb. L5.61: Über die Schieberegler verfeinern Sie den Überblendeffekt

Damit Sie diese Feinheiten besser erkennen können, ist es ratsam, das Symbol *Eigentliche Quellen anzeigen* zu aktivieren. So sehen Sie gleich, welche Wirkung die folgenden Aktionen haben (siehe Abbildung L5.62).

Die Länge des Effekts können Sie im rechten Bereich des Fensters intuitiv verändern.

4 Wünschen Sie beispielsweise das Verlängern eines Effekts, dann zeigen Sie mit der Maus unterhalb der Angabe der *Dauer*.

Abb. L5.62: Der gleiche Effekt mit durchgeblendeten Originalclips

5 Wenn der Mauszeiger sich zu einem Zeigefinger ändert, klicken Sie und ziehen bei gedrückter Maustaste den Effekt in die gewünschte Richtung.

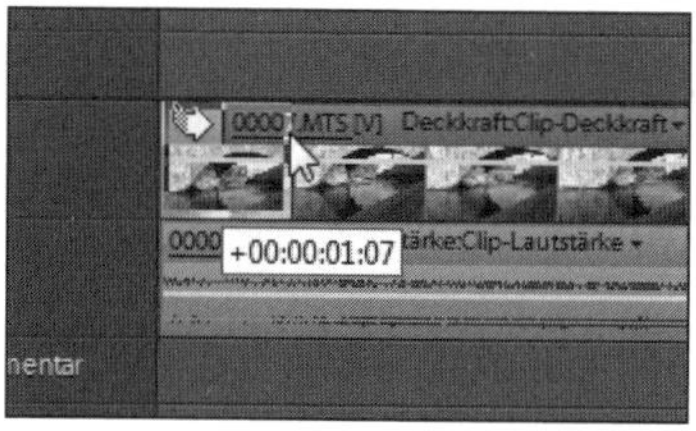

Abb. L5.63: Verlängern eines Effekts

Zeitgleich wird die Anzeige des Effekts auf dem Clip entsprechend geändert.

Überblendungen entfernen

Ab und an wird es vorkommen, dass Sie einen Überblendeffekt entfernen wollen, etwa weil Sie sich für den falschen entschieden haben.

Effekt entfernen

1 In einem solchen Fall klicken Sie im Schnittfenster mit der rechten Maustaste auf das *Überblendungs*-Rechteck.

2 Anschließend wählen Sie den Kontextmenüpunkt *Löschen*.

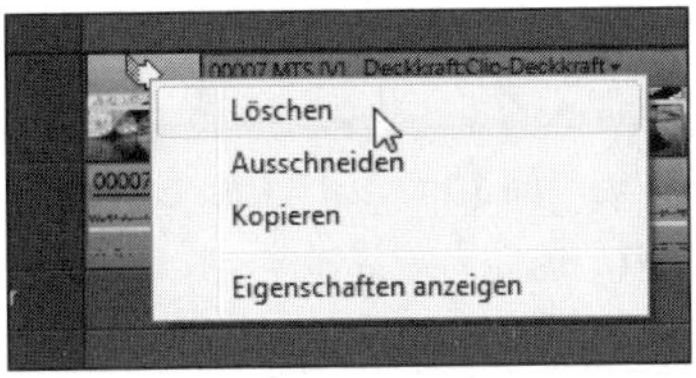

Abb. L5.64: Den Überblendeffekt wieder löschen

Deckkraft

Standardmäßig werden Clips auf Spuren mit 100%iger *Deckkraft* dargestellt. Diesen Wert können Sie verändern und beispielsweise so den Transparenzanteil eines Clips erhöhen, indem Sie die Deckkraft sogar so weit vermindern, bis der Clip bei einer Deckkraft von 0 % vollständig transparent ist.

Die Deckkraftlinie wird Ihnen im Schnittfenster auf den Clips durch eine gelbe Linie dargestellt.

Deckkraftlinie

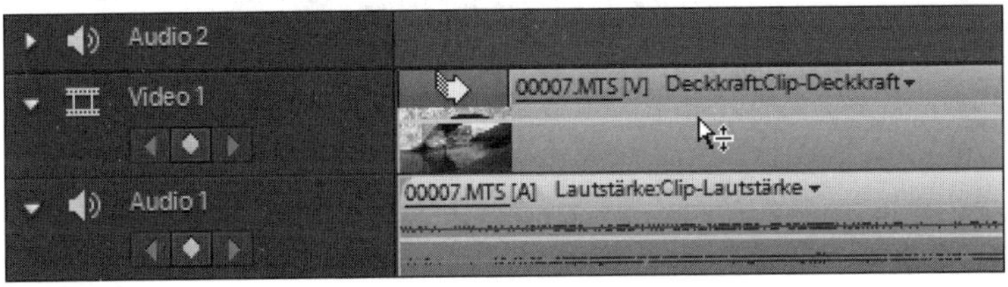

Abb. L5.65: Die gelbe Linie symbolisiert die Deckkraft

Das eigentliche Überblenden erledigen Sie mit Hilfe dynamischer *Deckkraftlinien*. Diese Linien lassen sich, wie Sie gleich sehen werden, an den so genannten Änderungspunkten auf neue Werte ziehen und regeln so die Deckkraft der Blende. Durch Hinzufügen von Griffpunkten können Sie zudem die Deckkraft eines Clips ändern.

Zunächst müssen Sie folglich einen Änderungspunkt, den so genannten *Keyframe*, erzeugen.

Deckkraft anpassen

1. Bewegen Sie dazu die *Marke für die aktuelle Zeit* an den gewünschten Anfangspunkt.
2. Klicken Sie dann einmal mit der Maus auf das Symbol *Keyframe hinzufügen/entfernen*

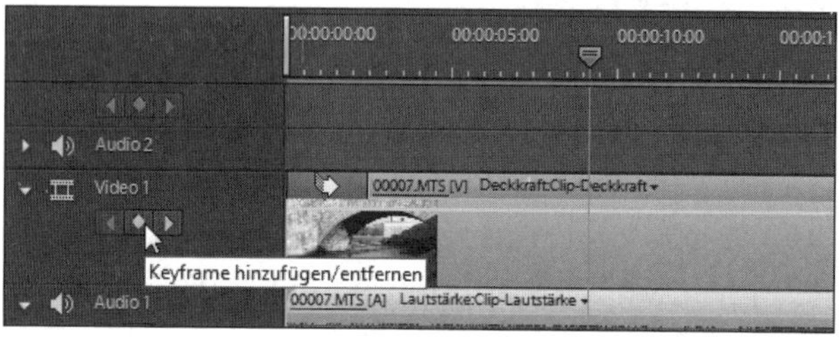

Abb. L5.66: Einen Keyframe hinzufügen

Premiere Elements fügt an dieser Stelle einen kleinen Punkt auf der Linie ein.

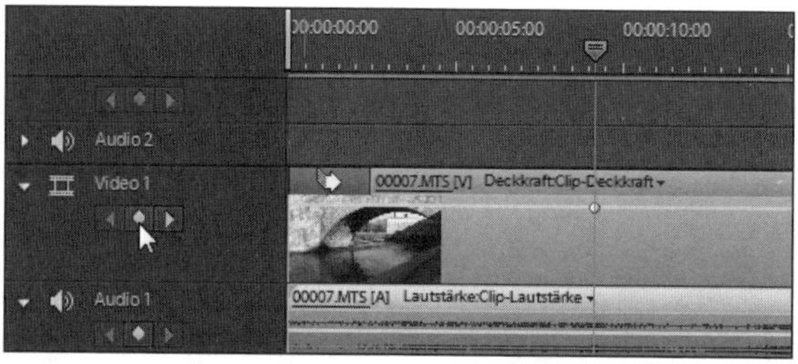

Abb. L5.67: Der eben angelegte Deckkraftpunkt

3. Auf diese Weise können Sie weitere Keyframes einfügen.
4. Um die Deckkraft einer Strecke zu ändern, klicken Sie mit dem *Auswahlwerkzeug* dann auf einen dieser Änderungspunkte, halten die Maustaste gedrückt und ziehen ihn beispielsweise ganz nach unten.

Damit ist die Blende angelegt, deren Effekt darin besteht, dass sie von 0 % gleichmäßig auf 100 % durchblendet.

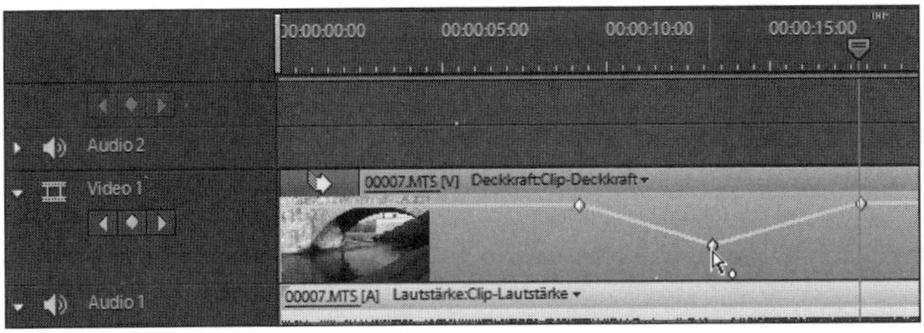

Abb. L5.68: Ziehen Sie den Änderungspunkt ganz nach unten

Um sich von Keyframe zu Keyframe zu bewegen, verwenden Sie die Schaltflächen, die sich neben der Schaltfläche zum Einfügen eines Keyframes befinden.

TIPP

L6 Ruhe bitte! Ton ab!

Bislang wurde Ihnen nur das Bearbeiten von (bewegten) Bildern vorgestellt. Die Stummfilmzeit ist lange vorbei und selbst da gab es bereits Musikbegleitung in Form eines Klavierspielers. Musik und Töne sind wohl aus unserem Leben nicht wegzudenken. So spielt auch die digitale Tonverarbeitung beim Videoschnitt eine gewichtige Rolle.

Sicherlich werden auch Sie den einen oder anderen Lieblingsfilm haben und sich an die Titelmelodie erinnern. Nicht zuletzt deswegen werden Sie bald merken, dass die Auswahl einer Hintergrundmusik und das Einblenden eines Geräusches oder eines Hintergrundkommentars in Kombination mit dem Originalton der Aufnahme sehr wichtig sein können.

Im Folgenden werden Sie deshalb sehen, wie man Sound mit und in Premiere Elements verarbeitet und wie man mit Ton einen Videofilm richtig aufpeppen kann.

Im Regelfall werden Sie es bei der Tonbearbeitung in Premiere Elements mit zwei Möglichkeiten zu tun haben:

- Sie bearbeiten den Originalton, der bereits beim Digitalisieren mit auf den Videofilm gespeichert wurde oder
- Sie fügen den Clips weitere Toninformationen, wie gesprochene Kommentare oder Hintergrundmusik, hinzu.

Haben Sie Töne?

In den meisten Fällen werden Sie den Originalton des Videos nachbearbeiten wollen. In diesem Fall ist ein externer Sounddeditor nicht nötig, sondern Sie können alle erforderlichen Schritte direkt in Premiere Elements durchführen.

Sie haben mehrere Möglichkeiten, einen Audioclip zu bearbeiten:

- direkt beim Einfügen des Clips im Clipfenster
- durch Anpassungen direkt im Schnittfenster
- durch Anwenden eines Audioeffekts

Einfügen eines Audioclips

Zunächst müssen Sie einen Audioclip in Ihr *Medien*-Fenster laden.

TIPP

Bitte beachten Sie bei der Verwendung von Tondateien, dass bei der gewerblichen Nutzung ganzer Lieder oder typischer Sequenzen GEMA-Gebühren fällig werden, sofern nicht der Autor der Werke ausdrücklich darauf verzichtet hat oder es sich um freie Musik handelt.

Audioclips können Sie entweder über das Fenster *Medien* oder direkt von Ihrer Festplatte einfügen.

Arbeitsbereich Medien

Premiere Elements wird mit einer Reihe von Soundclips ausgeliefert, die Sie über den Arbeitsbereich Medien abrufen können.

1. Wechseln Sie in den Arbeitsbereich *Organisieren*.
2. Klicken Sie auf die Schaltfläche *Medien*.

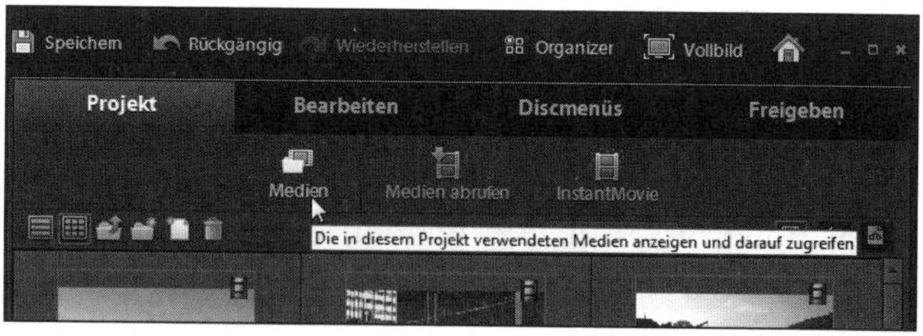

Abb. L6.1: In den Medien-Bereich wechseln

3 Schränken Sie die Ansicht über die Schaltfläche *Audio anzeigen* ein.

Nun erhalten Sie Zugriff auf die Soundclips.

Abb. L6.2: Zugriff auf die Soundclips

Einfügen von Festplatte

Um Sound-Dateien von Ihrer Festplatte zu verwenden, gehen Sie wie folgt vor:

1 Wechseln Sie in den Arbeitsbereich *Organisieren* und klicken Sie auf die Schaltfläche *Medien abrufen*.

2 Klicken Sie dort auf die Schaltfläche *Dateien und-Ordner*.

3 Stellen Sie dort den Speicherort der Musikdatei ein und wählen Sie die gewünschte(n) Datei(en) in der Liste aus.

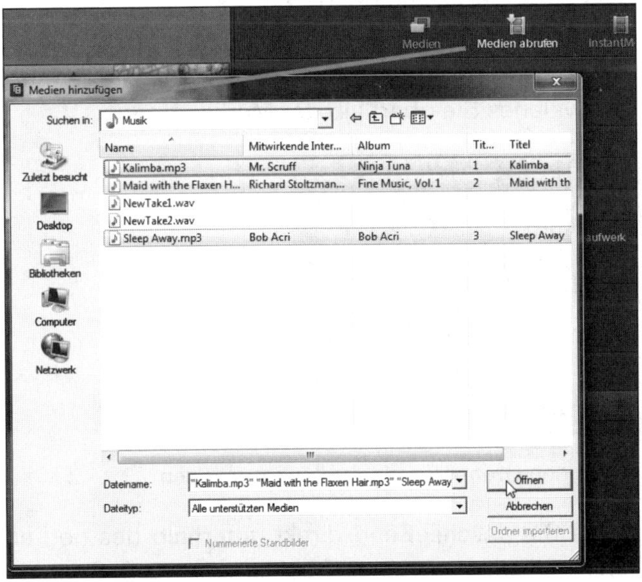

Abb. L6.3: Einen Audioclip in das *Medium*-Fenster aufnehmen

4 Mit einem Klick auf *Öffnen* befördern Sie diese in das *Medien*-Fenster, wo sie angeordnet werden.

Abb. L6.4: Die eingefügten Audioclips im *Medien*-Fenster

Da Sie vermutlich noch einige Audioclips einfügen werden, ist es ratsam, sich einen eigenen Ablageordner für die Sounddateien anzulegen.

Diese Arbeit erledigen Sie ebenfalls im *Projekt*-Fenster.

1 Klicken Sie gegebenenfalls auf die Schaltfläche *Projekt*, um den Bereich zu aktivieren.

2 Klicken Sie anschließend mit der Maus auf das Symbol *Ordner*, welches Sie oberhalb der Medien finden.

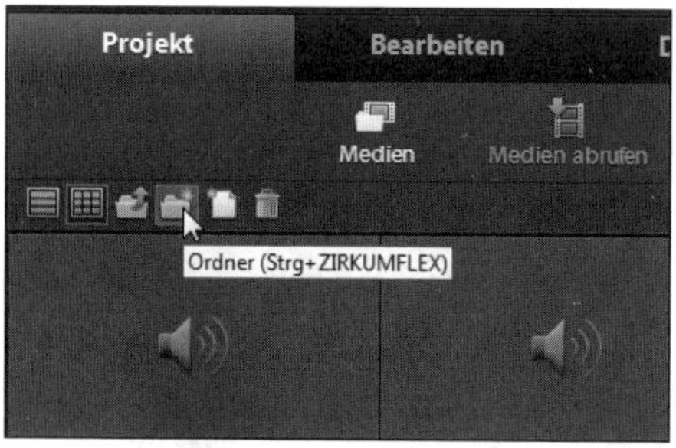

Abb. L6.5: Einen Ordner für die Audioclips anlegen

3 Vergeben Sie anschließend direkt unterhalb des neu erstellten Ablageordners einen Ablagenamen, z.B. Sounds.

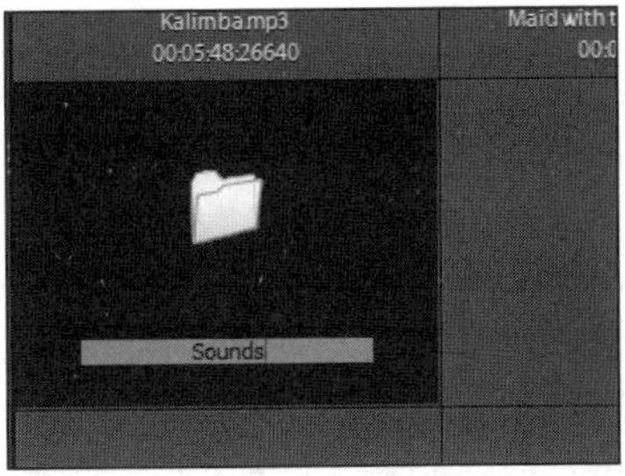

Abb. L6.6: Hilfreich – ein eigener Ablageordner für die Sounddateien

4. Bestätigen Sie mit [↵].
5. Ziehen Sie abschließend noch die eben importierte(n) Sounddatei(en) in diesen Ordner.

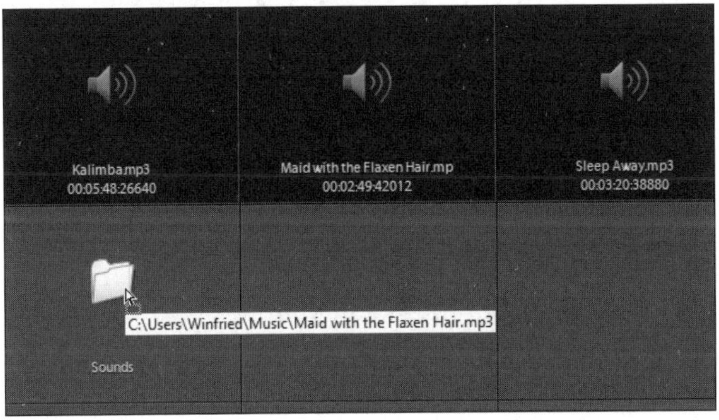

Abb. L6.7: Die Audioclips in den Ordner Sounds ziehen

Bestimmt wollen Sie sich jetzt den Audioclip einmal anhören.

1. Dazu müssen Sie ihn lediglich doppelt anklicken.

Dadurch wird er ins Vorschau-Fenster geladen und Sie können ihn durch Betätigen der Abspiel-Schaltfläche starten.

2. Klicken Sie auf die Schaltfläche *Abspielen/Pause*, um ihn anzuhören.

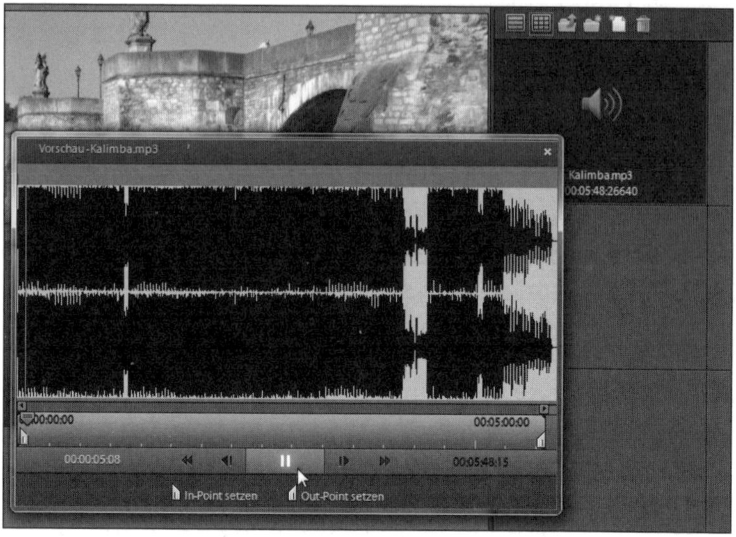

Abb. L6.8: Den Soundclip abspielen

3 Ein erneuter Klick stoppt das Abspielen.

Audioclips ins Projekt einfügen

Nachdem Sie die benötigten Audioclips importiert haben, können Sie diese in Ihr Projekt aufnehmen.

Eine Hintergrundmusik wird auf einer eigenen Spur, die den Namen *Soundtrack* trägt, einfügt. Dieser Vorgang dürfte Ihnen im Prinzip bereits bekannt sein, denn die nächsten Schritte entsprechen denen beim Einfügen eines Videoclips.

1 Klicken Sie ihn mit der Maus an, um ihn zu markieren.

2 Mit gedrückter linker Maustaste ziehen Sie ihn dann auf die Audiospur *Soundtrack*.

Abb. L6.9: Ziehen Sie den Audioclip einfach auf die Spur Soundtrack

Audioclips bearbeiten

Sicherlich werden Sie den einen oder anderen Audioclip bearbeiten wollen oder müssen. Dazu stehen Ihnen zwei Wege zur Verfügung:

- Arbeiten mit In- und Out-Points im Vorschau-Fenster
- Schneiden im Schnittfenster

Vorschau-Fenster

Einfache Beschneidungen können Sie bereits beim Einfügen des Clips im *Vorschau*-Fenster vornehmen. Dazu arbeiten Sie wie bei den Videoclips mit *In*- und *Out-Points*.

Wenn Sie beispielsweise eine Hintergrundmusik in Ihr Projekt einfügen, können Sie bereits beim Einfügen die Länge des Musikstücks festlegen.

Im Monitorfenster können Sie nun Audiodaten nachträglich kürzen, um beispielsweise bestimmte Stummphasen herauszunehmen oder nur einen Audioclip bearbeiten

1 Klicken Sie den Clip doppelt an.

2 Dann klicken Sie auf die Schaltfläche *Abspielen*, damit die Wiedergabe startet.

3 Ist der gewünschte Punkt erreicht, klicken Sie auf die Schaltfläche *Pause*.

4 Sind Sie gegebenenfalls über das Ziel hinausgeschossen, so können Sie die Feinjustierung über die beiden Schaltflächen *Schritt zurück* bzw. *Schritt vorwärts* vornehmen.

5 Sobald Sie auf diese Art und Weise den geplanten Startpunkt erreicht haben, setzen Sie über die entsprechende Schaltfläche den *In-Point*.

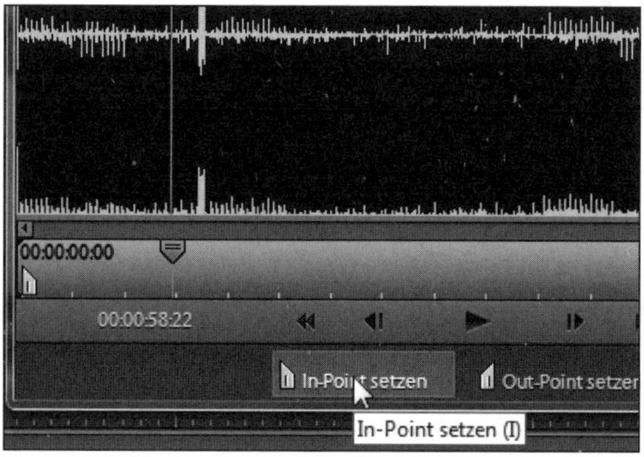

Abb. L6.10: Den In-Point eines Audioclips setzen

Er wird Ihnen daraufhin in Form eines violetten nach oben zeigenden Pfeils angezeigt.

6 Spulen Sie nun den Clip über die Schaltfläche *Abspielen* bzw. über die Feinjustierung an den gewünschten Endpunkt.

7 Dort klicken Sie auf die Schaltfläche *Out-Point setzen*.

Durch die Definition von Start- und Endpunkt haben Sie nun die betreffende Teilsequenz ausgewählt.

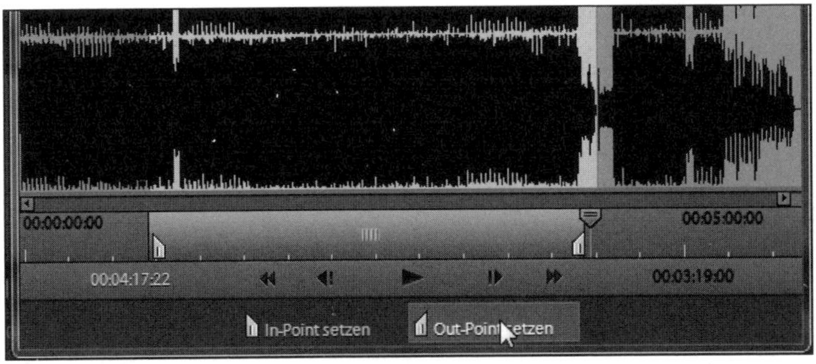

Abb. L6.11: Und nun noch den Out-Point setzen

Schnittfenster

Die weitaus häufigsten Veränderungen werden Sie vermutlich im *Schnittfenster* vornehmen.

Hier werden Sie sehr oft die Lautstärke anpassen wollen. Etwa weil die Hintergrundmusik zu laut oder zu leise ist oder weil gerade im spannendsten Moment eines Interviews ein Flugzeug über Sie hinweggedonnert war.

Daneben kann es bei der Kombination besonders lauter Audioclips auf mehreren Spuren zu einer Übersteuerung kommen. Wenn Sie das vermeiden wollen, sollten Sie während der Filmwiedergabe das Fenster *Aussteuerung* beobachten.

Aussteuerungsanzeige

Sie erhalten diese Anzeige über die Menüreihenfolge *Fenster / Aussteuerung*.

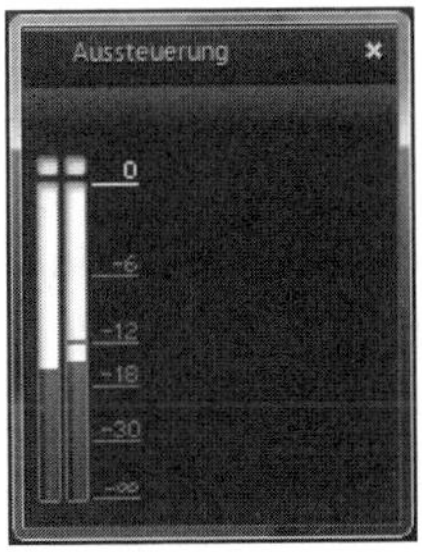

Abb. L6.12: Hilft beim Aussteuern der Lautstärke

Wenn die Übersteuerungsanzeige im Fenster rot leuchtet, sollten Sie die Lautstärke eines oder mehrerer Clips senken. Die Spitzenanzeigen geben den höchsten Lautstärkewert während der Wiedergabe an.

TIPP

> Idealerweise sollte der Spitzenwert zwischen 0 und -6 dB liegen.

Lautstärke regeln

Die Lautstärke können Sie recht einfach über die so genannte *Keyframelinie* intuitiv bestimmen.

1. Aktivieren Sie das *Auswahlwerkzeug* und positionieren Sie es auf der Linie.
2. Wenn auf der rechten Seite ein Strich mit einem Doppelpfeil erscheint, können Sie die Linie durch Ziehen bei gedrückter Maustaste in die jeweilige Richtung verändern.

Abb. L6.13: Die Lautstärke mit der Maus anpassen

Allerdings haben diese Einstellungen nur Auswirkungen auf das Abspielen in Premiere Elements und nicht in dem fertigen Film.

Verstärkung der Lautstärke

Wenn Sie dagegen den Clip selbst beeinflussen wollen, bietet sich zunächst eine grundlegende *Verstärkung* der Lautstärke an.

Durch Veränderung des Pegels können Sie die Lautstärke mehrerer Clips einander angleichen oder ein zu starkes oder zu schwaches Audiosignal anpassen. Hierbei sollten Sie allerdings sehr vorsichtig vorgehen, denn die Erhöhung der Verstärkung kann zu Störungen oder Verzerrungen führen, wenn die Verstärkung zum Zeitpunkt der Digitalisierung des Audioclips zu niedrig eingestellt war.

1 Um die Verstärkung für einen Clip einheitlich vorzunehmen, klicken Sie ihn im Schnittfenster mit der rechten Maustaste an und wählen den Eintrag *Audioverstärkung*.

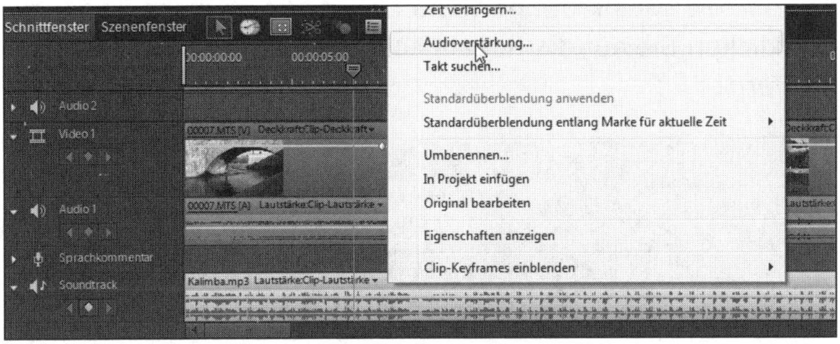

Abb. L6.14: Die Audioverstärkung aufrufen

In dem folgenden Dialogfenster können Sie nun die Eingaben vornehmen.

2 Zeigen Sie auf die Linie unterhalb der *dB*-Angabe und ziehen Sie mit gedrückter Maustaste in die entsprechende Richtung bzw. tragen Sie den gewünschten Wert direkt in das Feld ein.

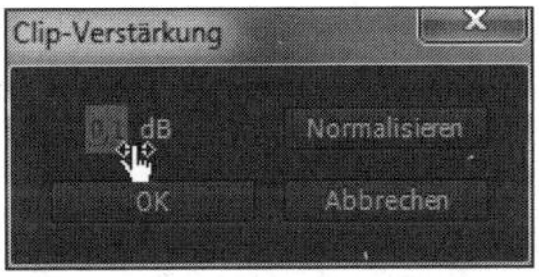

Abb. L6.15: Audioverstärkung durch Anheben des Pegels

Hierbei gelten folgende Grundregeln:

- Mit einem Wert über 0 dB wird der Clip lauter.
- Wenn Sie dagegen einen Wert unterhalb von 0 dB eingeben, wird die Lautstärke des Clips abgeschwächt und er wird somit leiser.

Lautstärke ein- und ausblenden

Darüber hinaus können Sie aber auch eine Musik langsam ein- oder ausblenden lassen.

Um beispielsweise eine Hintergrundmusik langsam lauter ertönen zu lassen, benötigen Sie einen weiteren Griffpunkt.

1 Bewegen Sie dazu die Abspielsteuerung auf die Stelle, an der die Musik die normale Lautstärke erreichen soll und klicken Sie auf die Schaltfläche *Keyframe hinzufügen/entfernen*.

Abb. L6.16: Einen Griffpunkt anlegen

Am Beginn der Strecke müssen Sie einen weiteren Punkt anlegen. Diesmal werden Sie eine weitere Vorgehensweise kennen lernen.

2 Klicken Sie bei gedrückter Strg-Taste mit dem *Auswahlwerkzeug* an einer beliebigen Stelle auf die gelbe Linie.

Und schon fügt Premiere Elements einen neuen Punkt ein.

Abb. L6.17: Einen zweiten Griffpunkt setzen

3 Zeigen Sie dann mit der Maus auf diesen Punkt und ziehen Sie ihn nach unten.

Abb. L6.18: Die Lautstärke sinkt jetzt

Sobald Sie die Maustaste loslassen, ist die Anfangslautstärke verändert.

4 Wenn Sie die Lautstärke erhöhen möchten, ziehen Sie den zweiten, neuen Griffpunkt langsam nach oben.

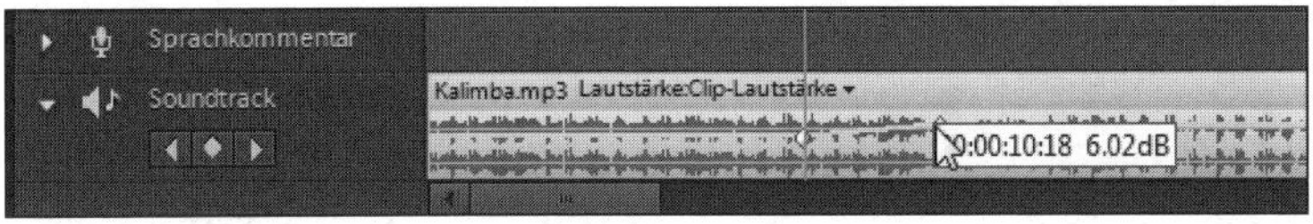

Abb. L6.19: Einen Punkt anheben

Sie bekommen dabei in einem kleinen, weißen Infofenster die genaue Dauer sowie den dB-Wert angezeigt.

Lautstärke anpassen

Mit den eben gezeigten Mitteln können Sie beispielsweise eine leise Passage verstärken bzw. ein zu lautes Nebengeräusch verringern.

5 Dazu benötigen Sie lediglich einen weiteren Griffpunkt, mit dem Sie die Stelle entweder anheben oder senken.

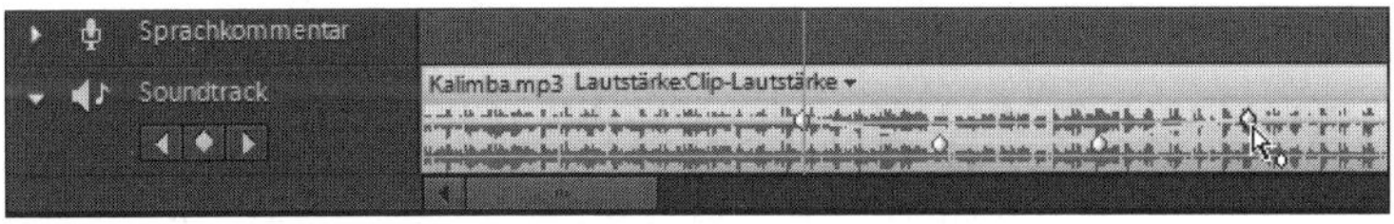

Abb. L6.20: Einzelne Stellen lassen sich problemlos heben (oder senken)

Dabei gilt folgende Grundregel: Eine ansteigende Linie bedeutet zunehmende Lautstärke, eine abfallende Linie bedeutet abnehmende Lautstärke.

Ton stumm schalten

Möchten Sie den Audioclip, der mit einem Video verbunden ist, stumm schalten, dann gehen Sie so vor:

1 Klicken Sie im Schnittfenster mit der rechten Maustaste auf den Clip, wodurch nur dieser ausgewählt wird.

2 Anschließend wählen Sie im Kontextmenü den Menüpunkt *Aktivieren*, um den Haken zu entfernen.

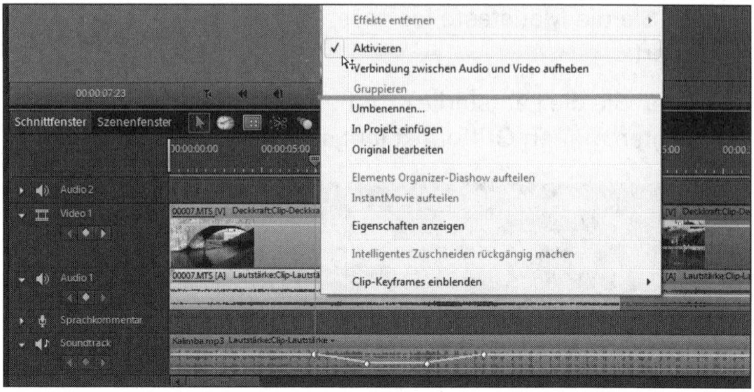

Abb. L6.21: Einen Sound stummschalten (Kontextmenü gekürzt dargestellt!)

Aufnahme von Tondateien

Liegen die Tondateien noch nicht vor, müssen Sie unterscheiden, ob es sich um digitale oder analoge Quellen handelt.

Import von einer digitalen Quelle

Tondateien aufnehmen

Liegen die Toninformationen bereits in digitaler Form vor, hat es eigentlich keinen Sinn, sie erst mit einem Soundeditor aufzunehmen. Einfacher ist es, diese Dateien direkt zu übernehmen. Dieser Vorgang wird auch als *Rippen* bezeichnet. Allerdings ist Premiere Elements dazu nicht in der Lage, so dass Sie auf Drittanbieter zurückgreifen müssen. Sie benötigen einen so genannten *CD-Ripper*, der Musikstücke von CDs auslesen und als Datei auf die Festplatte speichern kann.

CD auslesen

Sie müssen für das Auslesen einer CD mit Hintergrundgeräuschen oder Samples nicht einmal Geld investieren, sondern können beispielsweise auf Freeware aus dem Internet zurückgreifen.

Unter der Adresse *http://www.mpex.net/software/details/cdex.html* finden Sie beispielsweise ein brauchbares Ausleseprogramm mit dem Namen *CDex*.

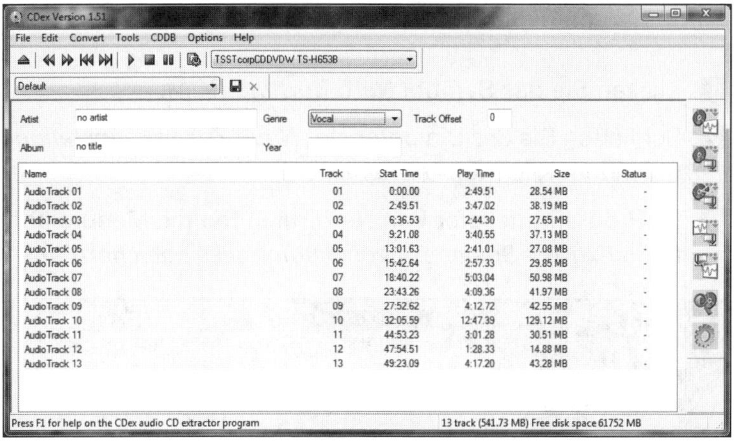

Abb. L6.22: Lesen Sie CDs mit einem Freewaretool aus

Dieses Tool kann Tracks einer CD auslesen und sie entweder als *wav*- oder *mp3*-Datei ausgeben. Die Bedienung ist dabei wirklich kinderleicht.

1. Sie wählen lediglich den Audiotrack aus,
2. klicken auf die Schaltfläche mit dem gewünschten Format und schon geht es los.

Hilfreich ist es allerdings, zuvor über die Schaltfläche *Optionen* auf die Registerkarte *Dateinamen* zu wechseln und dort den Speicherort der Datei unter *Ausgabe Dateiformat und Verzeichnisse* festzulegen.

Je nach Videokarte liegt dieser unter Umständen bereits ein Tool zur Übernahme von digitalen Informationen bei. Dann können Sie sich den Download aus dem Internet sparen. So wird vielen CD-Brennern das Programm *Nero* beigepackt. Mit

Hilfe dieses Programms ist es ein Kinderspiel, Lieder von einer CD für Ihr Projekt zu übernehmen.

WEB

> Eine aktuelle Testversion des Programms können Sie sich unter der Adresse *http://www.nero.com/deu/downloads.html* herunterladen.

1. Klicken Sie das Symbol *Nero Burning ROM*.
2. Schließen Sie das Dialogfenster *Neue Zusammenstellung* mit einem Klick auf *Abbrechen*.
3. Im Programmfenster von Nero rufen Sie die Menüreihenfolge *Extras / Speichern von Audiotracks speichern* auf.

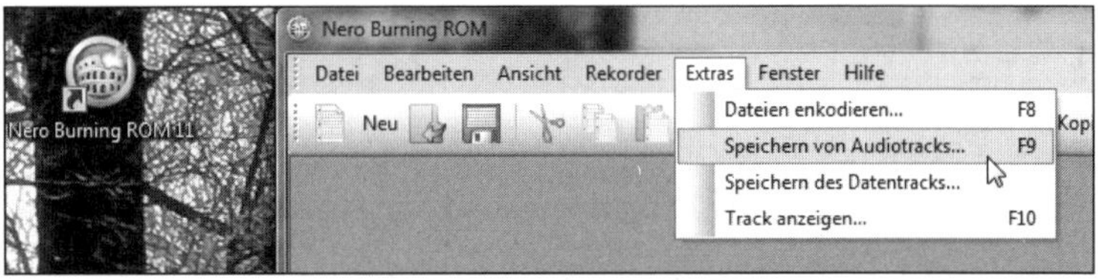

Abb. L6.23: Tracks auf die Festplatte speichern

Es öffnet sich nun das Fenster *Tracks speichern*, in dem Sie die Tracks auswählen können.

4. Markieren Sie in der *Trackliste* den gewünschten Titel (siehe Abbildung L6.24).
5. Verfügt die CD über keine Angaben zum *Titel* oder *Künstler*, können Sie mit Hilfe der CD-Spieler Kontrollknöpfe herausfinden, ob es der richtige Titel ist.

Diese Schaltflächen funktionieren wie an Ihrem CD-Player und erklären sich selbst.

Als Nächstes sollten Sie das Ausgabe-Dateiformat festlegen. Standardmäßig schlägt *Nero Digital Audio (*.mp4) (*.wav)* vor, was hier eine gute Wahl ist.

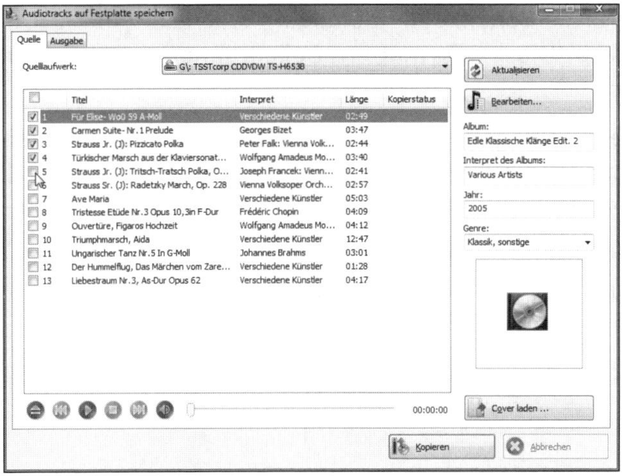

Abb. L6.24: Wählen Sie die gewünschten Tracks aus

6 Über die Optionen der Registerkarte *Ausgabe* können Sie das Ausgabeformat ändern. Hier finden Sie im Bereich *Format* das Listenfeld *Dateiformat*. Hier sollten Sie die Option *WAVE* wählen.

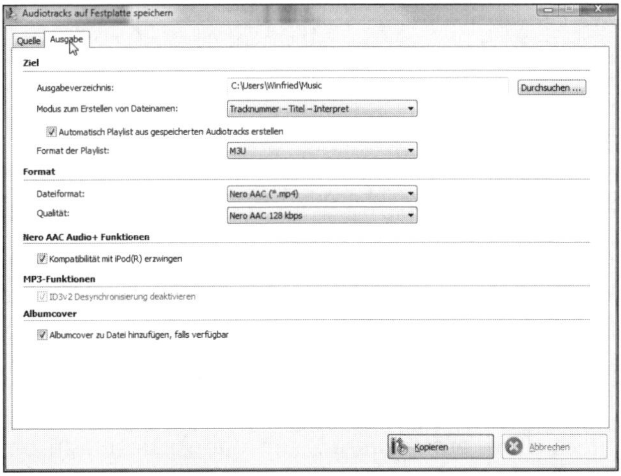

Abb. L6.25: Stimmt die Ausgabequalität?

Wenn Sie diese Schaltfläche betätigen, erscheint das Dialogfenster *Wave*. Dieses Format ermöglicht Ihnen erstklassigen CD-Sound.

Danach legen Sie gegebenenfalls noch im Feld *Ausgabeverzeichnis* den *Pfad* für die *Wav*-Dateien auf Ihrer Festplatte fest, wenn Sie nicht mit der Standardvorgabe einverstanden sind.

7 Dazu müssen Sie einen Klick auf die Schaltfläche *Durchsuchen* hinter der vorhandenen Pfadangabe machen, um in das Dialogfenster *Ordner suchen* zu gelangen.

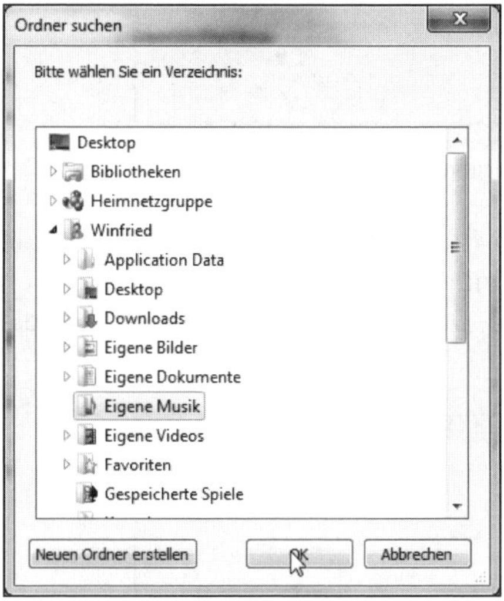

Abb. L6.26: Festlegen des Speicherorts

8 Vielleicht wählen Sie auch den Ordner *Eigene Musik* und erstellen noch zusätzlich einen weiteren Ordner für die Dateien (was allerdings nur im Windows-Explorer geht), so dass Sie nicht den Überblick verlieren, wenn Sie demnächst mehrere CDs erstellen.

9 Klicken Sie dann auf *Kopieren*, um das Auslesen zu beginnen.

In der Spalte *Kopierstatus* erhalten Sie nun Informationen, wie weit der Auslesevorgang vorangeschritten ist.

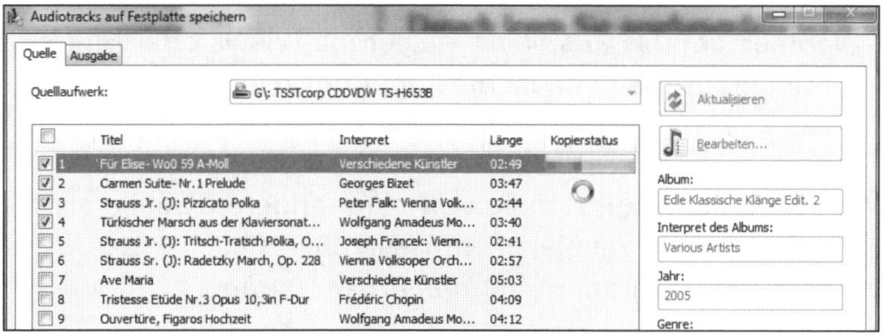

Abb. L6.27: Der Auslesevorgang läuft

Nach Abschluss des Auslesens finden Sie den kompletten Track als Wav-Datei auf Ihrer Festplatte gespeichert.

10 Verfahren Sie so mit allen Tracks, die Sie verwenden wollen.

11 Haben Sie alle Tracks zusammen, beenden Sie diesen Schritt mit einem Klick auf die Schaltfläche *Schließen*, um das Fenster *Tracks speichern* zu verlassen.

Digitalisieren von analogem Material

Liegt die Toninformation analog vor, muss sie zunächst digitalisiert werden. Auch hier hilft Ihnen Premiere nicht weiter und Sie müssen auf ein externes Programm ausweichen. Das ist, insbesondere wenn Sie Windows verwenden, jedoch nicht tragisch, da jedes Windows-System über einen einfachen Audiorecorder verfügt, der problemlos von Premiere aus aufgerufen werden kann.

TIPP

> Sehr oft wird mit der Videokarte ein weitaus umfangreicheres Programm zum Bearbeiten von Tondateien geliefert. Diese komfortableren Programme ermöglichen Ihnen zumeist wesentlich mehr Effekte und Veränderungen als der Audiorecorder. Für die meisten grundlegenden Arbei ten genügt das Windows-Bordmittel aber voll und ganz. Einziger Nachteil ist und bleibt allerdings, dass die Aufnahmedauer bis Windows XP auf 60 Sekunden begrenzt war.

Wenn es um das Zuspielen kleiner Interviews oder Hintergrundgeräusche geht, ist die folgende Lösung jedoch sehr praktisch.

Wenn Sie die Audiosignale von einer anderen Quelle als Ihrem Camcorder zuspielen, müssen Sie zunächst das Windows-Zusatzprogramm *Audiorecorder* starten.

1 Sie erhalten es nach Aufruf der Menüreihenfolge *Start / Alle Programme / Zubehör*.

Abb. L6.28: Der Audiorecorder – einfach, aber ausreichend

Das eigentliche Aufnehmen mit dem Programm ist – wie Sie gleich sehen werden – recht einfach.

Bevor Sie sich jedoch an die Aufnahme machen, sollten Sie einige Einstellungen vornehmen, welche die Qualität der Toninformationen betreffen. Die Eingaben, die Sie hier machen, sind nämlich für die spätere Vertonung und Wiedergabe auf Ihrem Computer von elementarer Bedeutung.

2 Schließen Sie zunächst den Audiorecorder über das *Schließen*-Feld.

3 Klicken Sie dann mit der rechten Maustaste auf das Lautsprechersymbol in der Taskleiste und rufen Sie das Menü *Aufnahmegeräte* auf.

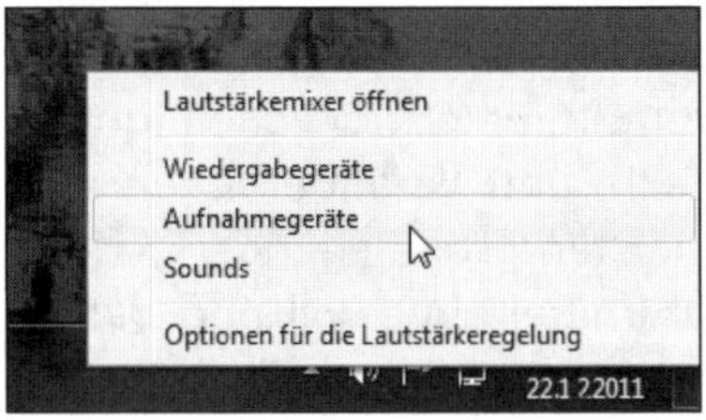

Abb. L6.29: Die Aufnahmegeräte konfigurieren

Im Folgenden kommt es darauf an, von welcher Quelle Sie die Tondateien einspeisen möchten.

Abb. L6.30: Wählen Sie die Quelle aus

Bereits aktivierte Aufnahmequellen verfügen über ein kleines Häkchen neben dem Symbol. Noch nicht aktivierte Geräte dagegen über einen kleinen roten Pfeil.

Um ein externes Abspielgerät (Radio, Kassettenrekorder, CD-Spieler usw.) anzuschließen, verbinden Sie es mit der Line-In-Buchse (*Eingang*) der Soundkarte. Dann nehmen Sie noch folgende Einstellungen vor:

1. Markieren Sie den Eintrag *Eingang* und klicken Sie auf die Schaltfläche *Eigenschaften*.
2. Rufen Sie die Registerkarte *Erweitert* auf und klicken Sie auf das Listenfeld im Bereich *Standardformat*, über das Sie die generelle Qualität der Aufnahme festlegen.

Abb. L6.31: Legen Sie hier die Qualität der Aufnahme fest

TIPP

> Beim Arbeiten mit Premiere sollten Sie sich grundsätzlich für die *CD-Qualität* entscheiden.

3. Beenden Sie die Arbeiten an diesem Dialogfenster mit *OK*.

Sind alle Voreinstellungen getroffen, kann es endlich losgehen (nachdem Sie in Ihrer Umgebung für Ruhe gesorgt haben).

Aufnahme analoge Quelle

1. Starten Sie den Zuspieler.
2. Starten Sie dann den Audiorecorder und klicken Sie auf die *Aufnahme*-Schaltfläche mit dem roten Punkt.

Die Aufzeichnung beginnt.

Während der Aufnahme zeigt der Audiorecorder Ihnen ständig die Länge des aufgezeichneten Clips an.

3. Ist die Stelle erreicht, an der Sie die Aufnahme beenden wollen, klicken Sie einfach auf die Schaltfläche *Aufnahme beenden*, die Sie leicht anhand des Rechtecks ausmachen.

Abb. L6.32: Die Aufnahme beenden

Bevor Sie jetzt darangehen, die Aufnahme weiter zu bearbeiten, sollten Sie diese speichern. Geht bei den folgenden Bearbeitungsschritten etwas schief, können Sie jederzeit auf die Originaldatei zurückgreifen.

4 Stellen Sie im sich öffnenden Dialogfenster *Speichern unter* den gewünschten Speicherort ein und vergeben Sie einen aussagekräftigen Namen.

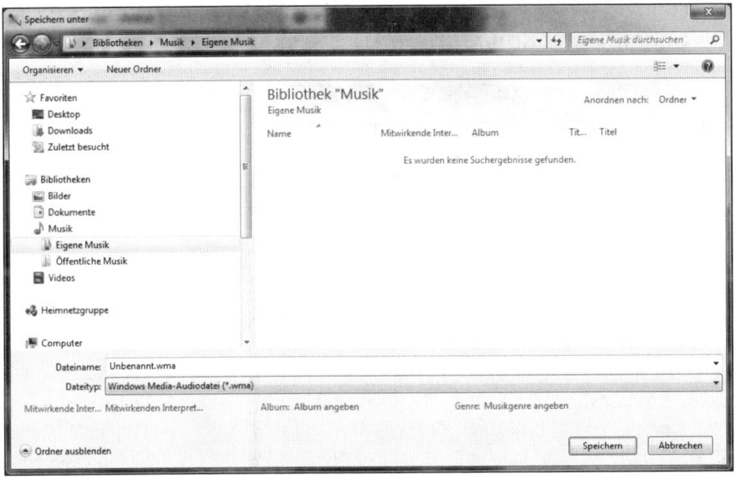

Abb. L6.33: Speichern Sie die aufgenommene Datei ab

> **TIPP**
>
> Seit Windows Vista speichert der Audiorecorder nur noch Dateien im Format *Windows Media-Audiodatei* ab. Diese können jedoch problemlos von Premiere Elements importiert werden.

Die auf die eben vorgestellte Art und Weise digitalisierten Audioclips lassen sich anschließend, wie oben aufgezeigt, über *Datei / Importieren* problemlos in Ihr Projekt einbinden.

Sprachkommentar

Sie können die Tondaten aber auch über ein Mikrofon übertragen und so beispielsweise Ihre Clips kommentieren.

Zunächst sollten Sie die Konfiguration des Mikrofons über die Registerkarte *Aufnahme* des Dialogfensters *Sound* prüfen.

1. Klicken Sie in der Windows-Taskleiste mit der rechten Maustaste auf das Lautstärkesymbol.
2. Wählen Sie im Kontextmenü den Eintrag *Aufnahmegeräte*.

Sie erhalten das Dialogfenster Sound.

3. Klicken Sie hier auf die Registerkarte *Aufnahme*, markieren Sie den Eintrag *Mikrofon* und klicken Sie dann auf die Schaltfläche *Konfigurieren*.

Abb. L6.34: Das Mikrofon konfigurieren

4. Im folgenden Dialogfenster mit den *Spracherkennungsoptionen* nehmen Sie die näheren Einstellungen des Mikrofons vor. Insbesondere sollten Sie einmal auf den

Hyperlink *Mikrofon einrichten* klicken und die entsprechenden Einstellungen vornehmen.

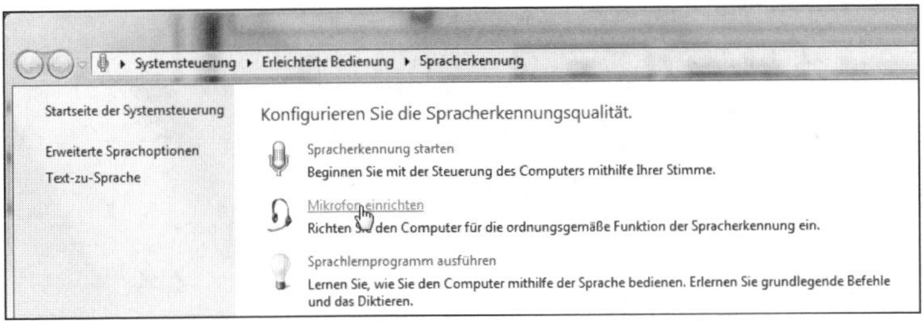

Abb. L6.35: Das Mikrofon einrichten

5 Verlassen Sie dieses Dialogfenster über das *Schließen*-Feld und das Dialogfenster *Sound* mit *OK*.

Die nächsten Einstellungen müssen Sie in Premiere Elements vornehmen.

1 Wählen Sie die Menüfolge *Fenster / Sprachkommentar*.

Sie erhalten das Dialogfenster *Sprachkommentar aufnehmen*.

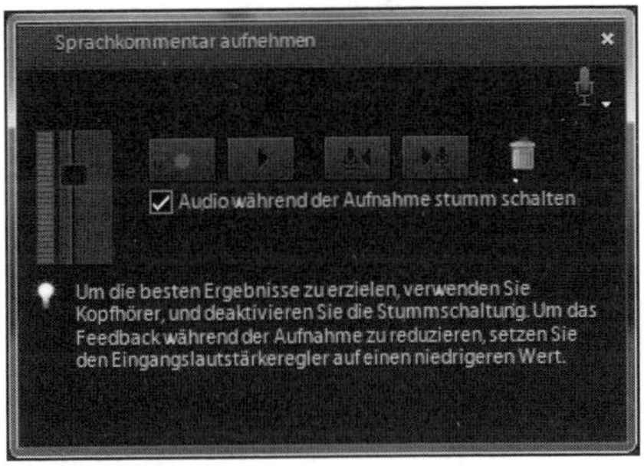

Abb. L6.36: Das Dialogfenster für die Sprachaufnahme

2 Um einen Sprachkommentar aufzunehmen, klicken Sie auf die Schaltfläche Sprachkommentaraufnahme starten/stoppen oder drücken Sie ganz einfach die Taste G.

Abb. L6.37: Einen Sprachkommentar aufnehmen

Unter Umständen erhalten Sie nun das Hinweisfenster *Audioaufnahme*, dass Sie darauf hinweist, dass Sie kein Mikrofon angeschlossen haben und wie Sie deshalb weiter vorgehen sollen.

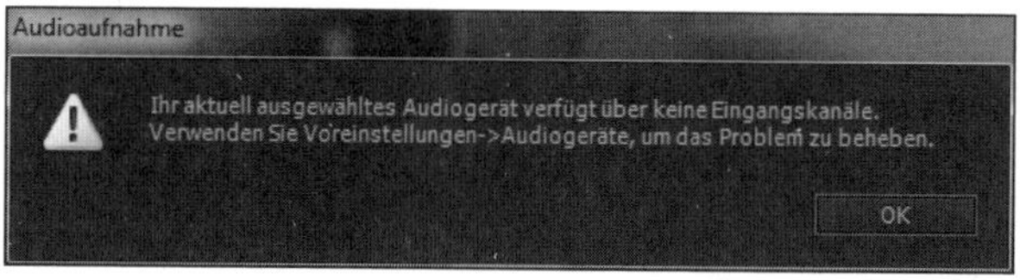

Abb. L6.38: Es ist kein Mikrofon angeschlossen

3 Verbinden Sie zuerst das Mikrofon ordnungsgemäß mit dem PC.

4 Rufen Sie dann die Menüfolge *Voreinstellungen / Audiogeräte* auf.

5 Im folgenden Dialogfenster *Einstellungen* klicken Sie auf der linken Seite auf *Audiogeräte*, um das Dialogfenster *Audiogerät-Einstellungen* zu öffnen.

6 Dort angekommen, aktivieren Sie das Kontrollkästchen *Mikrofon* (die genaue Bezeichnung hängt von dem verwendeten Gerät ab) im Bereich *Geräte aktivieren*.

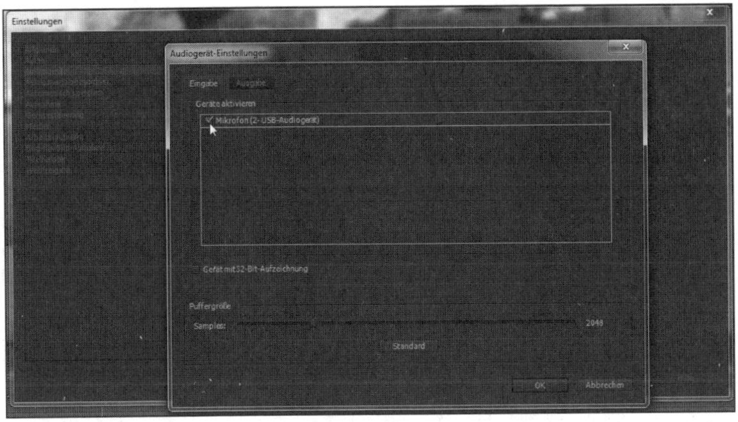

Abb. L6.39: Das Mikrofon in Premiere Elements aktivieren

7. Schließen Sie dieses und das vorhergehende Dialogfenster mit *OK*.

Nun können Sie den Sprachkommentar aufnehmen.

Sprach-aufnahme

1. Spulen Sie an den Anfang der Szene, die Sie kommentieren wollen.
2. Klicken Sie auf die Schaltfläche *Aufnehmen* und sprechen Sie Ihren Kommentar in das Mikrofon.

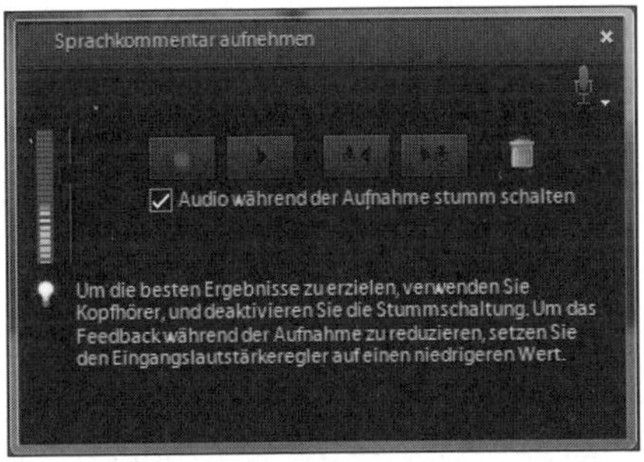

Abb. L6.40: Einen Sprachkommentar aufnehmen

Sie können über den Balken beobachten, ob die Modulation Ihrer Stimme passt.

3 Sind Sie fertig, klicken Sie auf die Schaltfläche *Sprachkommentar stoppen*.

Der aufgenommene Kommentar wird dann gleich in der Spur Sprachkommentar platziert.

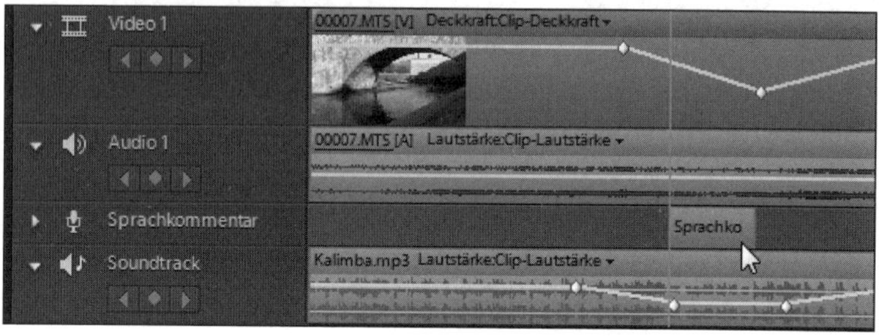

Abb. L6.41: Der neu platzierte Sprachkommentar

TIPP

Möchten Sie einen »verunglückten« Sprachkommentar gleich löschen, etwa, weil Sie das gleich noch einmal besser probieren wollen, dann klicken Sie einfach auf das Mülleimersymbol im Dialogfenster *Sprachkommentar aufnehmen*.

Effekte und Filter

Den Einsatz von Effekten bzw. Filtern haben Sie in den vorherigen Kapiteln kennen gelernt. Dabei haben Sie gesehen, dass Filter zum einen zur Korrektur und zum anderen für Effekte verwendet werden. Wie Sie im Folgenden erfahren werden, verfügt Premiere Elements auch im Audiobereich über eine Reihe solcher Filter, wenngleich hier die Möglichkeiten nicht so vielfältig wie bei den Videoclips sind. Da das Arbeiten mit den Audiofiltern dem Arbeiten mit Videofiltern weitestgehend entspricht, wird im Folgenden nur auf die wichtigsten Unterschiede eingegangen.

Arbeiten mit Audioeffekten

Wie üblich werden Ihnen diese Filter in einer Palette angeboten.

1. Wechseln Sie in den Arbeitsbereich *Bearbeiten*.
2. Klicken Sie dann auf die Schaltfläche *Effekte*, um sie sichtbar zu machen und schränken Sie die Ansicht über das Listenfeld auf die *Audioeffekte* ein.

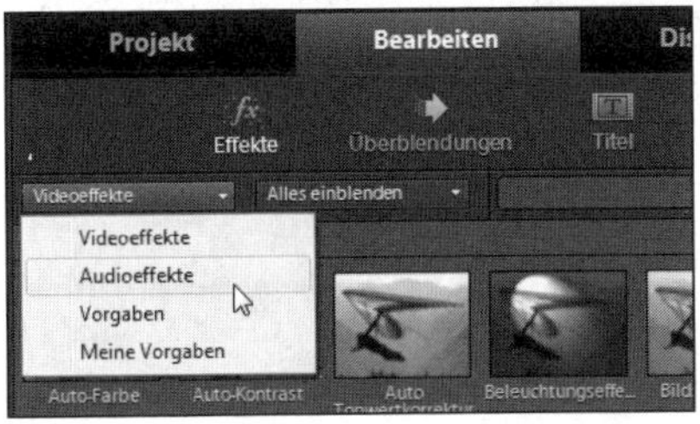

Abb. L6.42: Die Audioeffekte aufblenden

Bevor Sie einen dieser Filter anwenden, sollten Sie wissen, dass diese Filter sich immer nur dem gesamten Clip zuweisen lassen.

Nun haben Sie Zugriff auf die Audioeffekte.

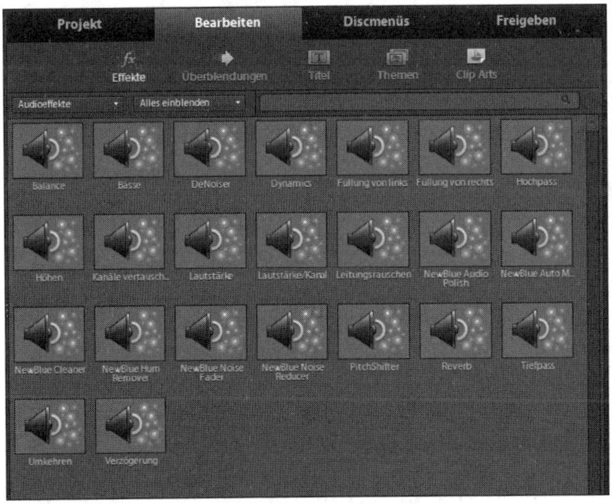

Abb. L6.43: Die Audioeffekte auf einen Blick

Zuweisung eines Audiofilters

Die Zuweisung eines Audiofilters erfolgt analog zu der Zuweisung eines Videofilters.

Und so können Sie einem Clip beispielsweise eine Bassverstärkung (Effekt *Bässe*) zuweisen:

1. Klicken Sie auf den gewünschten Effekt.
2. Ziehen Sie ihn auf den Audioclip.

Abb. L6.44: Durch Drag&Drop bekommt ein Audioclip einen Effekt

Genau wie bei den Videoeffekten erhält der Clip als optischen Hinweis ein kleines, violettes Band am oberen Rand.

Möchten Sie den Effekt weiter definieren, so können Sie das wie folgt tun:

1 Klicken Sie auf die Schaltfläche *Effekte bearbeiten*.

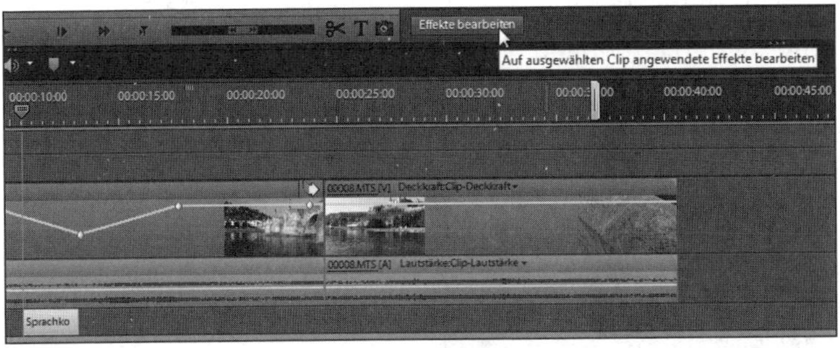

Abb. L6.45: Hier können Sie die *Effekteinstellungen* vornehmen

2 Im veränderten Arbeitsbereich können Sie je nach Effekt unterschiedliche Einstellungen vornehmen.

Abb. L6.46: Der veränderte Aufgabenbereich

3 Durch Anklicken des kleinen Pfeils gelangen Sie zu weiteren Einstellungsmöglichkeiten und haben so – je nach Effekt – mehr oder minder Einfluss auf den Effekt.

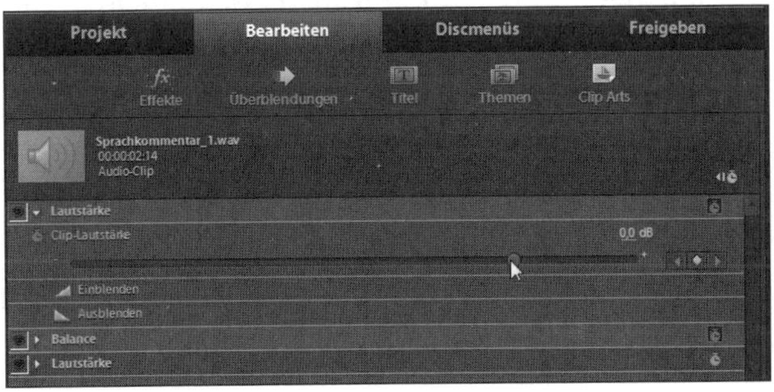

Abb. L6.47: Auch die Audioeffekte lassen sich vielfältig einstellen

4 Möchten Sie einen Filter entfernen, müssen Sie ihn lediglich markieren und drücken dann die [Entf]-Taste.

Und sicherlich wollen Sie sich die Veränderung auch gleich einmal anhören.

5 In diesem Fall aktivieren Sie danach die Schaltfläche *Nur Audio für diesen Clip abspielen*.

Abb. L6.48: Die veränderte Audiospur des Clips anhören

6 Mit einem Klick auf *Fertig* schließen Sie die Arbeiten ab.

Interessante Audiofilter

Die genaue Vorstellung aller Audiofilter würde den Rahmen dieses Buchs sprengen. Unbedingt sollten Sie aber mal einen Blick auf die folgenden Filter werfen.

- *Bässe*

  Mit dem eben vorgestellten Effekt nehmen Sie grundlegende Anpassungen am Ton vor.

  Mit dem Schieberegler *Verstärken* können Sie festlegen, wie stark die niedrigen Frequenzen des Audioclips verstärkt oder gedämpft werden. Die Einstellungen nehmen Sie über den Schieber vor.

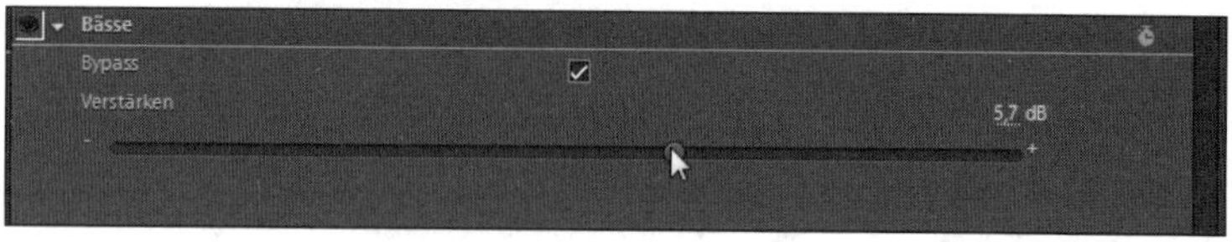

Abb. L6.49: Den Bass regeln

- *Leitungsrauschen unterdrücken*
  Eines der nervigsten Geräusche ist das Leitungsrauschen, das von Stromleitungen herrührt und ein brummendes Geräusch erzeugt. Ursache dafür kann sein, dass Kabel oder Geräte nicht richtig abgeschirmt oder geerdet sind.

  Mit dem Effekt *Leitungsrauschen* können Sie dieses Brummen aus einem Audioclip entfernen. Da dieser Effekt zum Entfernen einer einzelnen Frequenz ausgelegt ist, können Sie damit alle unerwünschten Geräusche auf einer bestimmten Frequenz entfernen.

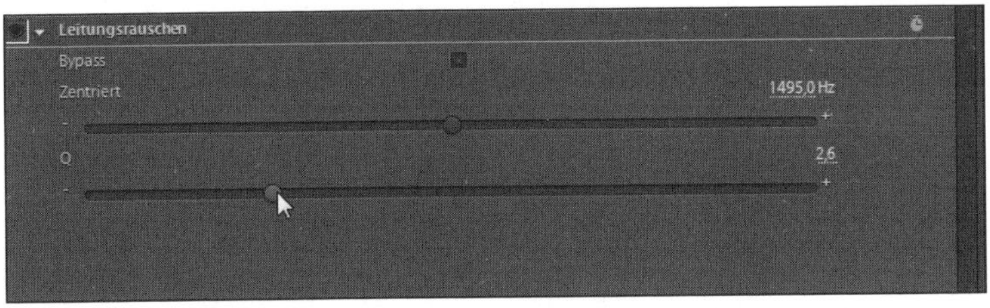

Abb. L6.50: Brummende Töne korrigiert man hiermit

Um das Leitungsrauschen zu unterdrücken, müssen Sie den Wert eingeben, der mit der Stromleitungsfrequenz des elektrischen Systems übereinstimmt, in dem der Clip aufgezeichnet wurde. In Deutschland und in den meisten europäischen Ländern beträgt die Wechselstromfrequenz 50 Hz.

L7 Wer hat es gemacht? Titel, Abspann und Co.

Erinnern Sie sich noch an Ihren letzten großen Kinofilm? Vermutlich wurden Sie gleich ins Geschehen katapultiert, ohne das Sie zuvor darauf hingewiesen wurden, wer den Film gemacht hat. Doch nach der Einleitung kam dann ein Vorspann, der neben Titel auch die mitspielenden Akteure nannte. Und wenn der Film gut war, dann wollten Sie sicherlich am Schluss erfahren, wer die atemberaubenden Szenen erstellt hat. In diesem Kapitel werden Sie erfahren, wie Sie Ihre Filme mit einem professionellen Titel und Abspann abrunden können.

Gerade der Beginn Ihres Videos und die Machart der Titelzeilen entscheiden maßgeblich über den Erfolg oder Misserfolg einer Aufführung. Sie können Ihre Zuschauer ruhig in das Geschehen führen oder aber auch mit einem Knalleffekt starten.

Lehnen Sie sich einmal kurz zurück und versuchen Sie sich an Ihren letzten Film im Kino oder TV zu erinnern. Können Sie sich noch an den Vorspann erinnern? Sicherlich wird das davon abhängen, ob es sich um einen eher schlichten gehandelt hat oder ob die Macher des Films gleich zu Beginn zeigen wollten, was sie draufhaben.

So sollten Sie es für Ihre Filme ebenfalls halten. Je nach Inhalt sollte ein Vorspann einfach und bescheiden oder aufwändig und einprägsam sein. Premiere Elements bietet Ihnen dafür das nötige Handwerkszeug.

TIPP

Die Discmenüs werden im Rahmen der Erstellung einer DVD mitbehandelt. Entsprechende Erläuterungen finden Sie im folgenden Kapitel.

Vorarbeiten

Premiere Elements stellt Sie beim Erstellen von Titeln vor die Wahl auf fertige Titel zurückzugreifen oder einen eigenständigen Titel zu erstellen. Bei beiden handelt es sich um eine eigenständige Datei, die Sie wie jeden anderen Clip auch in das Schnittfenster einfügen, wodurch dieser dann Teil Ihres Films wird.

Diese Arbeitsweise hat den Vorteil, dass Sie beispielsweise eine aufwändige Einleitungssequenz (es müssen ja nicht gleich die Sterne von Paramount sein) erstellen und sie dann immer wieder in Ihren Projekten verwenden können.

Ordner für die Titel

Deshalb ist es sinnvoll, für den Vor- und Abspann Ihres Films einen eigenen Ablageordner im Projektfenster anzulegen.

Deshalb ist es sinnvoll, für den Vor- und Abspann Ihres Films einen eigenen Ablageordner im Projektfenster anzulegen.

1. Klicken Sie dazu mit der rechten Maustaste in das Projektfenster und klicken Sie auf das Symbol *Ordner*.

Abb. L7.1: Empfehlenswert – ein eigener Ablageordner

2. Vergeben Sie beispielsweise den Namen Titel.

TIPP

Sie können einen Titel auch mit dem Schwesterprogramm Photoshop Elements oder einem Animationsprogramm erstellen, ihn dann in einem Grafikformat abspeichern und ihn anschließend in diesen Ablageordner importieren.

Arbeitsbereich Titel

Wie bereits erwähnt, verfügt Premiere Elements über umfangreiche Werkzeuge, mit dessen Hilfe Sie entweder eine der enthaltenen Vorlagen laden oder einen völlig neuen Titel eigenhändig erstellen.

1 Wechseln Sie zunächst in den Arbeitsbereich *Bearbeiten*.

2 Klicken Sie dort auf die Schaltfläche *Titel*.

Abb. L7.2: In den Arbeitsbereich Titel wechseln

> Wenn in Ihrem Titel-Arbeitsbereich nicht so viele Titel wie in Abbildung L7.3 erscheinen, sollten Sie sich von der Adobe Website (*http://www.adobe.com/de/special/premiereel/downloads/*) die drei Zubehörpakete mit zahlreichen kreativen Themen, Vorlagen und Musik herunterladen und anschließend installieren.

3 Klicken Sie auf das erste Listenfeld, um die unterschiedlichen Bereiche einzusehen.

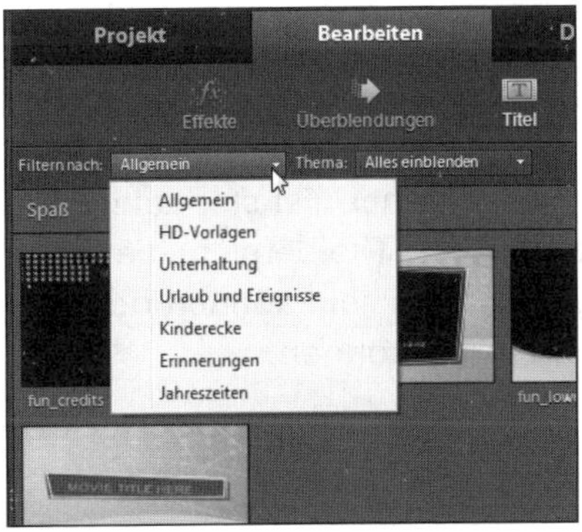

Abb. L7.3: Die Titel sind nach Bereichen sortiert

4 Anschließend können Sie noch über das zweite Listenfeld *Thema* die Auswahl einschränken und so besser nach einem bestimmten Thema suchen.

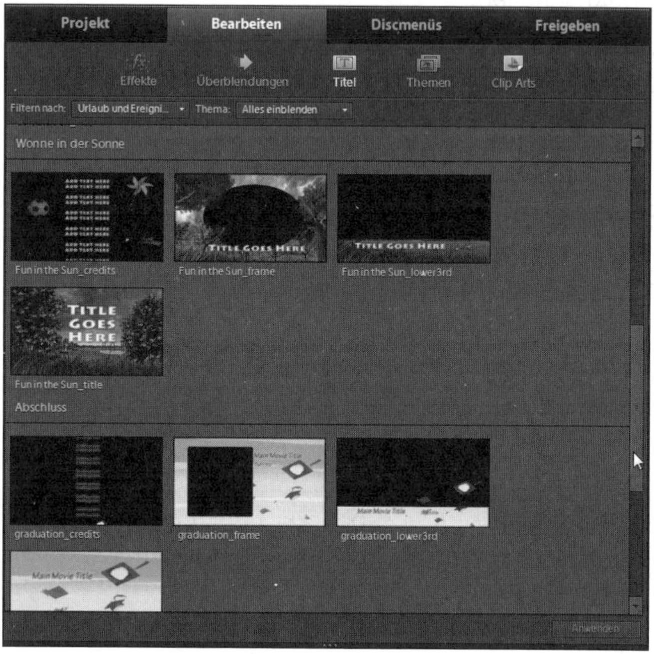

Abb. L7.4: Suchen Sie sich ein Thema aus

Ein Titel auf die Schnelle

Die Vorlagen enthalten in einem eigenen Fenster zahlreiche verschiedene Konfigurationen für den Titelbereich, die Ihnen bei der Erstellung eines Titels hilfreich sein können oder die Sie gleich für Ihr Projekt übernehmen können.

Vorlage auswählen

Diese Vorlagen können Sie für Ihr Projekt verwenden und somit rasch zu einem entsprechenden Titel kommen.

1 Möchten Sie eine Vorlage zunächst begutachten, dann klicken Sie auf den kleinen Abspielpfeil

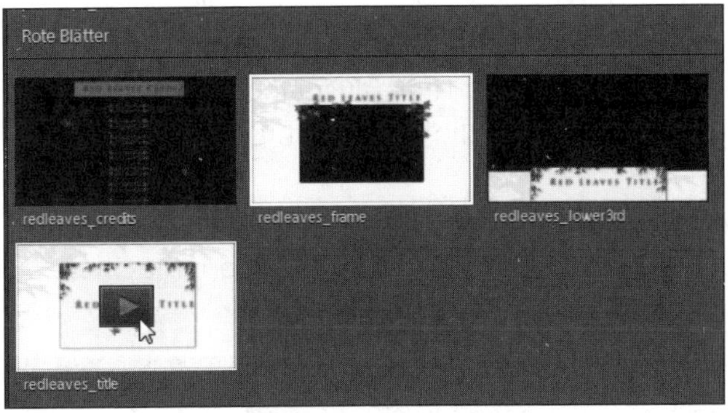

Abb. L7.5: Den Titel zunächst betrachten

2 Haben Sie sich für einen Titel entschieden, dann ziehen Sie ihn einfach im Schnittfenster auf eine Videospur.

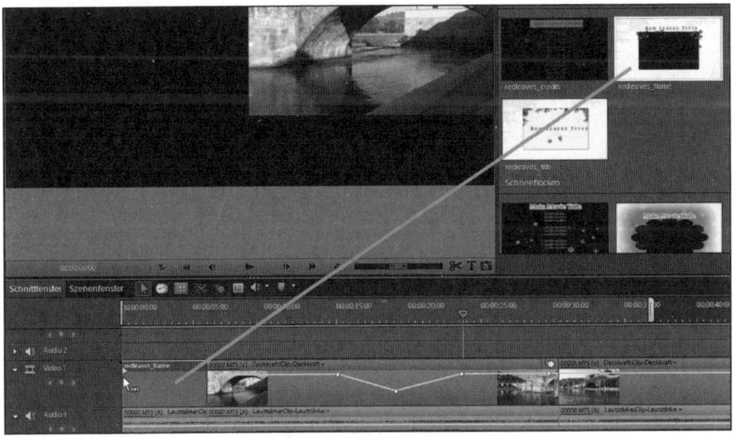

Abb. L7.6: Den Titel auf eine Spur ziehen

3 Soll der Titel zunächst allein abgespielt werden, müssen Sie gegebenenfalls noch die anderen Spuren entsprechend umordnen.

Titel bearbeiten

Ist alles geordnet, geht es an das Anpassen des Titels für Ihre Zwecke.

Zunächst soll der Text des Titels ausgetauscht werden. Im Beispielsfall ist das die englischsprachige Bezeichnung *Red Leaves Title*.

1 Wählen Sie das *Textwerkzeug* ❶ auf der rechten Seite aus und markieren Sie den Text, den Sie ändern möchten.

Abb. L7.7: Den ursprünglichen Titel markieren

2 Anschließend geben Sie nur noch über die Tastatur den von Ihnen gewünschten Titel ein.

Abb. L7.8: Den neuen Titel eingeben

Gefällt Ihnen der Text bzw. die Schrift und deren Gestaltung nicht, können Sie diese ebenfalls Ihren Wünschen gemäß ändern.

So ragt in unserem Beispiel der Text in die Begrenzung hinein. Deshalb soll der Text verkleinert werden. Das können Sie aber rasch ändern, denn Sie finden das benötigte Symbol im Bereich *Textoptionen*.

Textoptionen

1. Markieren Sie den Text erneut mit der Maus.
2. Ziehen Sie dann den Regler, man spricht von einem *Hot-Text-Steuerelemente*, unterhalb des Symbols *Textgröße ändern* so weit, bis der Text Ihren Vorstellungen entspricht.

Diese interaktiven Werte können leicht angepasst werden, ohne dass dazu Eingaben in ein Dialogfeld gemacht werden müssen.

Abb. L7.9: Die Schriftgröße anpassen

> Wenn Sie dabei die ⇧-Taste gedrückt halten, wird der Wert in 10er-Schritten erhöht bzw. verringert.

TIPP

Textstile

Danach soll der Text anders gestaltet werden. Betrachten Sie jetzt einmal den Bereich *Textstile* im Arbeitsbereich. Hier finden Sie zahlreiche Stile, die Sie einfach per Mausklick zuweisen können.

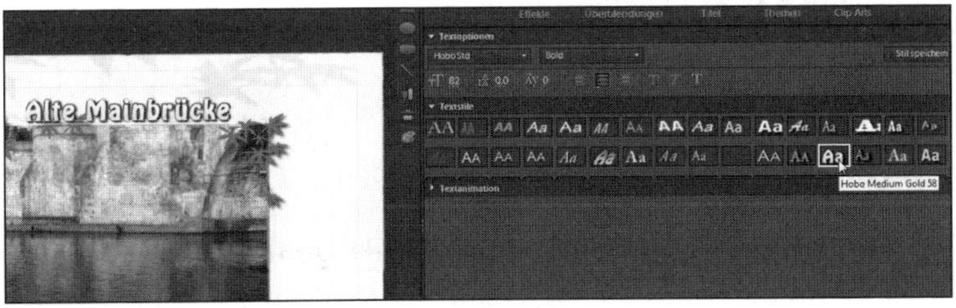

Abb. L7.10: Einen Textstil zuweisen

Textanimation Wenn Sie möchten, können Sie den Text auch noch animieren.

1. Klicken Sie dazu auf den nach rechts weisenden Pfeil *Textanimationen*, um die möglichen Effekte zu sehen.

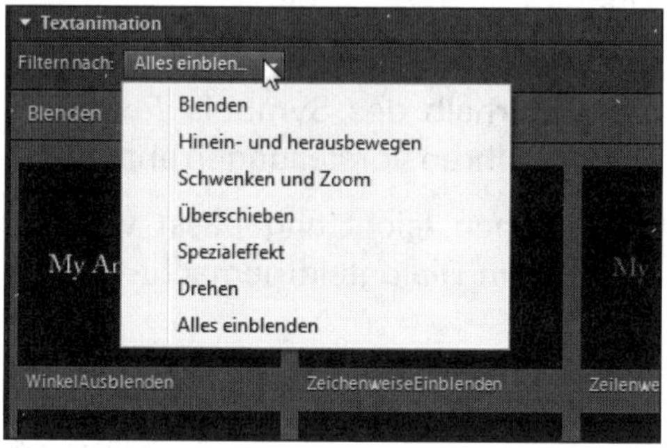

Abb. L7.11: Einen Text animieren

2. Klicken Sie auf den Vorschaupfeil, um den Effekt gleich einmal zu begutachten.

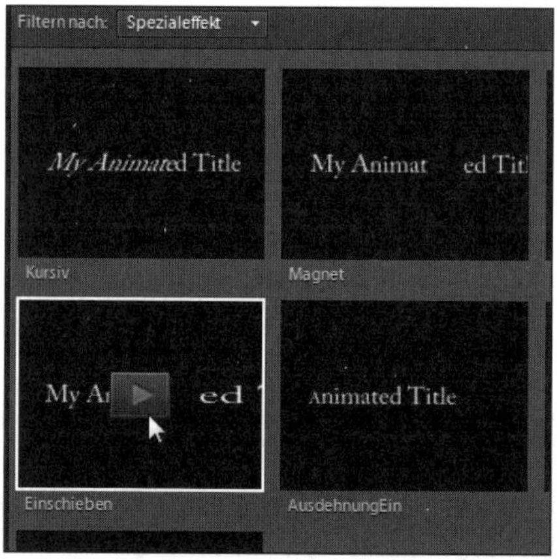

Abb. L7.12: Den Effekt zunächst begutachten

3. Haben Sie einen passenden Effekt gefunden, ziehen Sie ihn einfach auf das Textobjekt.

Abb. L7.13: Den Effekt einfach auf den Text ziehen

Dieses wird dadurch entsprechend animiert, was Sie durch Anklicken der *Abspielen*-Schaltfläche im Monitorfenster gleich überprüfen können.

> **TIPP**
>
> Um einen Schritt rückgängig machen zu können, betätigen Sie einfach die Tastenkombination [Strg] + [Z].

4 Wechseln Sie in den Arbeitsbereich *Projekt*.

Im dort angelegten Ordner *Titel* finden Sie das eben erstellte Titelvideo.

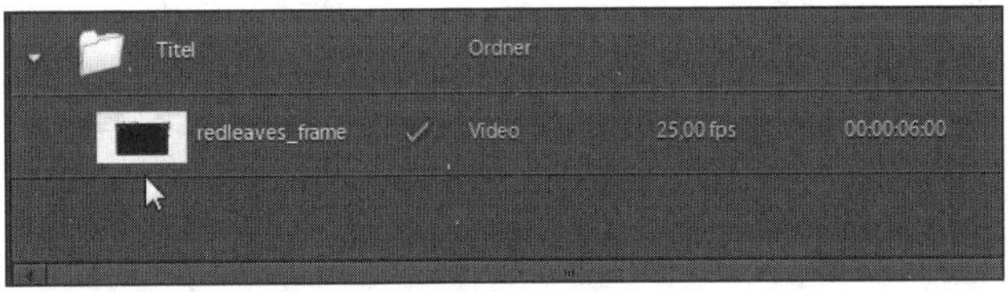

Abb. L7.14: Der eben erstellte Titel

Ein Titel handgemacht

Wenn Sie in den Vorlagen nicht fündig werden, erstellen Sie einfach einen völlig neuen Titel.

1 Rufen Sie dazu im Premiere-Elements-Fenster die Menüreihenfolge *Neu / Titel* auf oder drücken gleich F9.

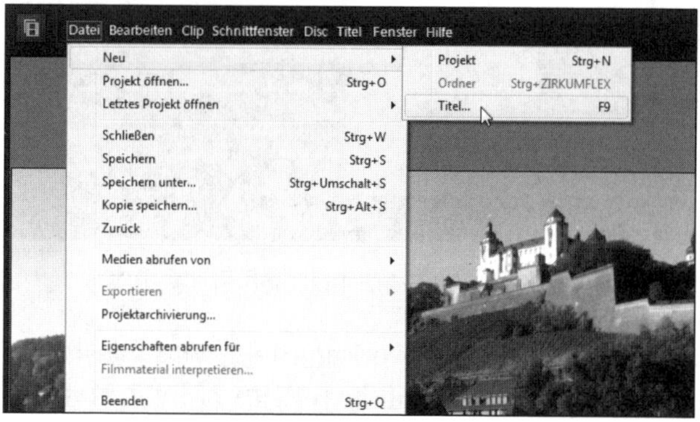

Abb. L7.15: Einen eigenen Titel anlegen

Im Monitorfenster wird gleich der neue Titel nebst Werkzeugleiste angezeigt und auf einer neuen Videospur platziert.

Abb. L7.16: Ein neuer, selbst zu gestaltender Titel

Im Zentrum befindet sich bereits ein Textkörper, den Sie jetzt – wie bei den Vorlagen gesehen – gestalten könnten. Für die weiteren Arbeiten stört er jedoch an dieser Stelle, so dass er entfernt werden soll.

2 Klicken Sie mit aktiviertem *Auswahlwerkzeug* auf den Text und drücken Sie die Taste [Entf].

Abb. L7.17: Den Vorgabetitel entfernen

Ränder für geschützte Titel und geschützte Aktionen

Achten Sie bei den folgenden Arbeiten auf die Ränder für geschützte Titel und geschützte Aktionen. Diese zeigen die sichtbaren, geschützten Bereiche eines Titels an. Diese Bereiche sind beim Bearbeiten von Fernseh- und Videofilmmaterial hilfreich, denn bei den meisten Fernsehgeräten wird das so genannte *Overscan*-Verfahren angewendet. Hierbei werden die äußeren Ränder eines Bildes abgeschnitten, wodurch die Mitte des Bildes vergrößert wird.

TIPP

Wenn Sie Filme nur für das Internet oder für eine CD erstellen, können Sie die Ränder vernachlässigen, da bei diesen Medien stets das gesamte Bild angezeigt wird.

Abb. L7.18: Randoptionen

Bei dem äußeren Rand handelt es sich um einen *Rand für geschützte Aktionen*, bei dem inneren Rand dagegen um den *Rand für geschützte Titel*. Diese Ränder gilt es zu beachten, damit nicht Texte oder Objekte im Projekt außerhalb des sichtbaren Bereichs liegen, da sie gegebenenfalls bei der Wiedergabe auf bestimmten Bildschirmen möglicherweise abgeschnitten werden könnten.

Eingabe von Text

Wie Sie gleich sehen werden, steht Ihnen eine Reihe von Attributen für die Erstellung von Titeln mit Text und Grafiken zur Verfügung. Dabei können Sie jede auf Ihrem System vorhandene Vektorschrift verwenden, einschließlich Typ-1-, OpenType- und TrueType-Schriftarten.

Für die Texterstellung sind verschiedene Werkzeuge enthalten, mit denen Sie beispielsweise Text, der horizontal, vertikal oder an einem Pfad ausgerichtet ist, erstellen können.

Zunächst soll aber einmal einfacher Text eingegeben werden. Das dazu benötigte Werkzeug *Text* finden Sie in der Werkzeugleiste am rechten Rand. Für horizontalen Text verwenden Sie das *Werkzeug »Horizontaler Text«*, für vertikalen Text das *Werkzeug »Vertikaler Text«*.

1. Klicken Sie auf das kleine Dreieck am unteren Teil des Werkzeuges, um die entsprechende Option auswählen zu können.

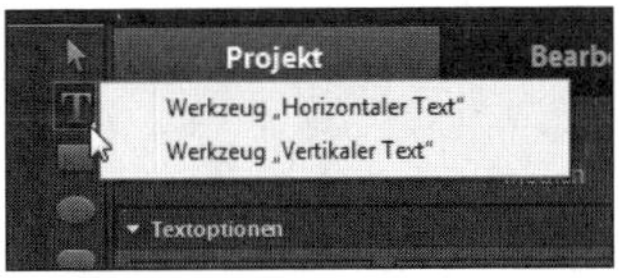

Abb. L7.19: Die beiden Textwerkzeuge

2. Klicken Sie auf das *Werkzeug »Horizontaler Text«*, um es auszuwählen.
3. Zeigen Sie mit dem veränderten Cursor irgendwo in den Textbereich und klicken Sie einmal.

Achten Sie allerdings darauf, dass Sie sich innerhalb des gestrichelten Rahmens befinden, wenn Sie den Titel später auf einem Fernseher präsentieren möchten. Denn dieser Bereich ist in jedem Fall auch auf einem Fernseher sichtbar, der noch nicht über eine rechteckige Bildröhre verfügt.

In dem Fenster blinkt jetzt der Cursor an der Stelle, an der Sie den Text eingeben können.

4. Tippen Sie diesen nun über die Tastatur ein.

> **TIPP**
> Möchten Sie einen Zeilenumbruch herbeiführen, drücken Sie an der gewünschten Stelle die ↵-Taste und fahren mit dem Schreiben fort.

> **TIPP**
> Wenn Ihnen der reine Text zu nüchtern erscheint, können Sie ein oder mehrere Cliparts aus dem Bereich *Clip Art* (Arbeitsbereich *Bearbeiten*) einfügen.

Abb. L7.20: Den Text eingeben

Textgestaltung

Auch hier können Sie – wenn Sie es wünschen – der Schrift zunächst einen Stil aus der reichhaltigen Palette zuweisen.

1 Gefällt Ihnen die vorgegebene Schrift nicht, klicken Sie bei aktiviertem *Auswahlwerkzeug* auf den Text.

2 Dann wählen Sie aus der Schriftenliste die gewünschte aus.

Wie Sie sicherlich bemerken, befinden sich nach der Installation einige hochwertige Adobe-Schriften auf Ihrem Rechner.

Abb. L7.21: Eine Schrift zuweisen

3 Die Größe können Sie über das Hot-Text-Steuerelement einstellen oder Sie passen Sie intuitiv über die Anfasspunkte an.

Abb. L7.22: Den Textkörper intuitiv anpassen

TIPP

Möchten Sie einzelne Wörter z.B. größer gestalten, klicken Sie doppelt mit der Maus in den Text. Wenn sich der Cursor im Text befindet, können Sie das betreffende Wort einzeln markieren und die abweichende Eigenschaft zuweisen.

4 Den *Zeilenabstand* bestimmen Sie über das gleichnamige Hot-Text-Steuerelement.

Abb. L7.23: Den Zeilenabstand einstellen

Kerning

Ein Kerning, also das Festlegen der Abstände zwischen den einzelnen Buchstaben, erfolgt ebenfalls über das gleichnamige Hot-Text-Steuerelement.

1. Markieren Sie die betreffenden Passagen.
2. Zeigen Sie auf das Hot-Text-Steuerelement *Kerning* und ziehen Sie den Regler in die gewünschte Richtung.

Abb. L7.24: Einen Text mit einem Kerning versehen

Selbstverständlich können Sie auch die Ausrichtung des Textes bestimmen.

Textausrichtung

Die benötigten Schaltflächen finden Sie in der Formatierungsleiste.

1. Markieren Sie die betreffende Passage bzw. stellen Sie den Cursor in den Absatz.
2. Wählen Sie dann beispielsweise die Schaltfläche *Text zentrieren*.

Abb. L7.25: Den Text zentrieren

Textobjekt platzieren

Sinnvoll ist es, das Textobjekt in der Mitte des Titels zu platzieren.

1. Klicken Sie mit dem Auswahlwerkzeug auf das Textobjekt.
2. Wählen Sie dann die entsprechenden Schaltflächen *Vertikal zentrieren* bzw. *Horizontal zentrieren*.

Abb. L7.26: Das Textobjekt ausrichten

Farbeigenschaften

Wenn Sie einen Textstil verwenden, erhält der Schriftzug im Regelfall einen Schlagschatten. Diesen können Sie problemlos Ihren Vorstellungen anpassen.

Textstil anpassen

1. Wählen Sie zunächst für das Textobjekt einen Textstil aus.

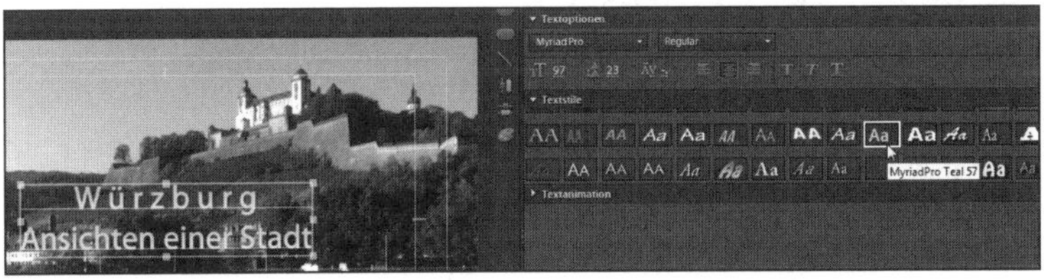

Abb. L7.27: Einen Textstil zuweisen

Anschließend können Sie diesen im Dialogfenster *Farbeigenschaften* anpassen.

2. Klicken Sie dazu auf die Schaltfläche *Farbeigenschaften*, um das Dialogfenster zu öffnen.

Abb. L7.28: Die Farbeigenschaften anpassen

3 Um eine andere Füllfarbe einzustellen, klicken Sie auf *Füllung* und wählen aus dem Farbwähler eine geeignete Farbe.

4 Über *Winkel* legen Sie den Einfallswinkel der vorderen Lichtquelle fest.

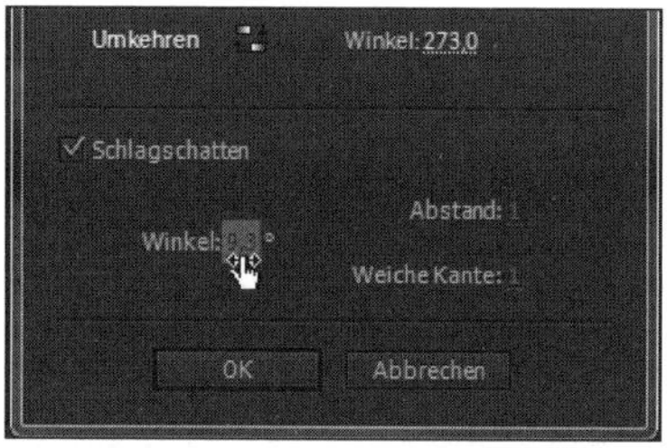

Abb. L7.29: Den Winkel des Schlagschattens verändern

5 Die Position des Schattens verändern Sie über das Feld *Abstand*.

Sie können dem Text aber auch durch einen Farbverlauf einen besonderen Pfiff geben.

6 Dazu wählen Sie unterhalb des Farbbalkens *Verlauf* eines der Quadrate durch Doppelklick aus.

7 In dem daraufhin angezeigten Farbmischer wählen Sie die Farbe aus. Verfahren Sie dann gegebenenfalls mit dem zweiten Quadrat ebenso.

Abb. L7.30: Die Farbe des Farbverlaufs ändern

Mit dem linken Farbfeld bestimmen Sie den Anfang des Farbverlaufs und mit dem rechten Farbfeld das Ende.

8 Mit einem Klick auf *OK* beenden Sie die Titelgestaltung.

Der Titel liegt in der Projektliste und kann nun von Ihnen in den Ordner *Titel* verschoben und mit einer aussagekräftigen Bezeichnung versehen werden.

Einbinden des Titels in den Film

Es gibt verschiedene Möglichkeiten, einen Titel in ein Video einzubinden. Die drei gängigsten werden Ihnen im weiteren Verlauf vorgestellt.

Einbinden als starrer Titel

Die einfachste Variante ist, dass Sie am Anfang Ihres Clips Platz schaffen oder bereits freigelassen hatten und den Clip dann einfach in eine der Videospuren ziehen.

Hier haben Sie dann wie gewohnt die Möglichkeit, den Titel zu strecken oder zu trimmen, beispielsweise um einen einleitenden Audiokommentar zu sprechen oder eine Startmusik einzubinden.

1 Zeigen Sie auf den Titel.

2 Ziehen Sie Ihn vor den ersten Videoclip des Films.

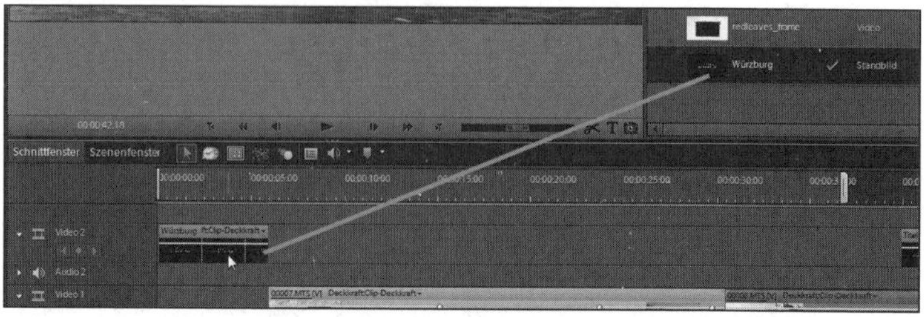

Abb. L7.31: Voranstellen des Titels

Diese Variante ist zugegebenermaßen nicht sehr aufregend und wirkt auch nicht sehr professionell. Schöner wäre es sicherlich, wenn im Hintergrund schon das bewegte Bild zu sehen wäre.

Titel in den Videoclip einblenden

Möchten Sie, wie eben vorgeschlagen, den Titel in ein laufendes Video einblenden lassen, werden Sie sich jetzt sicherlich fragen, wie Sie den Hintergrund des Titels transparent bekommen, wo er doch farbig ist.

Was sich zunächst schwierig anhört, lässt sich in Premiere Elements einfach bewerkstelligen.

1 Ziehen Sie zunächst wie gewohnt den ersten Videoclip auf die Spur *Video 1* bzw. belassen Sie ihn dort.

2 Ziehen Sie dann den Titel in die Spur *Video 2*, also in die so genannte Überlagerungsspur. Da in unserem Beispiel Titel und Video gemeinsam beginnen sollen, ziehen Sie ihn ganz an den linken Rand heran.

Abb. L7.32: Einen Titel ins Video einblenden

Zwischentitel

Ein Einsatzgebiet von Titeln ist das Überleiten von einer Szene in eine andere. Wie Sie im Folgenden sehen werden, kann man den eingebauten Titeldesigner recht prima für die Einblendung eines solchen Schriftzugs verwenden.

1. Bewegen Sie den Film zunächst an die Stelle, an der der Zwischentitel erscheinen soll.
2. Rufen Sie dann die Menüfolge *Datei / Neu / Titel* auf oder betätigen Sie ganz einfach [F4].

Sie erhalten ein Textobjekt eingeblendet, das Sie nun nach Ihren Vorstellungen überschreiben und bearbeiten können.

Abb. L7.33: Ein Zwischentitel

Diesen Titel können Sie noch ein wenig aufpeppen, was insbesondere dann von Nöten ist, wenn der Text sich nicht stark genug von Hintergrund abhebt.

3 Aktivieren Sie das hinterlegte *Abgerundetes-Rechteck-Werkzeug* ❶ in der Werkzeugleiste und ziehen Sie mit gedrückter Maustaste an der Stelle, an der der Text erscheint, ein Rechteck ❷ auf (siehe Abbildung L7.34).

Da der Zwischentitel eine Zeit lang sichtbar sein wird, sollten Sie den Text mit einer fast transparenten Farbe hinterlegen.

4 Klicken Sie dazu auf das Feld *Farbeigenschaft* und wählen Sie einen kontrastreichen Ton aus (siehe Abbildung L7.35).

Abb. L7.34: Anlegen des Hintergrunds

Abb. L7.35: Der Elipse eine Farbe zuweisen

5 Bestätigen Sie Ihre Wahl mit *OK*.

Wirkt die Bande zu erdrückend, sollten Sie die Deckkraft herabsetzen.

6 Klicken Sie dazu mit der rechten Maustaste auf das Rechteck und wählen Sie aus dem Kontextmenü *Transformieren* und dann *Deckkraft* aus.

7 Im folgenden Dialogfenster reduzieren Sie die Deckkraft, beispielsweise auf 50%.

Abb. L7.36: Die Deckkraft der Ellipse reduzieren

Auch diesen Titel sollten Sie wieder benennen und in den Ordner *Titel* verschieben.

Abb. L7.37: Den Zwischentitel sinnvoll benennen

Abspann

Waren Ihnen die bisherigen Titel nicht effektvoll genug und Sie wünschen mehr »Bewegung«? Wie Sie gleich sehen werden, bietet Premiere Elements eine Reihe von Möglichkeiten, den Titel lebendiger zu gestalten. Allerdings sollten Sie auch diese Effekte sehr behutsam einsetzen, da man sich daran schnell satt sehen kann.

Nachdem der Film mit einem ordentlichen Titel versorgt ist, müssen wir uns noch um einen guten *Abspann* kümmern. Auch hier dient das große Vorbild, das Kino, als Ideenspender. Leider werden seit einigen Jahren die Abspanne im Fernsehen meist weg geschnitten oder mit Werbung »gewürzt«, so dass Sie oftmals interessante und wichtige Informationen zum Film nicht erhalten. Sie werden allerdings das eine oder andere Mal die beteiligten Personen an dem Werk nennen oder die näheren Umstände, wie z.B. den Zeitpunkt, dokumentieren wollen.

Vielleicht glauben Sie jetzt, dass es schwer ist, solche abrollenden Abspanne zu erstellen. Doch keine Sorge: Premiere Elements bringt alles mit, was Sie benötigen.

Im ersten Abschnitt haben Sie »lediglich« statische Titel erstellt. Das Programm bietet aber noch mehr: rollende und kriechende Titel. Titel, die sich vertikal über das Bild bewegen, werden *rollende Titel,* Titel, die sich horizontal über das Bild bewegen, dagegen *kriechende Titel* genannt. Diese eignen sich hervorragend zur Kreation eines Abspanns.

1. Platzieren Sie die Marke für die aktuelle Zeit zunächst hinter den letzten Clip Ihres Films.
2. Rufen Sie dann wie gewohnt die Menüfolge *Datei / Neu / Titel* auf oder betätigen Sie ganz einfach [F9].
3. Gestalten Sie dann den Abspann nach Ihren Vorstellungen.

Abb. L7.38: Den Abspann gestalten

4 Sind Sie fertig, klicken Sie auf die Schaltfläche *Rollen/Kriechen-Optionen*.

Abb. L7.39: Dem Abspann eine Animation zuweisen

Sie erhalten das gleichnamige Dialogfenster, in dem Sie nun die Einzelheiten näher bestimmen können.

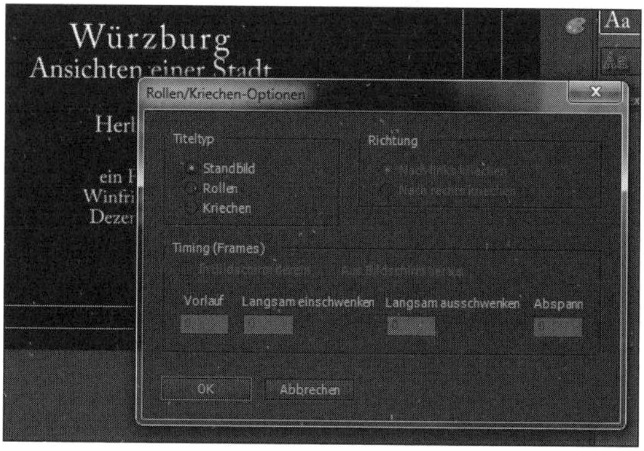

Abb. L7.40: Das Dialogfenster *Rollen/Kriechen-Optionen*

TIPP

Die Unterschiede zwischen den beiden Möglichkeiten (Rollen bzw. Kriechen) bestehen darin, dass beim Rollen der Text das Bild von unten nach oben und beim Kriechen von rechts nach links durchläuft.

5 Hier können Sie die folgenden Optionen festlegen:

- Bereich *Titeltyp*: Hier legen Sie fest, ob Sie ein *Standbild* oder eine Animation (entweder *Rollen* oder *Kriechen*) anlegen wollen.

- Bereich *Richtung*: Durch Wahl der Option *Nach links kriechen* bzw. *Nach rechts kriechen* bestimmen Sie, in welche Richtung sich der Text bewegt.
- Bereich *Timing (Frames)*: Durch Aktivierung des Kontrollkästchen *In Bildschirm herein* bestimmen Sie, wie sich der Text vom nicht sichtbaren Bereich in den sichtbaren Bereich bewegt. Mit Hilfe des Kontrollkästchens *Aus Bildschirm heraus* legen Sie dagegen fest, dass der Bildlauf fortgesetzt wird, bis die Objekte nicht mehr sichtbar sind. Über die Eingaben im Feld *Vorlauf* bestimmen Sie die Anzahl der Frames, die abgespielt werden, bevor der Textlauf beginnt. Mit dem Wert im Feld *Langsam einschwenken* setzen Sie die Anzahl der Frames, während derer sich der Titel mit langsam steigender Geschwindigkeit bewegt, bis er die Wiedergabegeschwindigkeit erreicht hat. Der Wert im Feld *Langsam ausschwenken* gibt dagegen an, mit welcher Geschwindigkeit sich der Titel bewegt, bis der Textlauf beendet ist. Und im Feld *Abspann* geben Sie die Anzahl der Frames an, die nach dem Textlauf abgespielt werden.

6 Mit *OK* schließen Sie Ihre Eingaben ab.

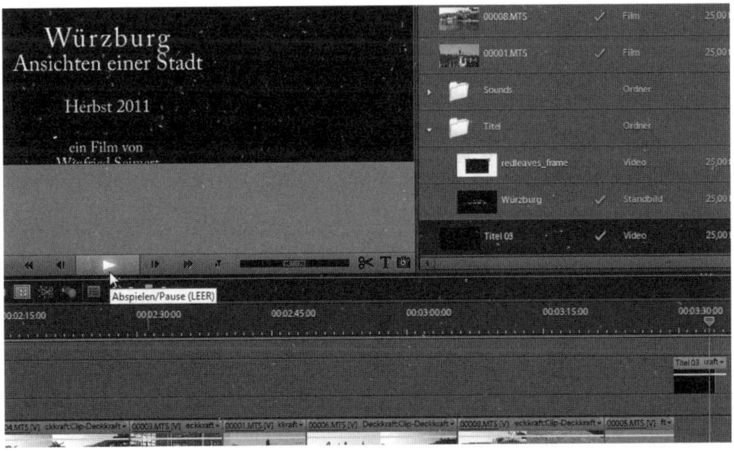

Abb. L7.41: Ein von unten hinein rollender Titel

TIPP

Beachten Sie dabei, dass die Objekte sich bis hinter die Begrenzungen des Arbeitsbereichs erstrecken müssen, damit Sie die Bildlaufleiste verwenden können.

7 Um eine Vorschau des rollenden oder kriechenden Titels anzuzeigen, starten Sie die Vorschau.

Auch diesen Titel sollten Sie wieder benennen und in den Ordner *Titel* verschieben.

L8 An Alle!? Videos verteilen

In diesem Kapitel geht es darum, wie aus einem Premiere Elements-Projekt ein fertiger Film wird. Prinzipiell besteht dabei die Möglichkeit, den fertigen Film auf eine DVD oder Blu-ray-Disc zu brennen, auf eine Website für gemeinsame Videonutzung hochzuladen, als digitale Datei auf Ihren Computer abzulegen, für die Anzeige auf einem Mobiltelefon oder anderen Geräten zu exportieren oder auf ein Videoband zu überspielen.

Ausgangspunkt aller Arbeiten ist der Arbeitsbereich *Freigeben*.

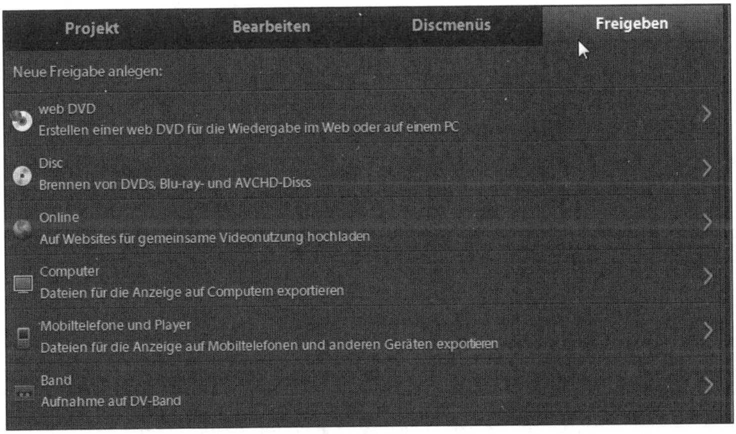

Abb. L8.1: Der Ausgangspunkt der folgenden Arbeiten

web DVD

Eine web DVD ist eine fürs Netz aufbereitete DVD oder Blu-ray Disc, die per Browser angeschaut werden kann.

1 Klicken Sie auf den Eintrag *web DVD*.

Wie Sie sehen, erhalten Sie vermutlich ein Hinweisfenster, dass das erforderliche Discmenü fehlt.

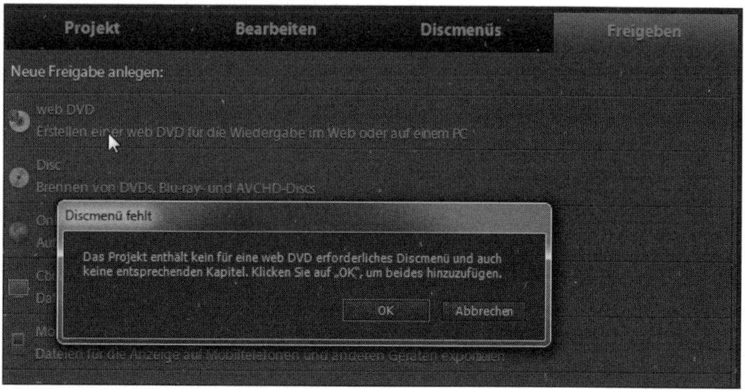

Abb. L8.2: Wichtige Voraussetzungen für eine web DVD

2 Um diese diese Schritte zunächst nachzuholen, klicken Sie auf *OK*.

Discmenü

Sie können DVDs mit oder ohne Menüs abspielen. Ein solches Menü öffnet sich automatisch nach dem Einlegen der Disc im DVD-Player und der Betrachter kann per Mausklick auswählen, welchen Clip er sehen möchte. Diese Einträge nennt man *Kapitel*. Deren Einsatz setzt allerdings voraus, dass das DVD-Laufwerk bzw. der DVD-Player diese Funktion auch unterstützt.

Haben Sie die vorherigen Schritte nachvollzogen, erhalten Sie im folgenden Fenster die Anweisung, wie Sie das bewerkstelligen können.

TIPP

Möchten Sie ein Discmenü separat erstellen, dann müssen Sie zunächst den Arbeitsbereich *Discmenüs* aktivieren, um die folgenden Schritte durchzuführen.

Sie erhalten eine Reihe von fertigen Vorlagen, die nach verschiedenen Anlässen sortiert sind.

1 Über die beiden Listenfelder am oberen Rand können Sie zum einen den Bereich auswählen, indem Sie einen Eintrag der Liste *Filtern nach* anwählen.

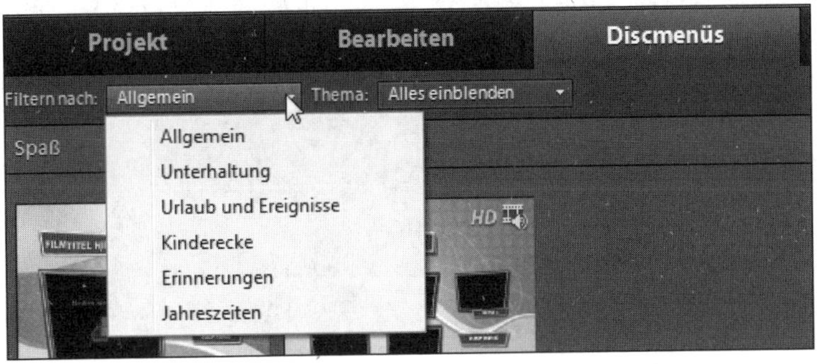

Abb. L8.3: Einen Bereich einschränken

2 Danach können Sie den Bereich hinsichtlich des *Themas* weiter einschränken.

Abb. L8.4: Das Thema wählen

3 Haben Sie auf diese Art und Weise Ihren Favoriten ausfindig gemacht, markieren Sie ihn und ziehen diesen mit gedrückter Maustaste an die angegebene Stelle.

Sie erhalten dann den Hinweis, dass die benötigten Menümarken nicht vorhanden sind.

Abb. L8.5: Eine Menüvorlage verwenden

Solche Marken unterteilen das Video in einzelne Filme, die man anschließend über die Schaltflächen starten kann.

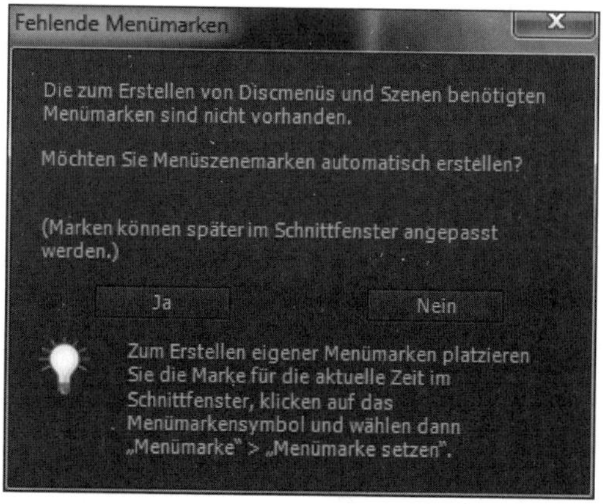

Abb. L8.6: Lassen Sie mal Premiere Elements das machen!

DVD-Marken

DVD-Marken sind etwas anderes als Clip- oder Schnittfenster-Marken. Diese dienen zwar alle zur Kennzeichnung von bestimmten Stellen in einem Clip oder Film, erstere werden jedoch ausschließlich zur Verknüpfung mit Schaltflächen in DVD-Menüs verwendet.

Lassen Sie diese Marken ruhig erst einmal durch das Programm erstellen. Wenn Sie mit dem Ergebnis nicht zufrieden sind, können Sie diese immer noch ändern.

Klicken Sie auf *Ja*, damit Premiere Elements sich ans Werk machen kann.

Allerdings fragt das Programm noch mal nach, ob Sie vielleicht nicht doch ein bisschen Einfluss auf die Erstellung der Szenemarken nehmen möchten und blendet Ihnen das Dialogfenster *Menüszenemarke automatisch setzen* ein.

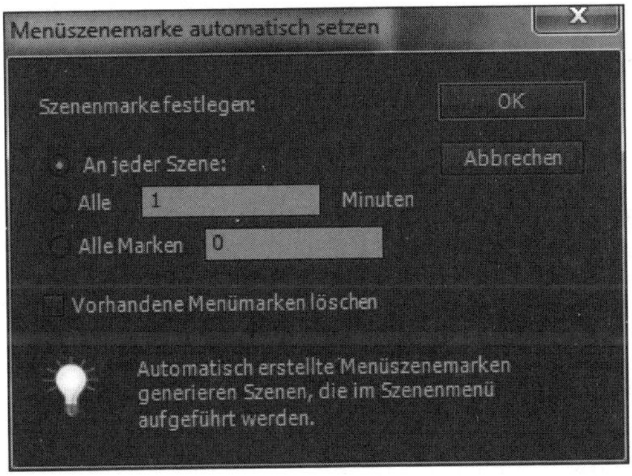

Abb. L8.7: Wie sollen die Szenemarken angeordnet werden?

4 Belassen Sie ruhig die Einstellung *An jeder Szene* und schließen Sie das Fenster mit *OK*.

Premiere Elements macht sich an die Arbeit und präsentiert Ihnen das fast fertige Menü.

5 Mit Hilfe der Einstellungsmöglichkeiten können Sie nun noch die gewünschten Feinarbeiten, wie die Texteingabe oder die Hintergrundgestaltung, vornehmen.

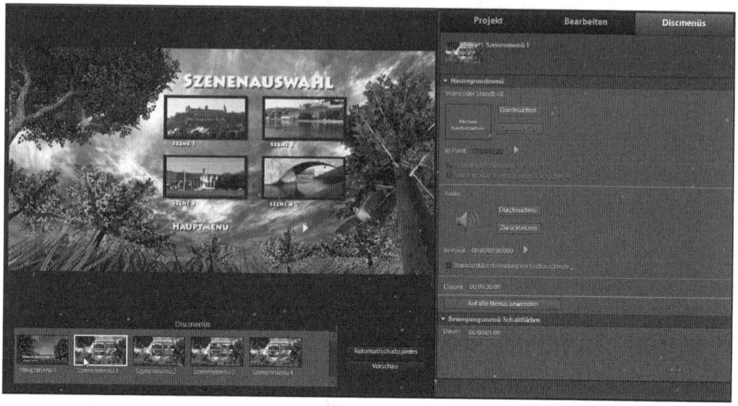

Abb. L8.8: Das fast fertige Menü

6 Die Arbeiten schließen Sie mit einem Klick auf die Schaltfläche *Fertig* ab.

web DVD erstellen

Nun sind alle Vorarbeiten getroffen und Sie können die web DVD erstellen.

1 Klicken Sie erneut im Arbeitsbereich *Freigeben* auf den Eintrag *web DVD.*

2 Im folgenden Dialogfenster können Sie noch Einfluss auf die *Vorgaben*, den *Projektnamen* und den Speicherort (*Speichern in*) nehmen (siehe Abbildung L8.9).

3 Klicken Sie auf *Erstellen*, um loszulegen.

Das Programm macht sich an die Arbeit. Nun brauchen Sie etwas Geduld, denn das nimmt ein wenig Zeit in Anspruch (siehe Abbildung L8.10).

Zum Abschluss erhalten Sie einen Hinweis, dass die web DVD fertig ist (siehe Abbildung L8.11).

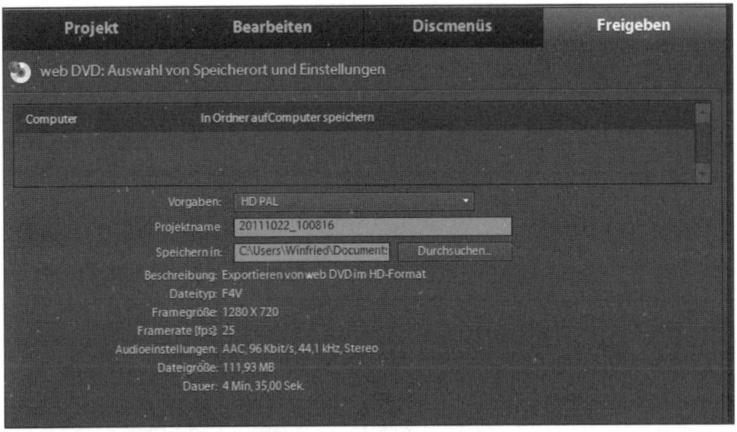

Abb. L8.9: Die web DVD erstellen

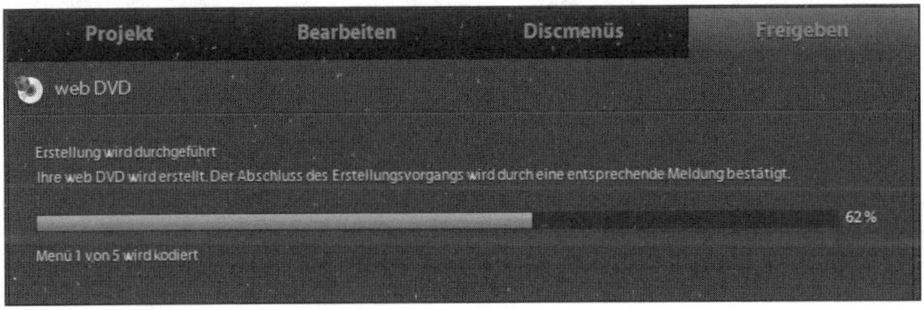

Abb. L8.10: Die web DVD wird erstellt

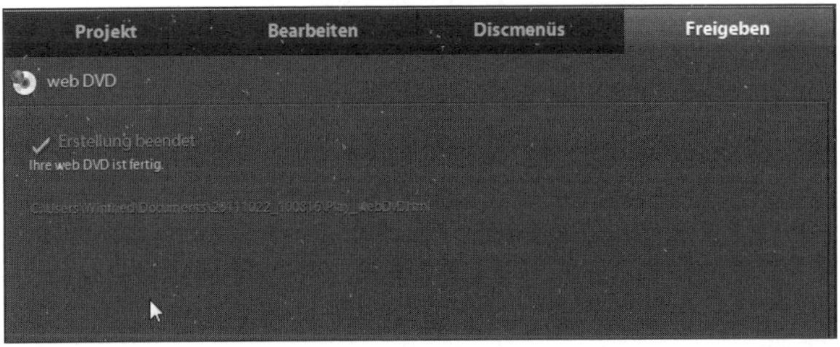

Abb. L8.11: Die web DVD ist fertig!

Im unteren Teil finden Sie gleich einen Hinweis, wo die web DVD gespeichert wurde. Dabei handelt es sich um einen Hyperlink.

4 Klicken Sie auf diesen Link, um sich die web DVD gleich einmal in dem Browser Ihres Vertrauens anzuschauen.

Abb. L8.12: Der fertige Film im Browser

5 Zurück in Premiere Elements schließen Sie den Vorgang noch mit einem Klick auf *Fertig* ab.

Disc

Die DVD und die Blu-ray-Disc haben sich in den letzten Jahren zum Renner entwickelt. Kein Wunder, denn hochwertige Videoqualität, Audio mit Surround-Effekten und das alles in einem Format, das ein Leben lang hält, bieten keine anderen Medien.

1 Um eine DVD, Blu-ray- oder AVCHD-Disc zu erstellen, klicken Sie auf die Schaltfläche *Disc*.

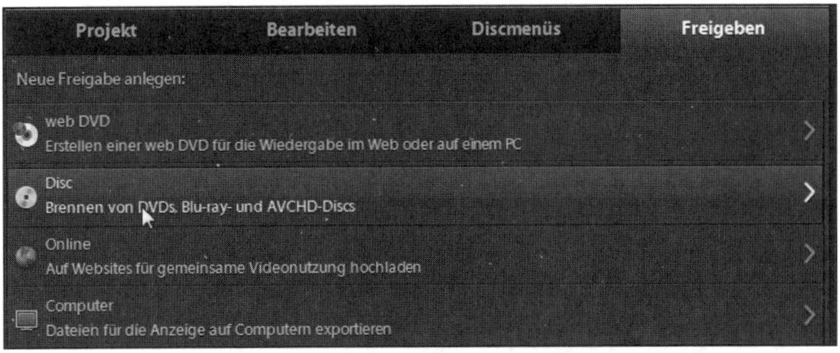

Abb. L8.13: Es geht los

Haben Sie bislang kein entsprechendes Medium in Ihr Laufwerk gelegt, werden Sie darauf aufmerksam gemacht.

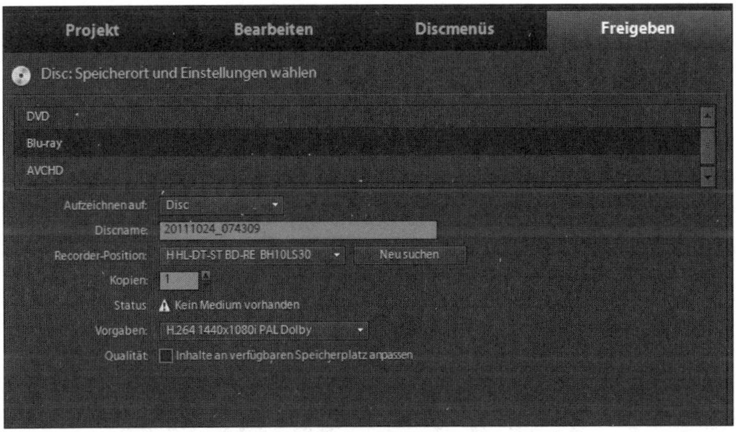

Abb. L8.14: Bitte eine Blu-ray-Disc einlegen

2 Kommen Sie dem nach, damit der *Status* auf *Bereit* wechselt.

Discmenüs

Discmenü verwenden

1 Gehen Sie wie im vorherigen Abschnitt beschrieben vor und lassen Sie die Marken an jeder Szene automatisch setzen.

So erhält jede Szene zudem ein eigenes Szenenmenü. Premiere Elements beginnt nun mit der Arbeit und nach einer Weile können Sie die neuen Szenemarken im *Schnittfenster* begutachten.

Abb. L8.15: Die automatisch gesetzten DVD-Szenemarken

Markentyp Nach Abschluss dieser Arbeiten können Sie sich noch entscheiden, welchen Markentyp die Szene aufweisen soll.

2 Klicken Sie im Schnittfenster doppelt auf die betreffende Marke.

Sie erhalten das Dialogfenster der betreffenden Menümarke.

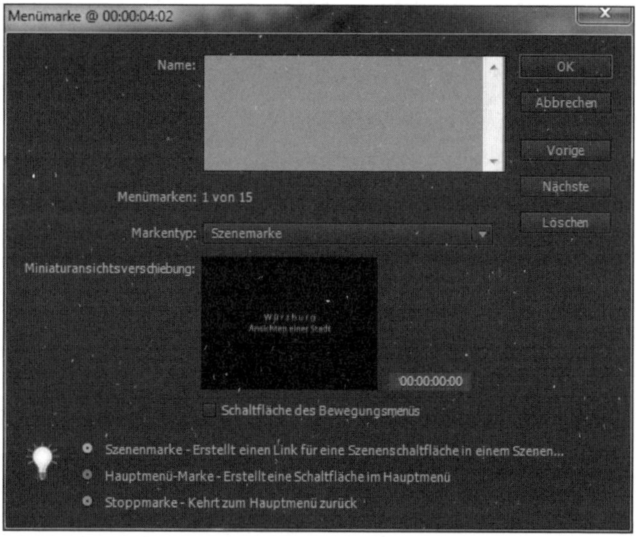

Abb. L8.16: Das Dialogfenster der Menümarke

3 Klicken Sie einmal auf das Listenfeld *Markentyp*, um die verschiedenen Varianten zu sehen.

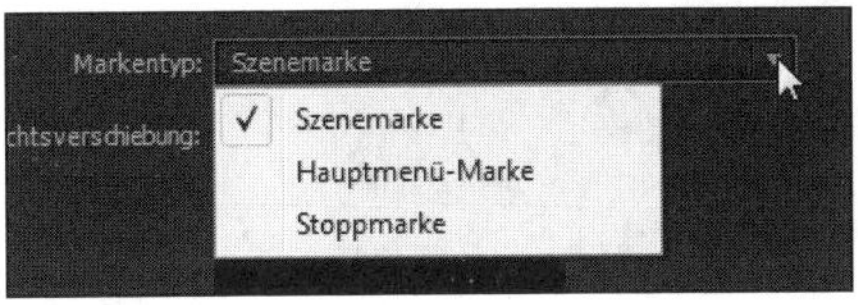

Abb. L8.17: Den Markentyp einstellen

Wie Sie sehen, stehen Ihnen die folgenden zur Auswahl:

- *Szenemarke*: Bei dieser Auswahl wird eine Verbindung für eine Szenenschaltfläche in einem Szenenmenü hergestellt.
- *Hauptmenü-Marke*: Möchten Sie eine Schaltfläche haben, die im Hauptmenü erscheint, verwenden Sie diese Marke.
- *Stoppmarke*: Möchten Sie eine Schaltfläche platzieren, die einen Sprung ins Hauptmenü ermöglicht, ist dies die richtige Wahl.

4 Treffen Sie Ihre Wahl.

5 Mit Hilfe des Reglers hinter der *Miniaturansichtsverschiebung* können Sie noch den Frame des Clips festlegen, der im Menü angezeigt werden soll.

Abb. L8.18: Das Startfenster festlegen

Schaltfläche löschen

Nicht immer werden Sie jede von Premiere Elements erstellte Schaltfläche benötigen und diese löschen wollen.

6 Klicken Sie auf die Schaltfläche *Löschen*.

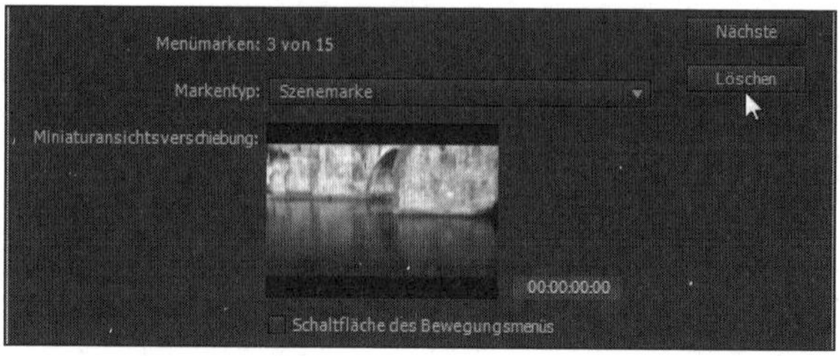

Abb. L8.19: Eine Schaltfläche löschen

Premiere Elements entfernt diese Schaltfläche und rückt eine eventuell sich dahinter befindliche Schaltfläche an diese Stelle.

TIPP

> Die Schaltflächen Film abspielen und Szenenübersicht können nicht gelöscht werden.

7 Bestätigen Sie anschließend mit *OK*.

Szenemarken platzieren

Nach erfolgter Bearbeitung eines Films können Sie auch eigenständig Marken zur Kennzeichnung von einzelnen Filmen, Kapiteln, Szenen und Endpunkten in der DVD hinzufügen oder auch entfernen.

1 Zunächst sollten Sie die *Marke für die aktuelle Zeit* an die Stelle im Film positionieren, an der Sie die Marke setzen wollen.

2 Dort angekommen, klicken Sie mit der rechten Maustaste an diese Stelle und wählen aus dem Kontextmenü den Eintrag *Menümarke setzen* aus.

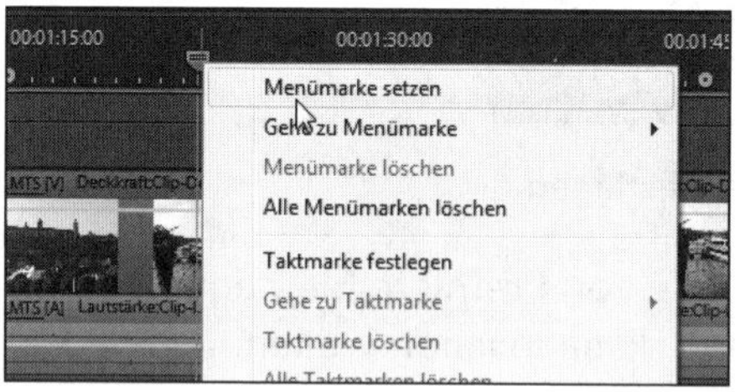

Abb. L8.20: Eine Menümarke setzen

Sie erhalten das Dialogfenster *Menümarke*, in dem Sie die entsprechenden Eintragungen vornehmen müssen.

3 Geben Sie im Feld *Name* einen Namen für die Marke ein.

> Verwenden Sie möglichst kurze Namen, damit sie in das Menü passen, ohne andere Schaltflächen zu überlappen. Wenn Sie – wie in der folgenden Abbildung ersichtlich – trotzdem einen längeren Namen verwenden, können Sie diesen aber zu einem späteren Zeitpunkt ändern, wenn er Probleme macht.

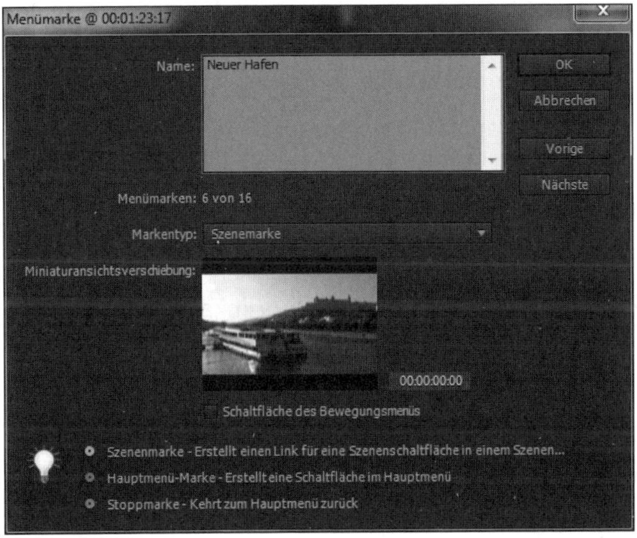

Abb. L8.21: Die Menümarke definieren

4 Im Listenfeld *Markentyp* wählen Sie den gewünschten Typ aus.

Die Bedeutung der einzelnen Typen haben Sie weiter oben kennen gelernt.

5 Möchten Sie das Bild, das auf der Schaltfläche im Menü angezeigt wird, auszuwählen, dann bewegen Sie den

Timecode für die *Miniaturansichtsverschiebung* bis es im Vorschaufenster sichtbar wird.

Abb. L8.22: Einstellen des Schaltflächenbildes

Falls Ihnen dabei Bedenken kommen, machen Sie sich keine Sorgen. Das mit der Schaltfläche verknüpfte Video beginnt stets an der Position der Marke.

Szenemarken verschieben

Wenn Sie die Szenemarken nachträglich verschieben möchten,

1. wählen Sie das Auswahlwerkzeug,
2. zeigen Sie damit auf die Szenemarke und
3. ziehen Sie diese mit gedrückter linker Maustaste im Schnittfenster auf die gewünschte Szene oder den gewünschten Film.

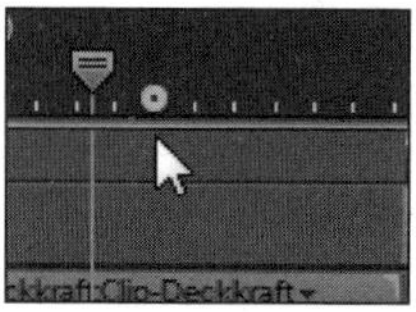

Abb. L8.23: Eine Szenemarke verschieben

Szenemarken löschen

Sie können einzelne DVD-Marken oder alle Marken gleichzeitig aus dem Schnittfenster löschen.

1. Um eine einzelne Szenemarke zu löschen, führen Sie in der Zeitleiste einen Doppelklick auf die betreffende Marke aus,

2 klicken im folgenden Dialogfenster auf die Schaltfläche *Löschen* und

3 bestätigen abschließend mit *OK*.

Sollen alle Szenemarken entfernt werden, dann rufen Sie einfach die Menüreihenfolge *Disc / Menümarke löschen / Alle Marken* auf.

TIPP

Vorschau

Sicherlich werden Sie an dieser Stelle Ihr Werk einmal betrachten wollen. Doch bislang befinden sich Ihre Daten noch auf dem Rechner und noch nicht im Laufwerk Ihres DVD- oder Blu-Ray-Players.

Doch Premiere Elements bietet Ihnen die Simulationsumgebung eines Abspielers.

1 Um den gegenwärtigen Stand zu betrachten, wie er sich in einem Player darstellen würde, klicken Sie auf die Schaltfläche *Vorschau*.

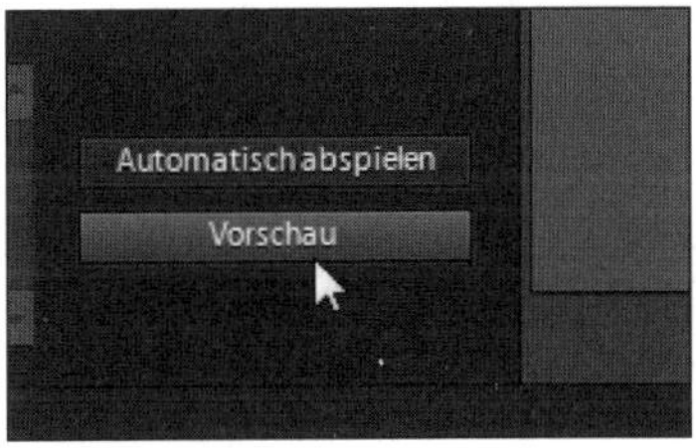

Abb. L8.24: Die Vorschau starten

Sie erhalten dann ein Vorschaufenster, das wie ein Player reagiert und zu bedienen ist.

2 Lehnen Sie sich zurück und starten Sie über die Schaltfläche *Abspielen/Pause* den Film.

Abb. L8.25: Den fertigen Film in der Vorschau abspielen

3 Möchten Sie zu den Szenen wechseln, dann zeigen Sie auf die Beschriftung *Szenenauswahl*.

Wenn der Zeiger die Form einer Hand annimmt, klicken Sie einmal und schon gelangen Sie in das nächste Szenenfenster.

Hier finden Sie die Vorschauen der Szenen, die Sie ebenfalls per Mausklick starten können.

4 Über die kleine Schaltfläche *Haupt* am rechten Rand gelangen Sie in das Hauptmenü zurück.

5 Die Vorschau schließen Sie über die Schaltfläche *Beenden*.

Disc brennen

Um Ihren fertigen Film auf die Disc zu brennen, sollten Sie sich im Arbeitsbereich *Verteilen* befinden.

1. Klicken Sie auf die Schaltfläche *Disc.*
2. Im Folgenden wählen Sie zunächst durch Anklicken der entsprechenden Schaltfläche, ob Sie eine DVD, eine Blu-ray- oder eine AVCHD-Disc brennen wollen.

> **TIPP**
> Die Vorgänge sind bei beiden Medien identisch.

3. Haben Sie sich für eine DVD bzw. AVCHD-Disc entschieden, können Sie als Nächstes wählen, ob Sie gleich auf die Disc oder erst einmal in einen *Ordner* auf Ihrer Festplatte aufzeichnen wollen.

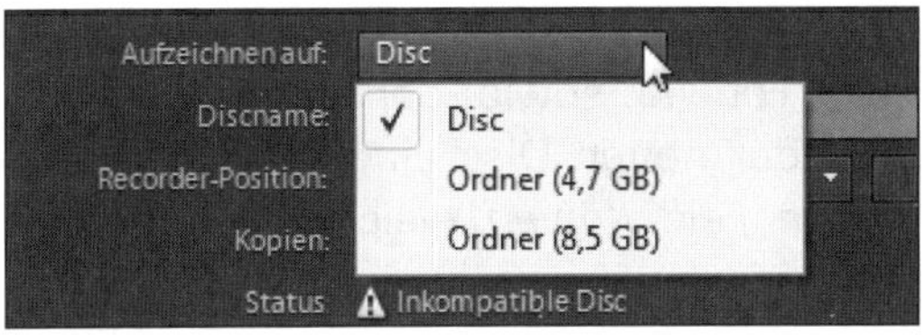

Abb. L8.26: Direkt auf Disc oder in einen Ordner?

Im letzten Fall können Sie mit einem anderen Brennprogramm dann immer noch eine entsprechende Disc erzeugen.

4. Im Feld *Discname* geben Sie der Disc einen aussagekräftigen Namen. Dieser wird unter Windows zum Erkennen der Disc verwendet, wenn Sie diese in das Laufwerk legen.
5. Gegebenenfalls müssen Sie im Feld *Recorder-Position* den erkannten Brenner korrigieren, was allerdings nur dann der Fall ist, wenn Sie mehr als einen angeschlossen haben.

> **TIPP**
> Sollte Ihr Rekorder nicht erkannt worden sein, hilft oft ein Klick auf die Schaltfläche *Neu suchen* weiter.

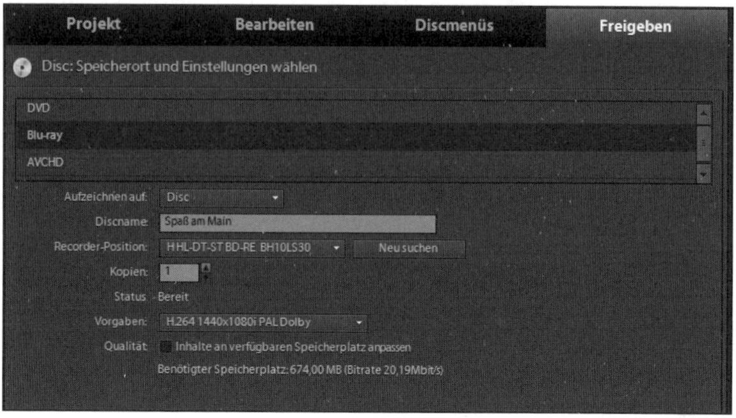

Abb. L8.27: Die Optionen für eine Blu-ray-Disc

6 Soll Ihre gesamte Familie sowie der Freundes- und Bekanntenkreis mit der neuen Disc eingedeckt werden, dann wählen Sie im Feld *Kopien* gleich die benötigte Anzahl aus.

7 Sehen Sie hinter der Bezeichnung *Status* die Anzeige *Bereit*, liegt bereits ein Rohling im Laufwerk. Anderenfalls sollten Sie das an dieser Stelle nachholen.

8 Im Listenfeld *Vorgaben* überzeugen Sie sich noch, ob Sie den richtigen *TV-Standard* gewählt haben. Für den europäischen Raum sollte es schon PAL sein.

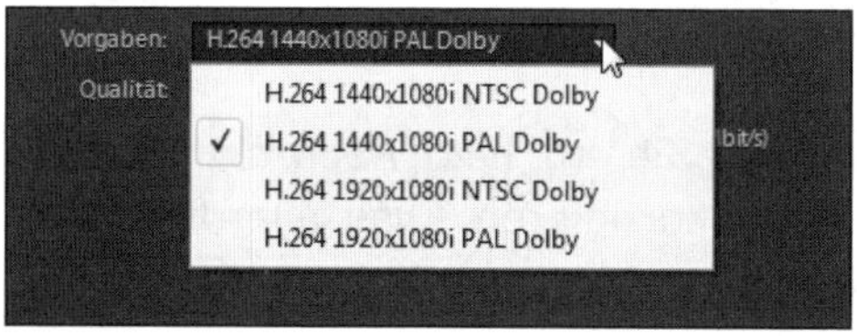

Abb. L8.28: Wählen Sie den TV-Standard

9 Im Bereich *Qualität* können Sie den benötigten Speicherplatz entnehmen und gegebenenfalls durch Deaktivieren des Kontrollkästchens *Inhalte an verfügbaren Platz anpassen* korrigieren.

Abb. L8.29: Stellen Sie die gewünschte Qualität ein

Dabei sollten Sie allerdings bedenken, dass mit einer Verringerung in jedem Fall auch ein Qualitätsverlust einhergeht.

Dann geht es endlich los.

TIPP

Doch bevor es wirklich losgeht, sollten Sie sich klar sein, dass das Aufzeichnen von Video- und Audio-Ausgaben auf die Disc mehrere Stunden dauern kann. In dieser Zeit können Sie Ihren Rechner nicht benutzen, da die gesamte Kapazität zum Brennen benötigt wird. Da dieser Vorgang im Regelfall für eine (ausgedehnte) Kaffee- oder Teepause zu lang ist, sollten Sie das Brennen auf einen Zeitpunkt legen, an dem der Rechner nicht mehr benutzt wird.

10 Ist das der Fall, klicken Sie auf die Schaltfläche *Aufzeichnen*.

Der Aufzeichnungsvorgang beginnt und Premiere Elements kodiert nun zunächst Ihre Daten bevor sie auf die Disc kopiert werden.

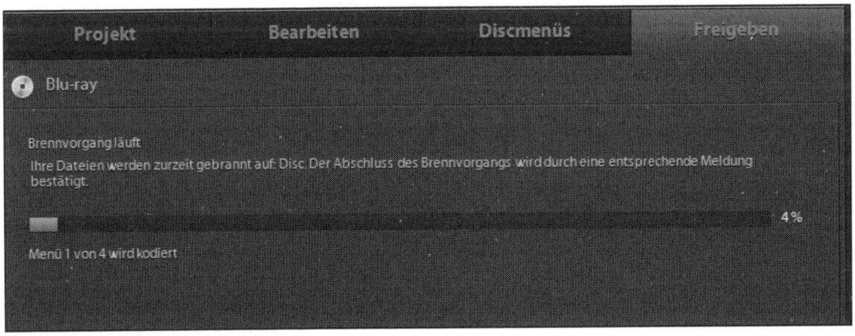

Abb. L8.30: Der Vorgang läuft

Anschließend wird die Disc aufgezeichnet.

Ist der Vorgang abgeschlossen, fährt das Laufwerk aus und Sie können die Disc entnehmen und auf Ihrem Player abspielen.

11 Abschließend müssen Sie noch den Hinweis mit einem Klick auf *Fertig* bestätigen, um weiter arbeiten zu können.

Online

Möchten Sie Ihre Videos auf Websites für die gemeinsame Videonutzung hochladen? Mit Premiere Elements geht das spielend.

1 Wechseln Sie in den Arbeitsbereich *Freigeben*.

2 Klicken Sie dort auf den Link *Online*.

Abb. L8.31: Für den Einsatz auf Websites vorbereiten

Gegenwärtig besteht nur die Möglichkeit, das Video direkt nach YouTube und Facebook hochzuladen.

3 Wählen Sie im ersten Fall im Listenfeld *Vorgaben* den gewünschten Standard aus.

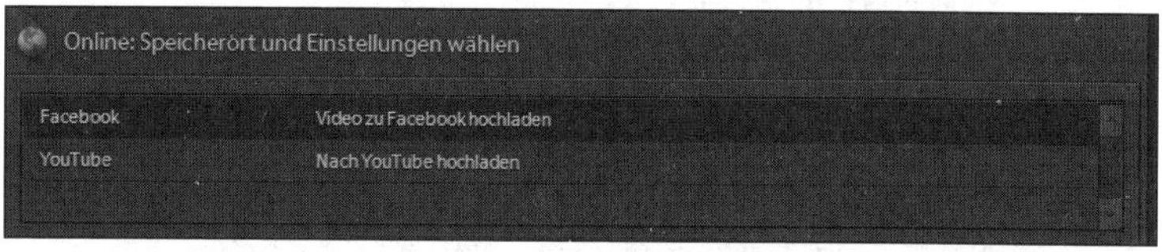

Abb. L8.32: Wer bekommt Ihren Film?

4 Wählen Sie als Nächstes aus den *Vorgaben* die gewünschte Qualität aus.

5 Klicken Sie dann auf die Schaltfläche *Nächste*.

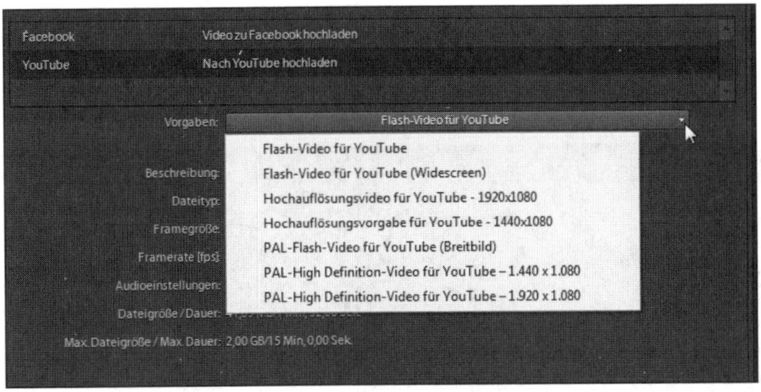

Abb. L8.33: Welche Qualität darf es sein?

Im folgenden Dialogfenster benötigen Sie Ihre YouTube-Kontendaten.

6 Sind Sie bereits registriert, dann tragen Sie Ihre Mitgliedsdaten in die Felder *Benutzername* und *Kennwort* ein.

> **TIPP**
> Sind Sie (noch) kein YouTube-Mitglied, dann können Sie rasch über den Link *Jetzt registrieren* auf die Anmeldeseite von YouTube gelangen.

7 Klicken Sie auf die Schaltfläche *Nächster*, um die erforderlichen Angaben zu machen.

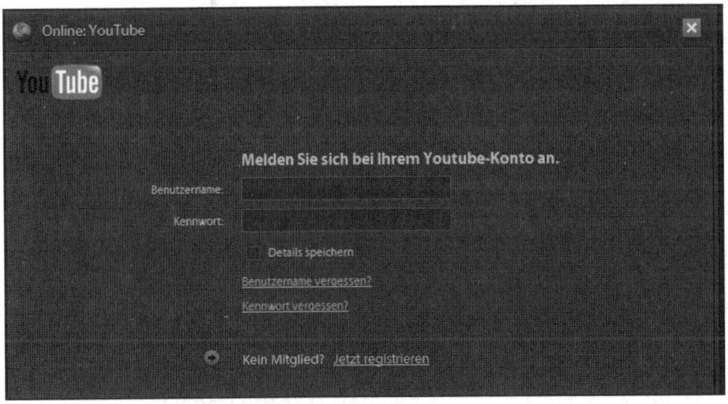

Abb. L8.34: Ihre YouTube-Kontendaten bitte!

Im folgenden Dialogfenster müssen Sie ein paar Angaben zu dem Video machen. Dabei sind Felder, die mit einem Sternchen gekennzeichnet sind, auszufüllen.

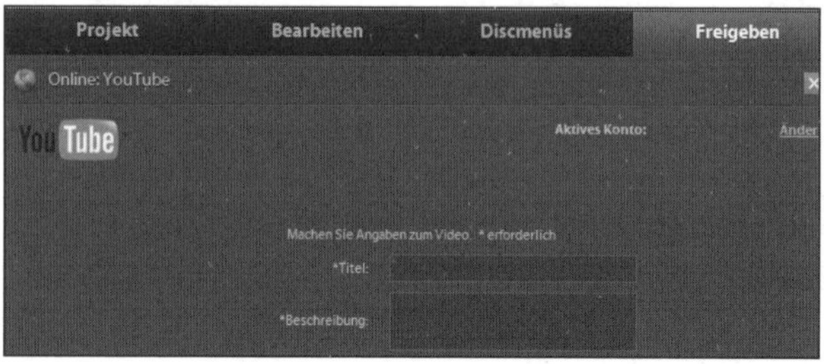

Abb. L8.35: Machen Sie Ihre Angaben

8 Tragen Sie also einen *Titel* und eine *Beschreibung* ein.

9 Danach sollten Sie den Eintrag in *Tags* ändern.

Diese Stichwörter helfen dann später das Video leichter auszumachen.

10 Danach wählen Sie im Listenfeld *Kategorie* eine für das Video passende aus.

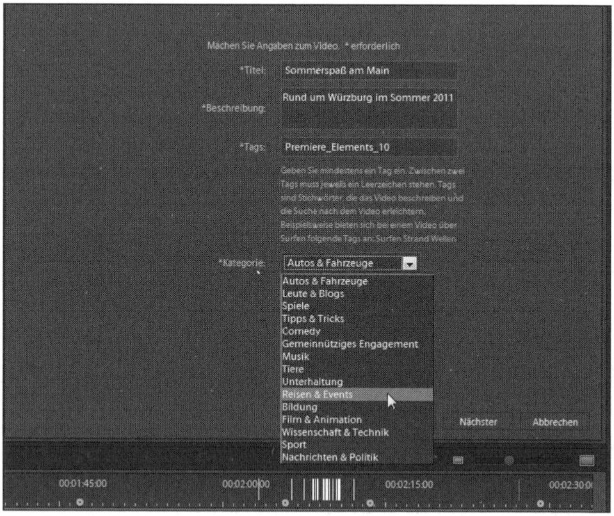

Abb. L8.36: Wählen Sie eine Kategorie

11 Mit einem erneuten Klick auf die Schaltfläche *Nächster*, kommen Sie ins letzte Dialogfenster.

In diesem müssen Sie entscheiden, ob eine öffentliche Anzeige des Videos gewünscht und möglich ist.

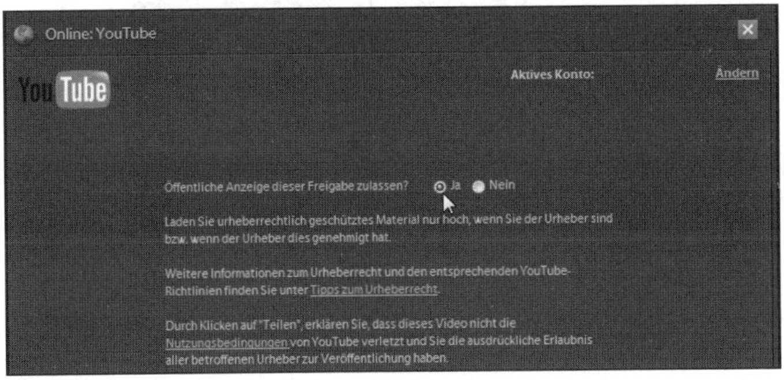

Abb. L8.37: Soll das Video öffentlich zugänglich sein?

12 Abschließend klicken Sie auf die Schaltfläche *Teilen*.

Zunächst wird das Video gerendert.

Abb. L8.38: Die Medien werden gerendert

Und dann beginnt der Upload. Der Fortschritt und die vermutliche Dauer werden Ihnen dabei – ständig aktualisiert – angezeigt.

Abb. L8.39: Der Upload-Vorgang läuft

Ist der Vorgang abgeschlossen, erhalten Sie entsprechende Hinweise.

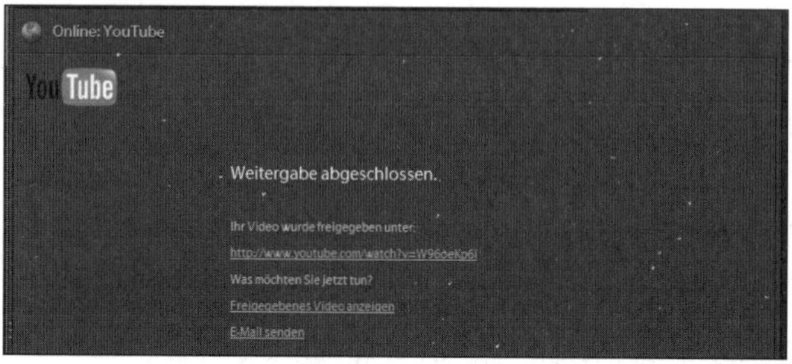

Abb. L8.40: Es hat geklappt

13 Möchten Sie das Video gleich einmal anschauen, dann klicken Sie auf den Link *Ihr Video wurde freigegeben unter*.

Premiere Elements startet Ihren Browser, verbindet Sie mit der YouTube-Seite und schon können Sie Ihr Video online genießen.

Abb. L8.41: Das Video bei YouTube

14 Mit einem Klick auf die Schaltfläche *Fertig* schließen Sie in Premiere Elements dann die Arbeiten ab.

Computer

Damit man die Videos auf anderen Rechnern einsetzen kann, müssen sie in einem anderen Format gespeichert werden. Das bedeutet, dass der im Schnittfenster erstellte Videoclip zunächst exportiert werden muss, damit er als eigenständige Videodatei zur Verfügung steht und Sie diese auf andere Datenträger und Plattformen übertragen können.

1 Wechseln Sie in den Arbeitbereich *Freigeben*.

2 Klicken Sie auf die Schaltfläche *Computer*.

Abb. L8.42: Das Video auf die Festplatte sichern

Im folgenden Dialogfenster können Sie zunächst das bevorzugte Dateiformat wählen.

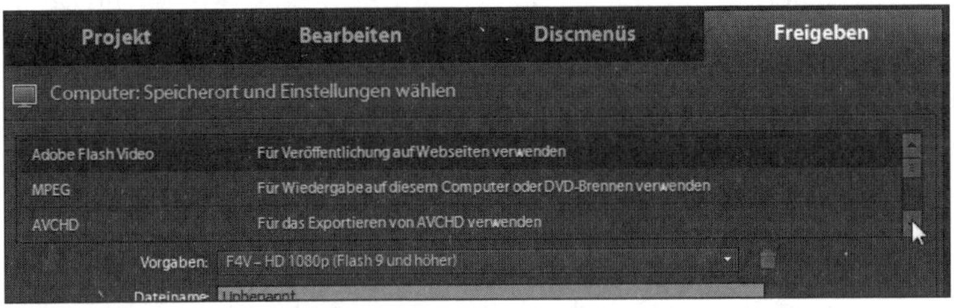

Abb. L8.43: Wählen Sie das gewünschte Dateiformat

3 In dieser Liste können Sie folgende Formate auswählen:

Adobe Flash Video

- *Adobe Flash Video*: Hierbei handelt es sich um ein Format für Veröffentlichungen auf Webseiten. In der Liste finden Sie die möglichen *Vorgaben*.

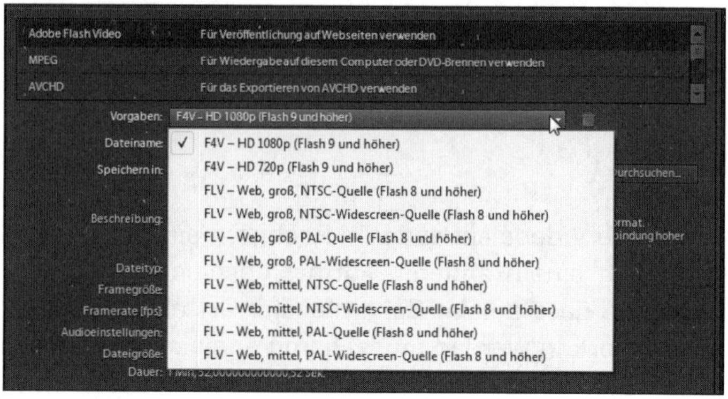

Abb. L8.44: Flash für alle Fälle

MPEG

- *MPEG*: Dieses Format nimmt nicht zuletzt im Hinblick auf das Internet zunehmend eine bedeutende Stellung ein, denn das Dateiformat MPEG (*Motion Picture Experts Group*) bietet eine sehr effiziente Komprimierung von Videodateien. Im MPEG-Verfahren erstellte Dateien zeichnen sich dadurch aus, dass sie stark komprimiert werden können. Es handelt sich hierbei um ein zeitliches Kompressionsverfahren, das einen Videostrom nicht als einzelne Frames betrachtet, sondern als Veränderungen an den jeweiligen Bildern. Da sich im Allgemeinen zwei aufeinander folgende Frames nur geringfügig unterscheiden, speichert und komprimiert MPEG zunächst nur ein Bild vollständig ab. Dieses wird *I-Frame* genannt, was von der Bezeichnung *Index* herrührt. Bei den nächsten Bildern (den so genannten *B*- und *P*-Frames) werden nur die Änderungen vermerkt, die auf dem Bild bzw. zwischen den Bildern stattfinden. Das bedeutet auf der einen Seite, dass dadurch eine deutliche Speicherplatzreduzierung stattfindet, auf der anderen Seite neigen MPEG-Dateien jedoch infolge der fehlenden Bildinformationen dazu, bei Bildern mit starken Bewegungen Bildfehler in Form von »Klötzchen« zu produzieren.

Ein Blick in die Liste *Vorgaben* zeigt Ihnen, dass dieses Format eine Reihe an Optionen bereit hält.

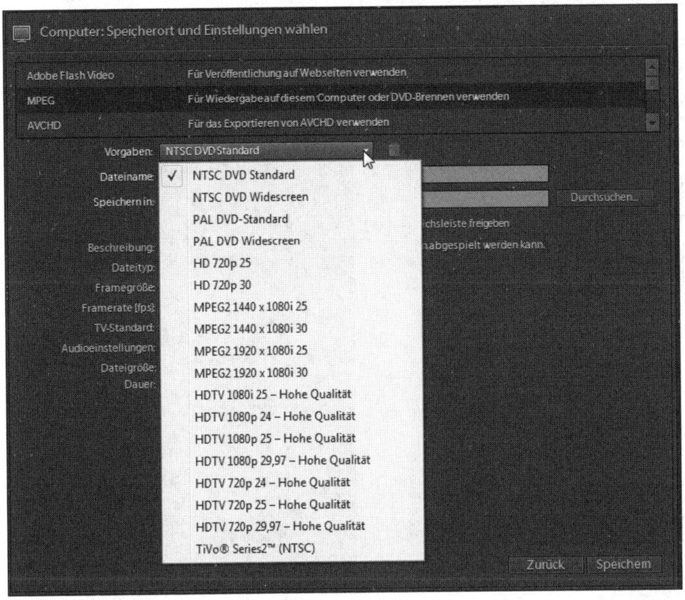

Abb. L8.45: Die Vorgaben des MPEG-Formates

- Das Komprimierungsverfahren der Firmen Panasonic und Sony ist der Aufzeichnungsstandard für HD-Videos auf Speicherkarten, DVDs oder Festplatten und wird mittlerweile von fast allen namhaften Firmen zur Speicherung eingesetzt. Bei der HDTV-Aufzeichnung werden die Bilder im hochauflösenden Format 1280 * 720 Pixel (als progressiver Scan oder 720p bezeichnet) oder gar mit 1920 * 1080 Pixel (1080i für Interlace bzw. 1080p für progressive Scan) gespeichert. Bei HDTV wird das AVC / MPEG-4-Format verwendet. **AVCHD**

  Im Listenfeld *Vorgaben* finden Sie die am häufigsten verwendeten Formate zur Auswahl.

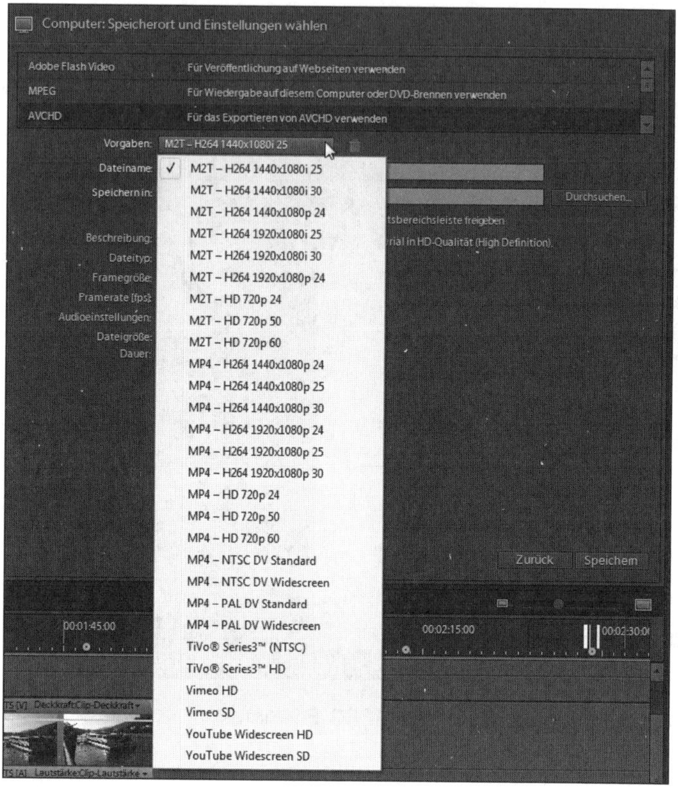

Abb. L8.46: Vorgaben des AVCHD-Formats

AVI

- *AVI*: Die Abkürzung steht für *Audio Video Interleave* und bedeutet so viel wie paralleles Audio und Video. Es handelt sich hierbei um kombinierte Audio- und Videodateien, die sich mit der Medienwiedergabe unter Windows abspielen lassen. Unter dem Betriebssystem Windows tragen die Videodateien meist die Endung **.avi*. Maximal sind in diesem Format 4 GB adressierbar (siehe Abbildung L8.47).

Windows Media

- *Windows Media* ist ein Format, das stark im Kommen ist und durch sehr gute Kompressionsraten glänzt. Deshalb eignet es sich insbesondere für den Interneteinsatz (siehe Abbildung L8.48).

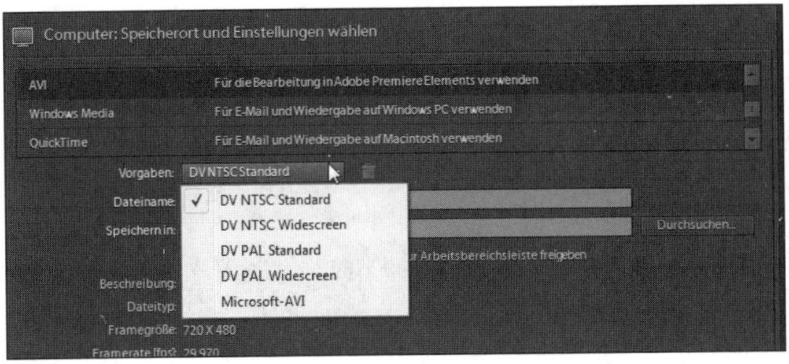

Abb. L8.47: Die Vorgaben des AVI-Formates

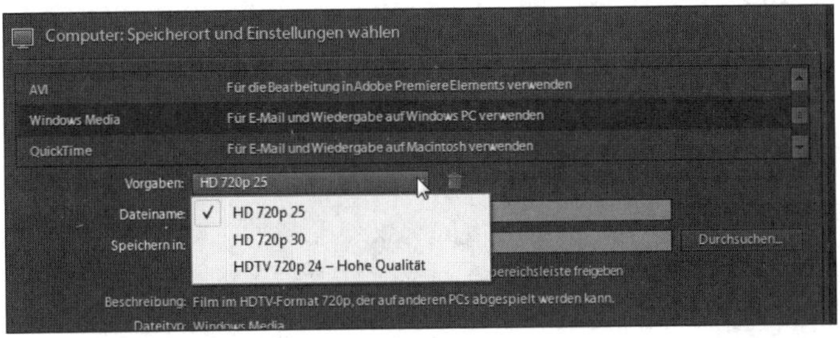

Abb. L8.48: Die Vorgaben des Windows-Media-Formats

- In der Liste *Vorgaben* finden Sie die entsprechenden Optionen, wenn Sie mit der Bildlaufleiste etwas nach unten scrollen. Welches Sie verwenden, hängt auch von dem installierten Code und der gewünschten Kompression und dem Einsatzzweck ab. So lassen sich Videos für den DSL-Einsatz, aber auch für die Pocket PCs erstellen.
- *QuickTime*: Wenn Sie einen Mac-kompatiblen Film erzeugen wollen, ist die Option *QuickTime* die richtige Wahl. Zum Lieferumfang von Premiere Elements gehört QuickTime allerdings nicht mehr. Damit Sie solche Dateien erstellen können, muss QuickTime aber auf Ihrem Rechner installiert sein. **QuickTime**

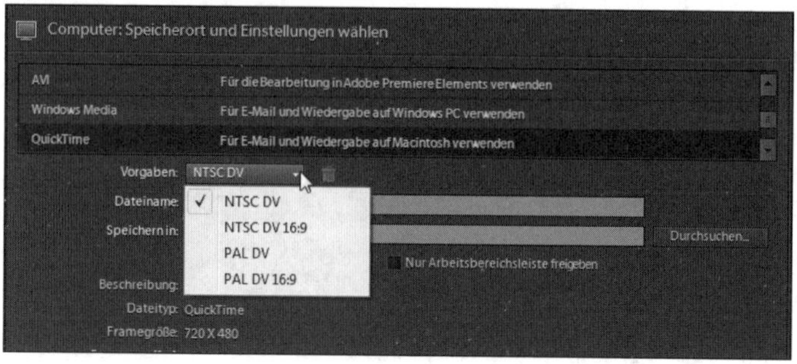

Abb. L8.49: Die Optionen des QuickTime-Formates

Bild

- *Bild*: Bei dieser Wahl können Sie aus dem Videofilm eine Reihe von statischen oder animierten Bilderner erstellen.

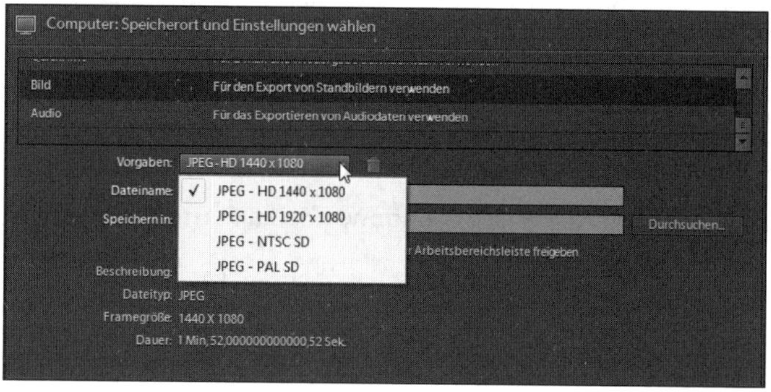

Abb. L8.50: Die Einstellungen für das *Bild*-Format

Audio

- *Audio*: Möchten Sie lediglich den Ton speichern, dann können Sie über das Listenfeld *Vorgaben* die Qualität festlegen.

4 In allen Fällen wählen Sie zunächst das gewünschte Format aus (siehe Abbildung L8.51).

5 Anschließend vergeben Sie im Feld *Dateiname* eine aussagekräftige Bezeichnung ein.

6 Gegebenenfalls ändern Sie noch im Feld *Speichern in* mit Hilfe der Schaltfläche *Durchsuchen* den Speicherort.

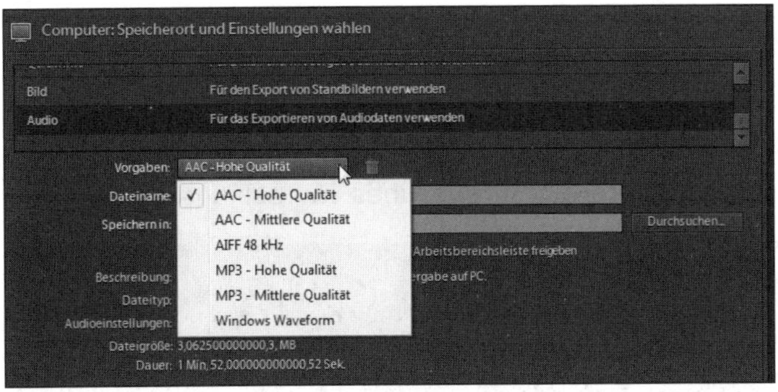

Abb. L8.51: Welches Audioformat wünschen Sie?

7 Für Experten besteht durch Anklicken der Schaltfläche *Erweiterte Einstellungen* die Möglichkeit, die einzelnen Formate noch genauer auszuführen. Im Regelfall wird das aber nicht nötig sein.

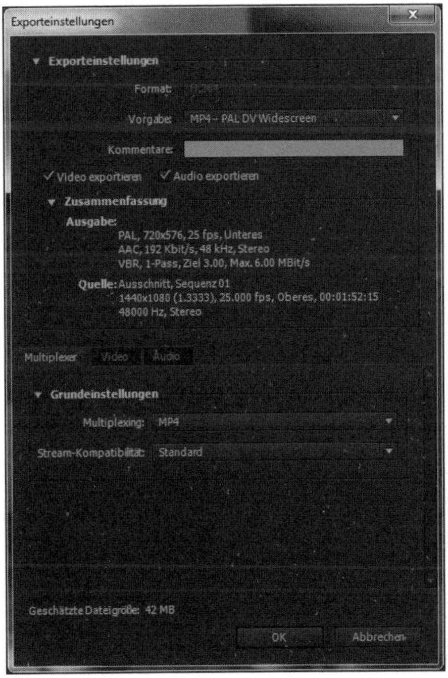

Abb. L8.52: Die weiteren Optionen einstellen

8 Haben Sie alle An- und Eingaben vorgenommen, können Sie den Speichervorgang mit einem Klick auf die Schaltfläche *Speichern* starten.

Premiere Elements macht sich nun an die Arbeit und zeigt Ihnen den Fortschritt mit Hilfe eines Laufbalkens an.

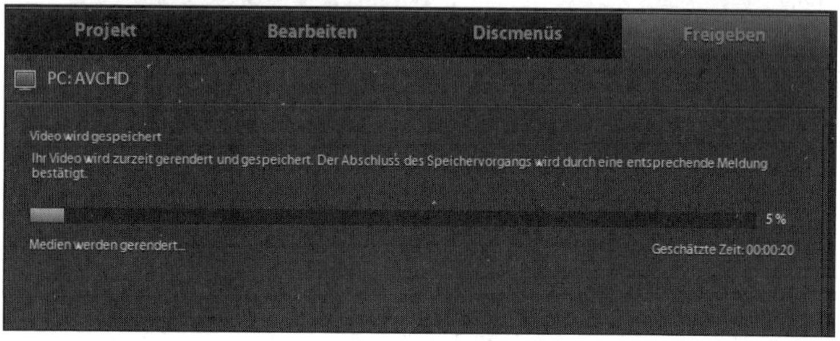

Abb. L8.53: Es geht voran

Ist der Vorgang erfolgreich abgeschlossen, erhalten Sie eine entsprechende Meldung und können nun die Videodatei zu den vorgesehenen Zwecken einsetzen.

9 Mit einem Klick auf Fertig schließen Sie die Arbeiten ab.

Mobiltelefone und Player

Mit Premiere Elements können Sie Ihre Videos auch für das Abspielen auf Mobiltelefonen oder Playern aufbereiten.

1 Klicken Sie im Arbeitsbereich *Freigeben* auf die Schaltfläche *Mobiltelefone und Player*.

Abb. L8.54: Mobiltelefon oder Player?

2 Am veränderten Arbeitsbereich wählen Sie zunächst das gewünschte Medium aus.

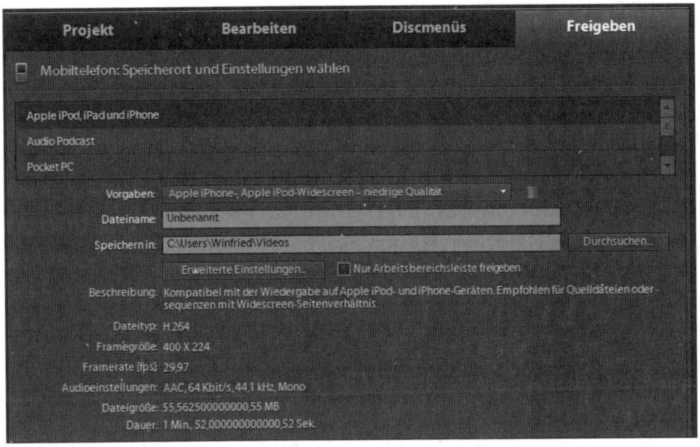

Abb. L8.55: Welches Medium soll es sein?

3 Anschließend nehmen Sie noch Qualitätseinstellungen im Listenfeld *Vorgaben* vor, tragen eine Bezeichnung ins Feld *Dateiname* und ändern gegebenenfalls im Feld *Speichern* in den Speicherort.

4 Abgeschlossen wird die Dateierstellung durch einen Klick auf die Schaltfläche *Speichern*.

Im Speicherort finden Sie nun die entsprechende Datei, die Sie nur noch auf Ihr Medium übertragen müssen bzw. in dem entsprechenden Player abspielen können.

TIPP

Wenn Sie die Schaltfläche *Als Schnellfreigabe speichern* betätigen, wird die Datei danach in der Liste *Schnellfreigabe* aufgeführt und kann mit einem Klick verteilt werden.

5 Mit einem Klick auf *Fertig* beenden Sie die Arbeiten.

Band

Vielleicht möchten Sie ein Projekt wieder auf das (Video-) Band zurückspielen? Diese Ausgabeform ist deshalb so praktisch, weil Sie fast überall einen Fernseher und/oder Videorekorder zum Abspielen Ihres Films finden werden und diesen somit auch Menschen zur Verfügung stellen können, die mit Computern »nichts am Hut« haben.

Mit Premiere Elements können Sie direkt vom Computer auf das Videoband aufzeichnen. Dabei muss im einfachsten Fall lediglich das Video im Schnittfenster abgespielt und gleichzeitig von einem angeschlossenen DV-Camcorder oder Videorekorder aufgenommen werden.

Die Ausgabe auf ein DV-Gerät (Cam- oder Videorekorder) erfordert lediglich eine funktionstüchtige IEEE-1394-Steckverbindung mit der Videoaufnahmekarte Ihres PCs.

1 Wechseln Sie in den Arbeitsbereich *Freigeben*.

2 Klicken Sie auf die Schaltfläche *Band*.

Abb. L8.56: Auf das Band zurückspielen

Gegebenenfalls kommt der Hinweis, dass kein Aufnahmegerät angeschlossen ist.

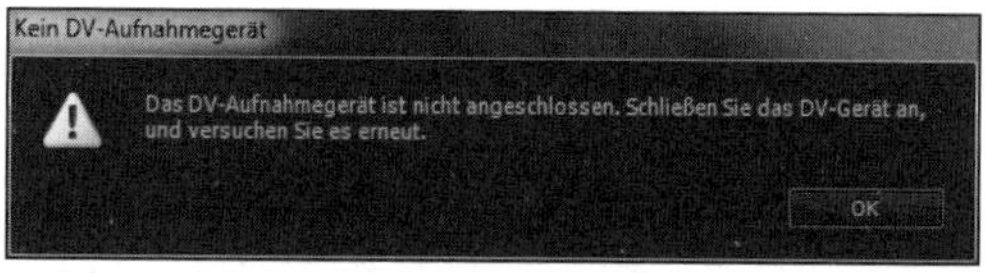

Abb. L8.57: Die Kamera ist nicht bereit

3 Schließen Sie dieses Hinweisfenster mit *OK*.

4 Schalten Sie das Aufnahmegerät ein und stellen Sie es auf *Play* (oder VCR-Modus).

5 Klicken Sie erneut auf die Schaltfläche *Band*.

Sie erhalten das Dialogfenster *Auf Band ausgeben*, in welchem Sie die eine oder andere Einstellung vornehmen können.

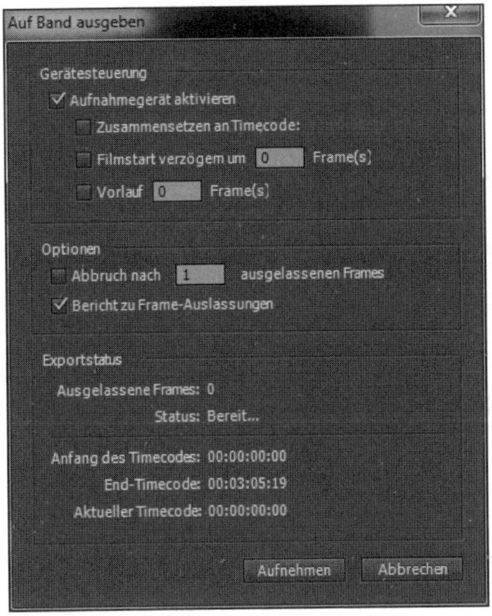

Abb. L8.58: Die Optionen für die Kameraaufnahme

Beispielsweise können Sie das Anlaufen des Films verzögern, indem Sie einen entsprechenden Wert eintragen, oder bestimmen, dass bei einer bestimmten Anzahl von ausgelassenen Frames die Aufnahme abgebrochen wird.

Im Regelfall werden Sie allerdings nur darauf achten, dass die richtige Stelle des Aufnahmebeginns beim Kontrollkästchen *Zusammensetzen an Timecode* eingestellt ist.

6 Zeigen Sie auf die gepunktete Linie und ziehen Sie den Regler auf den gewünschten Wert.

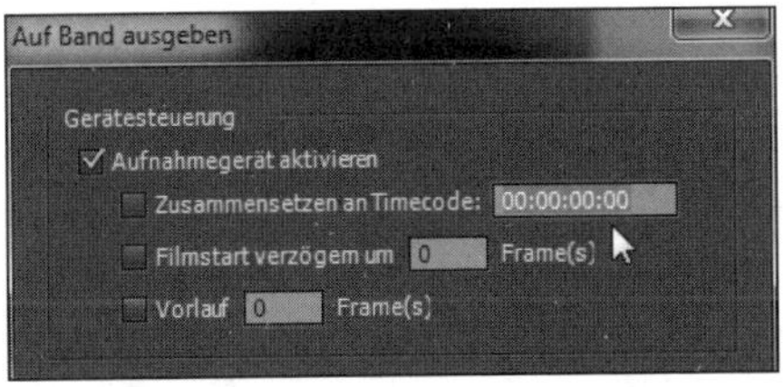

Abb. L8.59: Den Timecode korrigieren

7 Mit einem Klick auf die Schaltfläche *Aufnehmen* geht es los.

Premiere Elements rendert zunächst das Video. Die Dauer dieses Vorgangs kann einige Zeit in Anspruch nehmen.

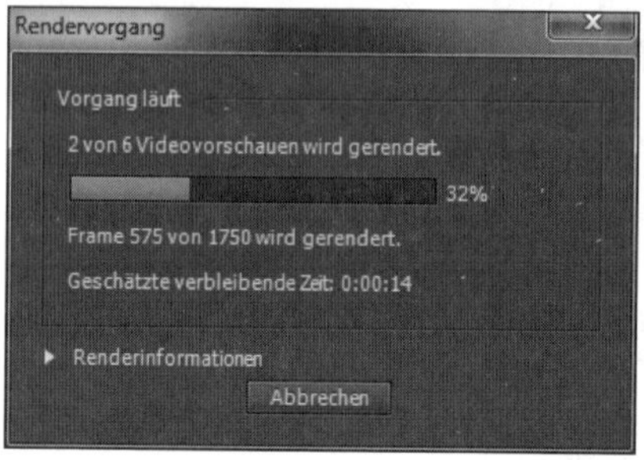

Abb. L8.60: Haben Sie etwas Geduld!

Dann startet Premiere Elements die Aufnahme an Ihrem Camcorder und überträgt die Daten. Die Aufnahme selbst können Sie an dem Monitor der Kamera verfolgen.

Auf dem Premiere Elements-Bildschirm sehen Sie im unteren Bereich des Dialogfensters *Auf Band ausgeben* den *Aktuellen Timecode*, der sich synchron zu der *Marke für die aktuelle Zeit* mitbewegt.

Den fertigen Film sehen Sie nur auf dem Bildschirm Ihres Camcorders.

Hat alles geklappt, erhalten Sie zum Abschluss des Überspielvorgangs an dieser Stelle ein Hinweisfenster, welches Ihnen mitteilt, ob die Aufnahme erfolgreich war.

8 An dieser Stelle können Sie das Fenster Auf Band aufnehmen mit *Schließen* verlassen und den Film nun auf Ihrer Kamera oder dem angeschlossenen Monitor genießen.

Teil II: Üben

Ü1 Übungen zu Kapitel L1

1 Erläutern Sie die grundlegende Abfolge der Arbeiten mit Premiere Elements!

Zunächst muss man die Videodaten auf die Festplatte einlesen. Dann werden die Dateien bearbeitet, was im Wesentlichen aus Kürzen oder Teilen besteht. Anschließend werden die einzelnen Szenen angeordnet. Und schließlich erfolgt die Ausgabe in eine neue Videodatei, auf ein Videoband oder auf eine Disc (CD, DVD oder Blu-ray-Disc)

2 Besteht zwischen Firewire und IEEE 1394 ein Unterschied?

Nein. Ob IEEE 1394, Firewire oder i-Link, alle meinen dasselbe. Ursprünglich von der Firma Apple unter dem Namen *Firewire* entwickelt, wurde der Anschluss international unter der Bezeichnung *IEEE 1394* genormt. Die Firma Sony ließ sich dann wiederum für ihre Kamerasteuerung über diesen Anschluss die Markenbezeichnung *i-Link* eintragen.

3 Welche zwei Fernsehnormen können mit Premiere Elements bedient werden und worin liegen die Unterschiede?

PAL und NTSC. Das erste Format wird hauptsächlich in Europa verwendet, während das zweite Format vornehmlich in Nord- und Südamerika, Japan, Südkorea und Taiwan zu Hause ist.

4 Welche drei Schaltflächen prägen den Startbildschirm von Premiere Elements? Welche Bedeutung haben diese?

Die Schaltflächen *Organisieren*, *Neues Projekt* und *Projekt öffnen*. Mit der ersten Schaltfläche startet man das Verwaltungsmodul *Elements Organizer*, mit dem man die gesamte

Video- wie auch Bildersammlung wunderbar verwalten kann. An einem zentralen Ort wird dabei die gesamte Video- und Fotosammlung angezeigt. Zudem kann man in Sekundenschnelle über Stichwort-Tags Videos und Bilder wiederfinden und diese auf vielfältige Art und Weise organisieren. Mit der zweiten Schaltfläche *Neues Projekt* startet man das eigentliche Programm, das Modul *Premiere Elements Editor*, mit dem die Videos bearbeiten werden. Möchten Sie zu einem späteren Zeitpunkt die Arbeit wiederaufnehmen, dann kommt die Schaltfläche *Projekt öffnen* zum Einsatz, mit der man schnell Zugriff auf alle bislang gesicherten Projekte hat.

5 Wie beendet man die Arbeiten mit Premiere Elements?

Wenn man sich im Startbildschirm, im Organizer oder Editor befindet, ganz einfach mit einem Klick auf die *Schließen*-Schaltfläche. Im Organizer bzw. Editor kann man darüber hinaus den Weg über die Menüfolge *Datei / Beenden* oder noch schneller durch Betätigen von [Strg] + [Q] und natürlich das übliche *Schließen*-Feld wählen.

6 Wer hilft bei Problemen?

Wenn man wirklich mal nicht weiter weiß, dann kann man über das Menü *Hilfe / Adobe Premiere Element-Hilfe* (oder schneller über [F1]) die Hilfefunktion aufrufen.

Ü2 Übungen zu Kapitel L2

1 Zählen Sie die Schrittfolge auf, die beim Anlegen eines Projektes erforderlich ist.

Zuerst startet man den *Premiere Elements Editor*. Im folgenden Dialogfenster *Neues Projekt* trägt man im Feld *Name* einen Projektnamen ein und im Feld *Speichern in* übernimmt man entweder den vorgegebenen Speicherplatz oder stellt mit Hilfe des Dialogfensters, welches man nach Anklicken der Schaltfläche *Durchsuchen* erhält, den gewünschten Speicherplatz ein. Gegebenenfalls ändert man noch die vorgegebenen Projekteinstellungen. Im Projektfenster klickt man zum Abschluss auf *OK*.

2 Welche Bezeichnung tragen die vier Arbeitsbereiche von Premiere Elements?

Die vier Arbeitsbereiche tragen die Bezeichnung *Organisieren*, *Bearbeiten*, *Discmenüs* und *Freigeben*.

3 Was ist der Unterschied zwischen einer (H)DV-Kamera und einem AVCHD Aufnahmegerät?

Hat man eine DV oder HDV-Kamera angeschlossen, also eine Kamera, die auf Kassetten speichert, so muss man sich zunächst den Aufnahmeoptionen widmen. Etwas anders verläuft der Import bei einem AVCHD Aufnahmegerät, also einem, das eine bandlose Aufzeichnung auf digitale Datenträger vornimmt. Hier müssen Sie lediglich nach dem Einschalten der Kamera im Dialogfenster *Video-Importer* die einzulesenden Videoclips auswählen.

4 **Wie überträgt man einen Videoclip von der Kamera ins Programm?**

Als Erstes klickt man im Bereich Organisieren auf die Schaltfläche *Medien abrufen*. Dadurch erhält man eine Übersicht der Geräte, von denen man Videodaten importieren kann. Hier sucht man sich das Gerät aus, welches die Videos enthält und setzt einen Klick auf die entsprechende Schaltfläche.

5 **Wie startet man eine Aufnahme von der Kamera zur Festplatte?**

Man klickt im Monitorfenster auf die Schaltfläche mit dem roten Punkt. Diese trägt die treffende Bezeichnung *Video auf Festplatte überspielen*.

6 **Was befindet sich im Arbeitsbereich Medien?**

Der Arbeitsbereich *Medien* ist die zentrale Schaltstelle beim Arbeiten mit Premiere Elements, denn hier werden alle Bestandteile des Videoprojekts verwaltet. Im diesem Fenster befinden sich alle Originalclips, die für ein Projekt aufgenommen bzw. in ein Projekt importiert wurden, auch wenn diese im aktuellen Projekt gar nicht verwendet werden. Genauer gesagt werden hier Verweise auf die Clips abgespeichert, über die man stets Zugriff darauf hat. Dazu wird jeder Clip mit einem Vorschaubild angezeigt. Zusätzlich kann man sich weitere Informationen anzeigen lassen, wie beispielsweise den Dateinamen, den dazugehörigen Tag und/oder die Bewertung.

7 **Beschreiben Sie kurz die Vorzüge des Schnittfensters.**

Das *Schnittfenster* bietet eine schematische und zeitliche Ansicht Ihres Videos einschließlich aller Video-, Audio- und Überlagerungsspuren.

8 Was versteht man unter der Marke?

Kennzeichnend im Schnittfenster ist die so genannte *Marke*, also die Zeitleiste, am oberen Rand, die mit dem Wert 00:00:00:00 beginnt und damit den Anfang Ihres Videos definiert.

Ü3 Übungen zu Kapitel L3

1 Was ist der Organizer?

Die Videos, wie auch die anderen Mediadateien, werden in Premiere Elements über den so genannten *Elements Organizer*, kurz Organizer genannt, verwaltet. In diesem finden Sie alle Videos in Form einer kleinen Vorschaugrafik nebst Datum der Aufnahme aufgelistet.

2 Wie gelangt man an das Bewertungssystem des Organizers?

Klicken Sie im Organizer das Kontrollkästchen *Details*.

3 Wie nimmt man die Bewertung eines Videos vor?

Um eine Bewertung vorzunehmen, muss man lediglich mit der Maus über die gewünschte Anzahl von Sternchen fahren, die dadurch gefärbt werden.

4 Wie kann man das Vorschaubild des Video in der Vollansicht betrachten?

Indem man auf die Schaltfläche *In Vollbildansicht anzeigen, bearbeiten und organisieren* klickt oder ganz einfach die Schaltfläche [F11] drückt.

5 Welche zwei Bedienfelder werden in der Vollansicht eingeblendet?

In der Vollansicht werden zum einen das Bedienfeld *Schnell bearbeiten,* mit denen Sie die wichtigsten Korrekturen am Vorschaubild vornehmen können, und zum anderen das Bedienfeld *Schnell organisieren,* mit denen Sie die Videos sofort verwalten können, eingeblendet.

6 Welche Bedeutung haben die Stichwort-Tags?

Die Stichwort-Tags können eine spätere umständliche Suche ungemein erleichtern. Mit diesen werden nämlich die Videos nach Kategorien unterteilt und so lassen sich später alle markierten Bilder themenbezogen schneller auffinden. Konkret handelt es sich um benutzerdefinierte Stichwörter wie »Kinder« oder »Urlaub«, die man den Videos zuweist, um sie zu ordnen. Wenn man Stichwort-Tags verwendet, muss man die Clips nicht von Hand in themenspezifische Ordner sortieren oder die Dateien entsprechend ihrem Inhalt umbenennen.

7 Was benötigt man für die Vergabe der Stichwort-Tags und wie findet man es gegebenenfalls?

Alles, was man für das Erstellen solcher Stichwörter benötigt, findet man im Bedienfeld *Stichwort-Tags* auf der rechten Seite. Ist es nicht sichtbar, kann man es über die Menüfolge *Fenster / Aufgabenbedienfeld einblenden* sichtbar machen.

8 Wie weist man einem Clip ein Stichwort-Tag zu?

Indem man das Tag einfach auf das betreffende Vorschaufoto zieht.

9 Was hat es mit den intelligenten Tags auf sich?

Durch intelligente Tags kann man nach Videos anhand von Qualität und Inhalt suchen. Zudem kann man auf diese Weise die am besten geeigneten Clips bestimmen und ungeeignetes Material (z. B. verschwommene, verwackelte oder dunkle Aufnahmen) für die spätere Bearbeitung aussortieren.

10 Wie findet man am Schnellsten ein Foto, wenn man nur weiß, wann man es ungefähr geschossen hat?

Man ruft die Menüfolge *Fenster / Zeitleiste* auf, um die Zeitleiste einzublenden. In dieser kann man die verschiedenen zeitlichen Perioden einstellen und so ein Video anhand des Datums ausmachen.

Ü4 Übungen zu Kapitel L4

1 Kann man ein bereits angelegtes Projekt erneut aufrufen?

Ja. Im Startbildschirm klickt man auf die Schaltfläche *Projekt öffnen* und wählt das gewünschte Projekt aus.

2 Welche Endung tragen Projektdateien?

*.prel.

3 Wie fügt man einen Videoclip, der sich auf dem PC befindet, einem Projekt hinzu?

Um einen Videoclip, der sich bereits auf der Festplatte befindet, einem Projekt hinzuzufügen, klickt man auf die Schaltfläche *Medien abrufen* und wählt anschließend die Schaltfläche *PC-Dateien und -Ordner*. Anschließend stellt man den Speicherort der Dateien ein, markiert den gewünschten Clip und klickt auf die Schaltfläche *Öffnen*.

4 Warum wird nach dem Importieren eines neuen bzw. mehrer neuer Clips nur dieser bzw. diese angezeigt?

Premiere Elements blendet in diesem Fall die bereits vorhandenen Clips aus. Um sie wieder sichtbar zu machen, muss man auf die Schaltfläche *Alles einblenden* klicken.

5 Wie benennt man einen Clip mit der nicht sehr aussagekräftigen Bezeichnung 20110424110210.m2ts um?

Man klickt ganz einfach auf den Text des Titels und überschreibt ihn mit der neuen Bezeichnung.

6 **Wie kann man eine bestimmte Stelle in einem Clip kennzeichnen, so dass nur noch diese abgespielt wird?**

In- und Out-Points. Hat man die Szene erreicht, in die man einsteigen möchte, klickt man auf die Schaltfläche *In-Point setzen* bzw. betätigt die Taste I. Dann spielt man den Clip weiter ab, um die Szene zu finden, an der man aussteigen möchte. Hier markiert man diese durch Klicken auf die Schaltfläche *Out-Point setzen* bzw. durch Betätigen der Taste [O].

7 **Was hat es mit dem Storyboard auf sich?**

Mit dem so genannten Storyboard kann man einen *Rohschnitt* erstellen. Insbesondere verwendet man es häufig für einen ersten Durchgang. Mit Hilfe eines Storyboards kann man ein Projekt visualisieren und planen, bevor man mit der Aufnahme beginnt. Statt Clip für Clip auf das Schnittfenster zu ziehen, kann man diesen Schritt in einem Durchgang erledigen. Auf diese Art und Weise erhält man schnell ein Ergebnis, das man später immer noch verbessern kann.

8 **Hat die Diashow etwas mit einem Diaprojektor zu tun?**

Mitnichten! Die Diashow in Premiere Elements hat beileibe nichts mit einem langweiligen Diaabend zu tun. Vielmehr ist das die Bezeichnung dafür, wie man alle markieren Clips vom Storyboard in das Schnittfenster bringt und zu einem interessanten Film mixt.

9 **Wie ordnet man Videoclips im Schnittfenster nachträglich um?**

Im Schnittfenster lassen sich Clips nach Belieben verschieben. Dazu markiert man den Clip, den man an eine andere Stelle setzen möchte, klickt mit der linken Maustaste darauf und verschiebt ihn bei gedrückter Maustaste auf derselben Spur an die Stelle, an die er gesetzt werden soll.

10 **Wie löscht man eine Lücke, die beim Umsortieren entsteht?**

Indem man mit der rechten Maustaste in die Lücke klickt und im Kontextmenü *Löschen und Lücke schließen* wählt.

11 **Sie sollen ein Standbild erstellen. Wie gehen Sie vor?**

Man klickt im Monitor-Fenster auf das Symbol *Frame einfrieren* rechts unter der Vorschau. Im Dialogfenster *Frame exportieren* klickt man auf die Schaltfläche *Exportieren* und wählt den Speicherort aus.

12 **Beschreiben Sie kurz, was ein Videoeffekt bewirkt.**

Konkret handelt es sich dabei um Funktionen, die einen Videoclip vollständig verfremden.

Ü5 Übungen zu Kapitel L5

1 Wird bei einem harten Schnitt wirklich geschnitten?

Beim *Schneiden* am Computer handelt es sich eigentlich gar nicht um einen »Schnitt«, denn die Szenen werden nicht geschnitten, sondern eher zusammengestellt. Ein Bild wechselt ohne Vorwarnung zu dem folgenden.

2 Was ist ein Spurschnitt?

Die einfachste Form eines harten Schnitts. Dabei werden die beiden Clips einfach Stoß an Stoß auf einer der beiden Spuren angeordnet.

3 Wie blendet man eine weitere Videospur ein?

Man klickt mit der rechten Maustaste auf die Spur *Video 1* und wählt im Kontextmenü den Eintrag *Spuren hinzufügen*.

4 Wie funktioniert ein Abschneider?

Man zieht den zweiten Clip auf den ersten und lässt dann die Maustaste los. Dabei wird der Clip nicht physikalisch entfernt, sondern er wird an dieser Stelle durchgeschnitten und Premiere Elements platziert den abgetrennten Clipschnipsel hinter den, den man auf den anderen gezogen hatte.

5 Was versteht man unter Trimmen?

Bei dieser Aktion wird der Originalclip nicht verändert, sondern es wird lediglich ein Teilbereich verwendet. Der nicht angezeigte Teil wird nicht abgespielt.

6 **Welches Werkzeug benötigt man zum Schneiden eines Clips?**

Die Schere (*Clip teilen*). Man findet es Sie am rechten unteren Rand des Schnittfensters.

7 **Was hat es mit dem intelligenten Zuschneidmodus auf sich?**

Falls man unerwünschte und qualitativ minderwertige Abschnitte aus einem Video entfernen möchte, kann man das mit dem intelligenten Zuschneidemodus erledigen. Dieses Werkzeug ermöglicht eine effiziente Handhabung von verschwommenen oder verwackelten Bildern bzw. schlechter Bildqualität Ihrer Videodateien. Man kann Videodateien schnell und einfach bearbeiten und Feinabstimmungen vornehmen. Dabei werden die Abschnitte eines Videos, die eine schlechte Qualität aufweisen, entsprechend zu geschnitten.

8 **Wie kann man die Clipgeschwindigkeit im Schnittfenster ändern?**

Indem man das Werkzeug *für Zeit verlängern* benutzt

9 **Was versteht man unter einem weichen Schnitt?**

Unter einem Schnitt versteht man beim Schneiden am PC den visuellen Wechsel von einem Clip zu einem anderen, d.h., der letzte Frame eines ersten Clips geht direkt in den ersten Frame des nächsten Clips über. Diesen Übergang kann man jedoch weicher gestalten, indem der Übergang nicht so abrupt erfolgt, sondern die Clips weich in einander laufen. In der Fachsprache wird die einfachste Variante als *Überblendung* bezeichnet.

10 Wie und wo bearbeitet man in Premiere Elements eine Überblendung?

Einen Effekt wie das Überblenden bearbeitet man in den *Effekteinstellungen*. Dazu führt man auf das Rechteck im Clip einen Doppelklick aus und kann dann im folgenden veränderten Arbeitsbereich *Effekteinstellungen* die Blendeneigenschaften wunschgemäß einstellen.

11 Was hat es mit den Deckkraftlinien auf sich?

Mit Hilfe der sogenannten *Deckkraftlinien* kann man die Deckkraft einstellen. Diese Linien lassen sich an den so genannten Änderungspunkten auf neue Werte ziehen und regeln so die Deckkraft der Blende.

Ü6 Übungen zu Kapitel L6

1 **Welche Möglichkeiten der Tonbearbeitung kennt Premiere Elements?**

In Premiere Elements hat man es im Regelfall mit zwei Möglichkeiten zu tun: Man bearbeitet den Originalton, der bereits beim Digitalisieren mit auf den Videofilm gespeichert wurde oder man fügt den Clips weitere Toninformationen, wie gesprochene Kommentare oder Hintergrundmusik, hinzu.

2 **Welche drei Möglichkeiten bestehen, einen Audioclip zu bearbeiten?**

Man kann einen Audioclip direkt beim Einfügen des Clips im Clipfenster, durch Anpassungen direkt im Schnittfenster oder durch Anwenden eines Audioeffekts bearbeiten.

3 **Wie fügt man eine Hintergrundmusik zu einem Projekt hinzu?**

Eine Hintergrundmusik wird auf einer eigenen Spur, die den Namen *Soundtrack* trägt, einfügt. Dazu klickt man den Soundclip mit der Maus an, um ihn zu markieren und zieht ihn dann mit gedrückter linker Maustaste auf die Audiospur.

4 **Auf welche Art und Weise kann man einen Soundclip in Premiere Elements bearbeiten?**

Zum Bearbeiten eines Soundclips stehen Ihnen zwei Wege zur Verfügung: Man arbeitet mit In- und Out-Points im Vorschau-Fenster oder schneidet ihn im Schnittfenster.

5 **Wie passt man die Lautstärke eines Hintergrundsounds an?**

Die Lautstärke kann man recht einfach über die so genannte *Keyframelinie* intuitiv bestimmen. Dazu aktiviert man das

Auswahlwerkzeug und positioniert es auf der Linie. Wenn auf der rechten Seite ein Strich mit einem Doppelpfeil erscheint, kann man die Linie durch Ziehen bei gedrückter Maustaste in die jeweilige Richtung verändern.

6 Wie geht man vor, wenn man den Clip selbst beeinflussen will?

Möchte man den Clip selbst beeinflussen wollen, bietet sich zunächst eine grundlegende Verstärkung der Lautstärke an. Durch Veränderung des Pegels kann man die Lautstärke mehrerer Clips einander angleichen oder ein zu starkes oder zu schwaches Audiosignal anpassen. Hierbei sollte man allerdings sehr vorsichtig vorgehen, denn die Erhöhung der Verstärkung kann zu Störungen oder Verzerrungen führen, wenn die Verstärkung zum Zeitpunkt der Digitalisierung des Audioclips zu niedrig eingestellt war. Um die Verstärkung für einen Clip einheitlich vorzunehmen, klickt man ihn im Schnittfenster mit der rechten Maustaste an und wählt den Eintrag *Audioverstärkung*. In dem folgenden Dialogfenster kann man nun die Eingaben vornehmen.

7 Wie blendet man die Lautstärke aus und wieder ein?

Um die Lautstärke langsam lauter ertönen zu lassen, benötigen Sie einen weiteren Griffpunkt. Dazu bewegt man die Abspielsteuerung auf die Stelle, an der die Musik die normale Lautstärke erreichen soll und klickt auf die Schaltfläche *Keyframe hinzufügen/entfernen*. Am Beginn der Strecke muss man nun einen weiteren Punkt anlegen. Dazu klickt man bei gedrückter [Strg]-Taste mit dem *Auswahlwerkzeug* an einer beliebigen Stelle auf die gelbe Linie. Und schon fügt Premiere Elements einen neuen Punkt ein. Dann zeigt man mit der Maus auf diesen Punkt und ziehen Sie ihn nach unten. Sobald man die Maustaste loslässt, ist die Anfangslautstärke verändert. Wenn man die Lautstärke erhöhen möchte, zieht man den zweiten, neuen Griffpunkt langsam nach oben.

8 Kann man einen Clip mit einem Audiokommentar versehen?

Das kann man. Dazu muss man über ein Mikrofon die Clips kommentieren. Nachdem man die Menüfolge *Fenster / Sprachkommentar* angewählt hat, kann man mit Hilfe des Dialogfensters *Sprachkommentar aufnehmen* den Kommentar aufzeichnen.

Ü7 Übungen zu Kapitel L7

1 Wo werden die Titel in Premiere Elements erstellt?

Im Arbeitsbereich *Bearbeiten* nach Anklicken der Schaltfläche *Titel*.

2 Kann man einen Titel auf die Schnelle erstellen?

Sicher. Mit Hilfe der mitgelieferten Vorlagen bekommen Sie im Arbeitsbereich *Titel* zahlreiche verschiedene Konfigurationsmöglichkeiten zur Verfügung gestellt, die Sie dann einfach per Mausklick auswählen.

3 Wie ändert man einen Titel ab?

Man tauscht den englischsprachigen Vorgabetext einfach aus. Dazu wählt man das *Textwerkzeug* auf der rechten Seite aus und markiert den Text, den man ändern möchte. Anschließend gibt man nur noch über die Tastatur den gewünschten Titel ein.

4 Wie kann man den Text optisch mit einfachen Mitteln aufpeppen?

Indem man Textstile verwendet, die den Text anders gestalten. Diese findet man im Bereich *Textstile* im Arbeitsbereich. Man muss lediglich einen dieser zahlreichen Stile per Mausklick zuweisen.

5 Beschreiben Sie kurz, wie man einen Titel selbst erstellen kann.

Zunächst wählt man im Premiere-Elements-Fenster die Menüreihenfolge *Neu / Titel* auf oder drückt gleich [F9]. Im Monitorfenster wird gleich der neue Titel nebst Werkzeugleiste angezeigt und auf einer neuen Videospur platziert. Im

Zentrum befindet sich bereits ein Textkörper, den man nach seinen Vorstellungen gestalten kann.

6 Wie bindet man einen Titel als starren Titel ein?

Um einen Titel als starren Titel einzubinden, schafft man am Anfang des Clips Platz und zieht den Clip dann einfach an diese Stelle.

7 Wie geht man vor, wenn man den Titel in den Videoclip einblenden will?

Zunächst zieht man wie gewohnt den ersten Videoclip auf die Spur *Video 1* bzw. belässt ihn dort. Dann zieht man den Titel in die Spur *Video 2*, also in die so genannte Überlagerungsspur. Sollen Titel und Video gemeinsam beginnen, zieht man ihn ganz an den linken Rand heran.

8 Wie gestaltet man Zwischentitel?

Man bewegt den Film zunächst an die Stelle, an der der Zwischentitel erscheinen soll. Dann ruft man die Menüfolge *Datei / Neu / Titel* auf oder betätigt ganz einfach [F9]. Es wird ein Textobjekt eingeblendet, das man nun nach seinen Vorstellungen überschreiben und bearbeiten kann.

9 Man muss man machen, um einen Abspann zu erstellen?

Als Erstes platziert man die *Marke für die aktuelle Zeit* hinter den letzten Clip des Films. Dann ruft man die Menüfolge *Datei / Neu / Titel* auf oder betätigt ganz einfach [F9]. Nun gestaltet man den Abspann nach seinen Vorstellungen. Ist man fertig, klickt man noch auf die Schaltfläche *Rollen/Kriechen Optionen*. Im folgenden gleichnamigen Dialogfenster kann man dann die Einzelheiten näher bestimmen.

Ü8 Übungen zu Kapitel L8

1 Welche Arbeiten werden im Arbeitsbereich *Freigeben* erledigt?

An dieser Stelle geht es darum, wie aus einem Premiere-Elements-Projekt ein fertiger Film wird. Prinzipiell besteht dabei die Möglichkeit, den fertigen Film auf eine DVD oder Blu-ray-Disc zu brennen, auf eine Website für gemeinsame Videonutzung hochzuladen, als digitale Datei auf Ihren Computer abzulegen, für die Anzeige auf einem Mobiltelefon oder anderen Geräten zu exportieren oder auf ein Videoband zu überspielen.

2 Welche Funktion hat ein Discmenü?

Ein solches Menü öffnet sich automatisch nach dem Einlegen der CD in den DVD-Player und der Betrachter kann per Mausklick auswählen, welchen Clip er sehen möchte. Diese Einträge nennt man *Kapitel* und ihr Einsatz setzt voraus, dass das DVD-Laufwerk bzw. der DVD-Player diese Funktion auch unterstützt.

3 Welche Bedeutung spielen bei einem Discmenü die Szenemarken?

Nach erfolgter Bearbeitung eines Films kann man auch eigenständig Marken zur Kennzeichnung von einzelnen Filmen, Kapiteln, Szenen und Endpunkten in der DVD hinzufügen oder auch entfernen. Diese lassen sich dann ganz einfach per Menüauswahl bzw. Mausklick ansteuern.

4 Sie möchten ein Video bei YouTube hochladen. Was müssen Sie tun?

Zu Beginn wechselt man in den Arbeitsbereich *Freigeben*. Dort klickt man auf den Link *Online*. Hier markiert man den

Link YouTube und wählt im Listenfeld *Vorgaben* den gewünschten Standard aus. Danach gibt man seine YouTube-Kontendaten ein, macht noch ein paar Angaben zum Video und entscheidet, ob es öffentlich gezeigt werden kann. Zum Schluss wird es noch auf den YouTube-Server kopiert.

5 Kann man auch bei Facebook seine Videos mit Premiere Elements platzieren?

Sicher kann man das. Man wechselt auf den Arbeitsbereich *Freigeben* und klickt dort auf den Link *Online*. Im folgenden Fenster klickt man auf *Facebook* und folgt den Anweisungen.

6 Nennen Sie ein paar Dateiformate, die Premiere Elements erstellen kann.

Adobe Flash Video, *MPEG*, *AVI*, *Windows Media*, *QuickTime*, *Bild* und *Audio*.

7 Was bedeuten die Kombinationen 720p und 1080p?

Bei der HDTV-Aufzeichnung werden die Bilder im hochauflösenden Format 1280 * 720 Pixel (das wird als Progressiver Scan oder 720p bezeichnet) oder gar mit 1920 * 1080 Pixel (hier steht 1080p für progressive Scan) gespeichert.

8 Kann man einen bearbeiteten Videoclip wieder auf das Band zurückspielen?

Aber sicher. Mit Premiere Elements kann man direkt vom Computer auf das Videoband aufzeichnen. Dabei muss im einfachsten Fall lediglich das Video im Schnittfenster abgespielt und gleichzeitig von einem angeschlossenen DV-Camcorder oder Videorekorder aufgenommen werden. Das Ganze passiert im Arbeitsbereich *Freigeben*. Dort stellt man das Aufnahmegerät (die Kamera) ein und klickt auf die Schaltfläche *Band*. Im Dialogfenster *Auf Band ausgeben* nimmt man gegebenenfalls noch ein paar Einstellungen vor, bevor man mit der Schaltfläche *Aufnehmen* dann die Aufnahme startet.

Teil III: Anwenden

A1 Anwenden

In diesem Teil soll das im ersten Teil erworbene Wissen anhand eines kleineren, komplexen, durchgängigen Praxisbeispiels angewendet und umgesetzt werden. Im Folgenden werden Sie sehen, wie die Beute eines Wochenendtripps nach Hamburg mit Premiere Elements entsprechend aufbereitet werden kann. Falls Sie keine Videos von Hamburg parat haben, wie wäre es mit einem Ausflug in Ihre Heimatstadt? Ach ja, und nehmen Sie die Kamera mit.

Viel Spaß und Erfolg!

Ein Projekt anlegen

Los geht's!

Starten Sie Premiere Elements.

1. Klicken Sie auf das Symbol *Adobe Premiere Elements 10*, das Sie auf dem Desktop finden. Alternativ klicken Sie auf die Schaltfläche *Start*, anschließend auf den Eintrag *Alle Programme* und dann folgt noch ein Klick auf das Symbol *Premiere Elements 10.*

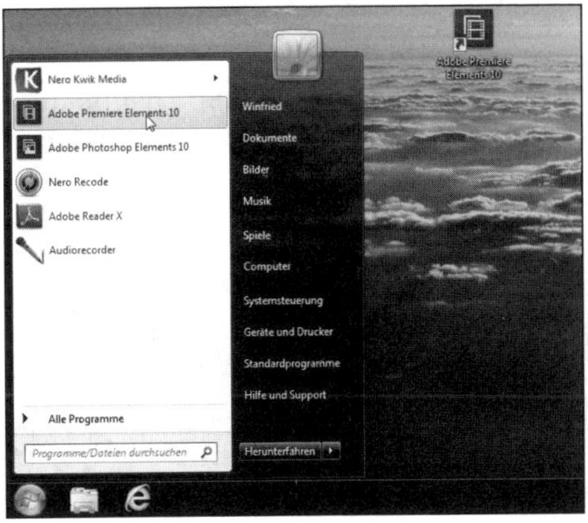

Abb. A1.1: Los geht es!

Der Startvorgang beginnt und nach einer kurzen Weile erhalten Sie den Startbildschirm.

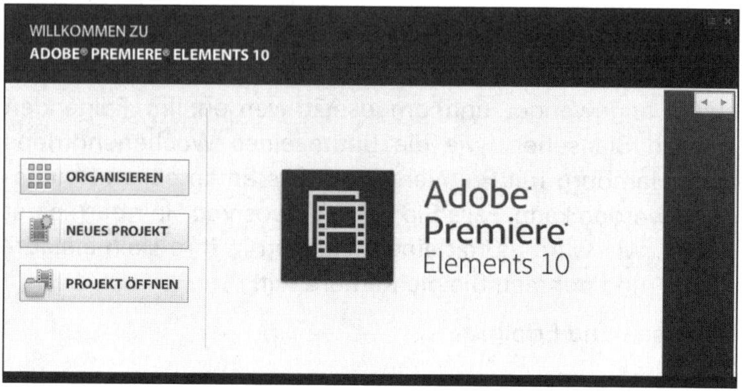

Abb. A1.2: Der Startbildschirm von Premiere Elements

2 Klicken Sie auf die Schaltfläche *Neues Projekt*.

Daraufhin wird Premiere Elements gestartet und präsentiert Ihnen ein noch recht leeres Programmfenster und mittig das Dialogfenster *Neues Projekt*.

TIPP

Dieses Dialogfenster können Sie auch über die Menüfolge *Datei / Neu / Projekt* aufrufen oder durch die Tastenkombination Strg + N.

Dieses enthält bereits Vorgaben in den Feldern *Name* und *Speichern in*, die Sie Ihren Anforderungen gemäß anpassen sollten.

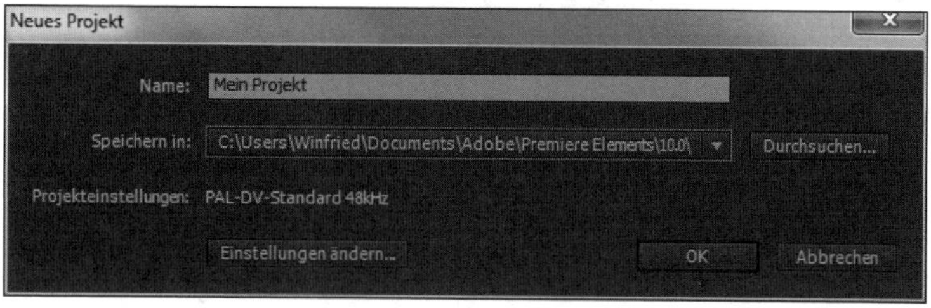

Abb. A1.3: Das Dialogfenster *Neues Projekt*

3 Im Feld *Name* tragen Sie nun einen Projektnamen ein, unter dem Premiere Elements Ihre Aufnahmen verwalten kann.

Für den Sonntagsausflug habe ich einfach den Namen `Hamburg` gewählt.

4 Im Feld *Speichern in* übernehmen Sie entweder den vorgegebenen Speicherplatz oder stellen mit Hilfe des Dialogfensters, welches Sie nach Anklicken der Schaltfläche *Durchsuchen* erhalten, den gewünschten Speicherplatz ein.

Abb. A1.4: Den Speicherort einstellen

Weitere Angaben sind (im Regelfall) nicht erforderlich.

5 Gegebenenfalls ändern Sie noch die *Projekteinstellungen* auf das von Ihnen bevorzugte Format.

Hierbei sollten Sie insbesondere auf das PAL-Format achten.

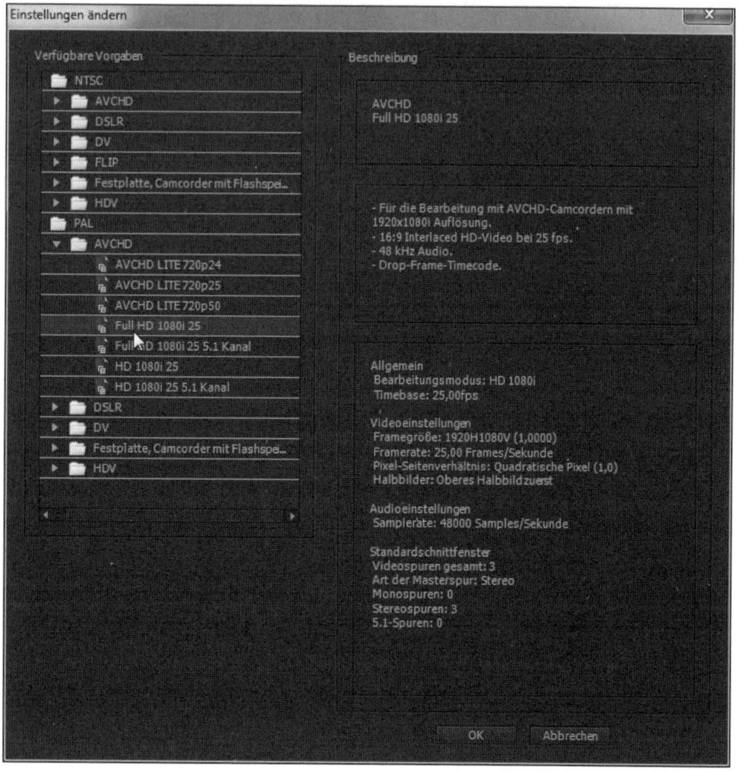

Abb. A1.5: Wählen Sie das von Ihnen bevorzugte Format

6 Klicken Sie zum Abschluss im Fenster *Neues Projekt* auf *OK*.

Premiere Elements legt nun das Projekt an und präsentiert Ihnen abschließend den Editor in voller Pracht (siehe Abbildung A1.6).

Nachdem Sie ein Projekt angelegt haben, fehlt Ihnen nur noch das Arbeitsmaterial, sprich die Videos, damit es losgehen kann.

Demzufolge müssen die Clips auf den Computer übertragen werden und Sie müssen die entsprechende Quelle auswählen.

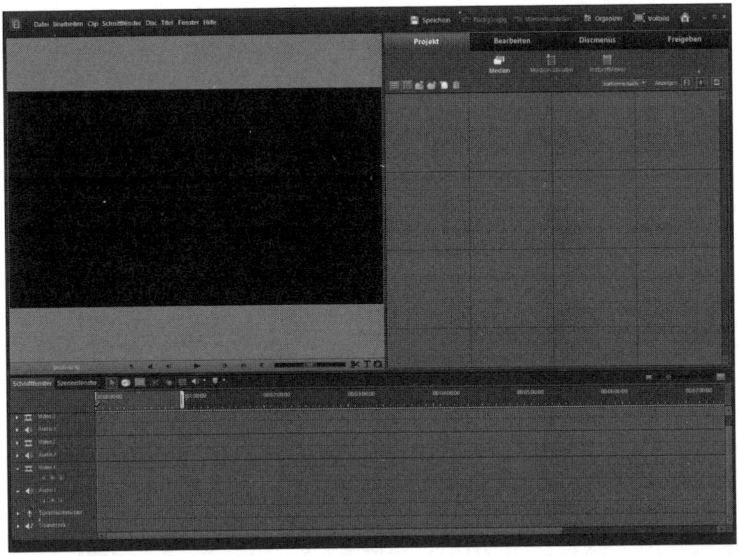

Abb. A1.6: Der Premiere Elements-Editor in voller Pracht

7 Klicken Sie im Arbeitsbereich *Bearbeiten* auf die Schaltfläche *Medien abrufen*.

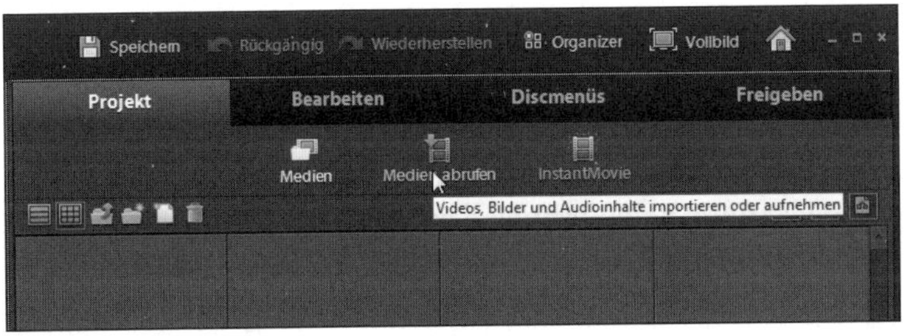

Abb. A1.7: Die Videos importieren oder aufnehmen

Sie erhalten eine Übersicht der Geräte, von denen Sie Videodaten importieren können.

Suchen Sie das Gerät aus, welches Ihre Videos enthält und setzen Sie einen Klick auf die entsprechende Schaltfläche.

Im Folgenden wird davon ausgegangen, dass die Videos bereits auf Ihre Festplatte übertragen wurden und somit nur noch geöffnet werden müssen.

8 Klicken Sie auf die Schaltfläche *Dateien und Ordner*.

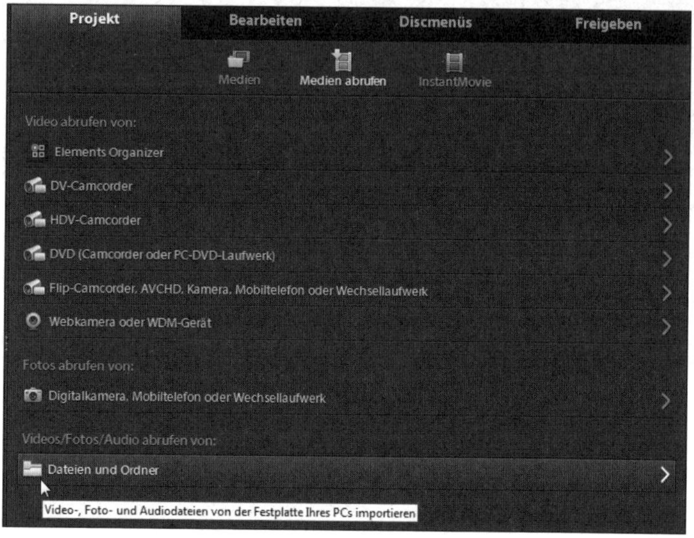

Abb. A1.8: Videos von der Festplatte abrufen

Sie erhalten das Dialogfenster *Medien hinzufügen*.

Stellen Sie zunächst den Speicherort ein.

9 Klicken Sie beispielsweise auf den Link *Bibliotheken*, wählen dann *Videos* aus

10 Anschließend markieren Sie den bzw. die Clips, die Sie benötigen.

TIPP

Ziehen Sie dazu entweder mit der Maus einen Auswahlrahmen um die Clips oder markieren Sie einen einzigen Film und drücken Sie dann [Strg] + [A], um alle vorhandenen Clips zu markieren. Möchten Sie nur einzelne Clips haben, dann klicken Sie diese nacheinander mit gedrückter [Strg]-Taste an.

Abb. A1.9: Den Speicherort der Medien aufsuchen

11 Danach klicken Sie auf *Öffnen*.

Die Medien werden hinzugefügt, was je nach Umfang ein wenig dauern kann. Den Fortschritt können Sie in einem kleinen Fenster verfolgen.

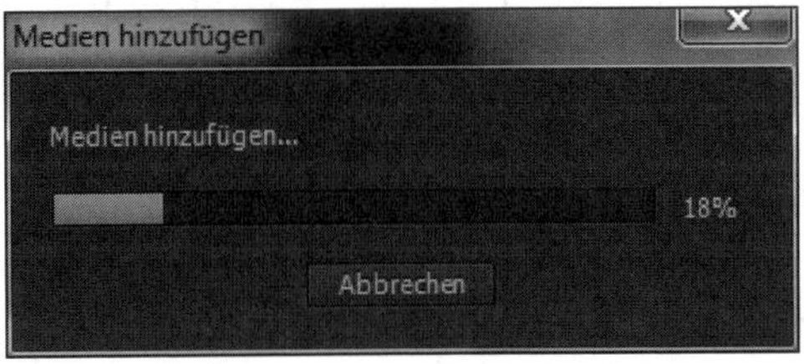

Abb. A1.10: Die Medien werden hinzugefügt

Anschließend wird Ihnen das Ergebnis im Arbeitsbereich *Projekt* infolge der automatisch aktivierten Schaltfläche *Medien* angezeigt.

Abb. A1.11: Die importierten Videoclips

Über diese zentrale Schaltstelle verwalten Sie alle Bestandteile Ihres Videoprojekts. Im diesem Fenster befinden sich alle Originalclips, die Sie für ein Projekt aufgenommen bzw. in ein Projekt importiert haben, auch wenn Sie diese im aktuellen Projekt gar nicht verwenden.

Die Clips tragen im Moment noch nicht sehr aussagekräftige Namen, die die Kamera vergeben hatte.

Das werden wir gleich mal ändern.

12 Klicken Sie der Reihe nach auf den Text des Titels jedes Videos und überschreiben ihn mit dem von Ihnen gewünschten Namen.

Abb. A1.12: Die Clips umbenennen

Videos vorbereiten

Zunächst sollten Sie die Clips erst einmal betrachten und gleich ungünstige Stellen entfernen.

1. Doppelklicken Sie auf den ersten Clip, um ihn in einem eigenen Vorschaufenster zu öffnen.
2. Klicken Sie zum Abspielen auf die Schaltfläche *Abspielen/ Pause* bzw. betätigen Sie die [Leer]-Taste (siehe Abbildung A1.13).
3. Haben Sie die Szene erreicht, in die Sie einsteigen wollen, klicken Sie auf die Schaltfläche *In-Point setzen* bzw. drücken Sie die Taste [I] (siehe Abbildung A1.14).
4. Spielen Sie den Clip weiter ab, um den Punkt zu finden, an dem Sie aussteigen möchten.

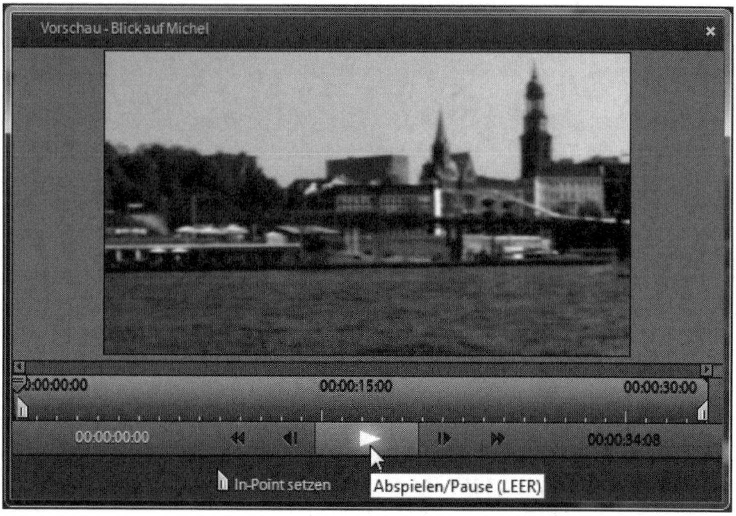

Abb. A1.13: Der Clip im Vorschaufenster

Abb. A1.14: Einen In-Point setzen

5 Markieren Sie diesen durch Klicken auf die Schaltfläche *Out-Point setzen* bzw. durch Betätigen der Taste [O].

Abb. A1.15: Den Out-Point setzen

Schließen Sie nach Abschluss der Arbeiten das Vorschaufenster über das *Schließen*-Feld.

Videos arrangieren

Im Folgenden geht es nun darum, die Mediendateien zu einem Film anzuordnen und anschließend passend zu schneiden.

Haben Sie – wie in unserem Beispiel – einige Videoclips, dann ist es praktisch, diese zunächst im Szenenfenster anzuordnen.

1 Wechseln Sie – sofern Sie sich nicht bereits darin befinden – in das *Szenenfenster*, indem Sie auf die entsprechende Schaltfläche klicken.

Abb. A1.16: In das Szenenfenster wechseln

2 Um einen Videoclip in dieses Fenster aufzunehmen, wählen Sie diesen lediglich im *Medien*-Fenster aus und ziehen Ihn dann auf das Feld mit der Beschriftung *Nächsten Clip hierher ziehen*.

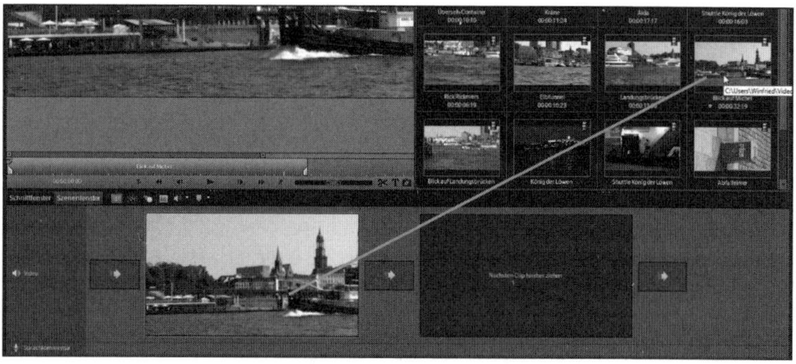

Abb. A1.17: Einen Clip in das Szenenfenster ziehen

Der Clip wird an dieser Stelle platziert und als Zeichen dafür erhält er in der Projektauflistung einen grünen Haken.

Wenn Sie einen Clip vor einen anderen platzieren möchten, dann ziehen Sie diesen mit gedrückter Maustaste einfach vor die Vorschau.

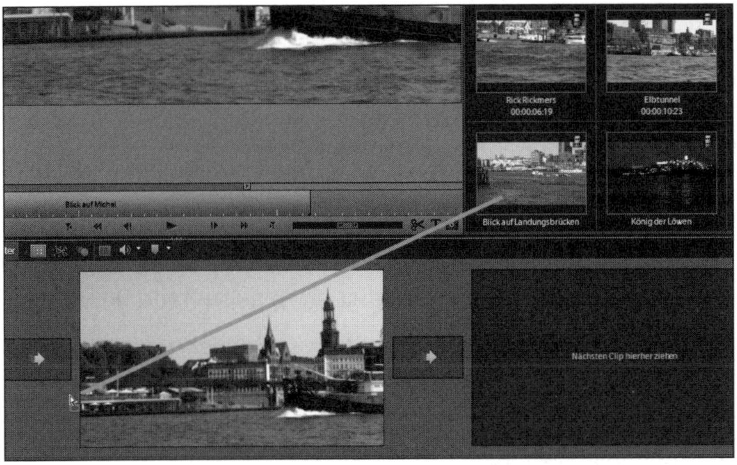

Abb. A1.18: Einen Clip vor einen anderen platzieren

3 Platzieren Sie nun die restlichen Clips ebenso.

4 Um das Ergebnis gleich einmal zu betrachten, klicken Sie auf die Schaltfläche *Abspielen*, die sich unterhalb des Vorschaumonitors befindet.

Nun können Sie den Film bereits betrachten.

Abb. A1.19: Film läuft

Vielleicht keimt beim Betrachten der Wunsch auf, dass Sie den einen oder anderen Clip gern an einer anderen Stelle platziert hätten oder einen Clip gar entfernen möchten. Dann ordnen Sie diese einfach um bzw. entfernen einen überflüssigen Film.

Clip verschieben

1. Markieren Sie dazu den Clip, den Sie an eine andere Stelle setzen möchten.
2. Klicken Sie mit der linken Maustaste darauf.

Der so markierte Clip wird mit einem blauen Rand versehen.

3. Ziehen Sie ihn dann an die Stelle, an die er gesetzt werden soll

Achten Sie dabei auf die vertikale, blaue Linie, die Ihnen die Einfügestelle anzeigt.

Abb. A1.20: Einen Clip verschieben

4. Dort angekommen, lassen Sie die Maustaste einfach los.

Clip löschen

5. Um einen Clip zu löschen, markieren Sie diesen und betätigen dann die Taste [Entf].

TIPP

Achten Sie beim Löschen von Clips darauf, dass es auch der ist, den Sie entfernen wollten. Sie erhalten nämlich keine Rückmeldung. Der Clip wird sofort aus dem Szenenfenster entfernt.

Videos schneiden

Vielleicht hat sich beim Betrachten auch der Wunsch aufgedrängt, dass die eine oder andere Szene besser geschnitten werden sollte.

Das erledigen Sie am besten im Schnittfenster.

1 Klicken Sie auf die Schaltfläche *Zu Schnittfenster wechseln*, um in dieses zu gelangen.

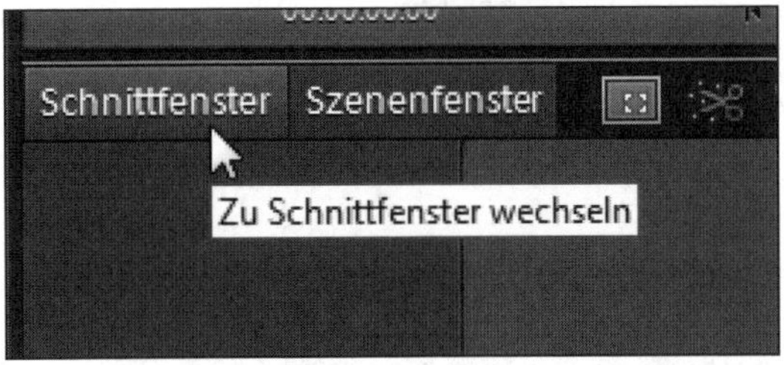

Abb. A1.21: Ins Schnittfenster wechseln

Hier passen Sie am Besten zunächst die Ansichtsgröße an, indem Sie die Ansicht einfach vergrößern.

2 Klicken Sie entsprechend oft auf die Schaltfläche *Vergrößern*.

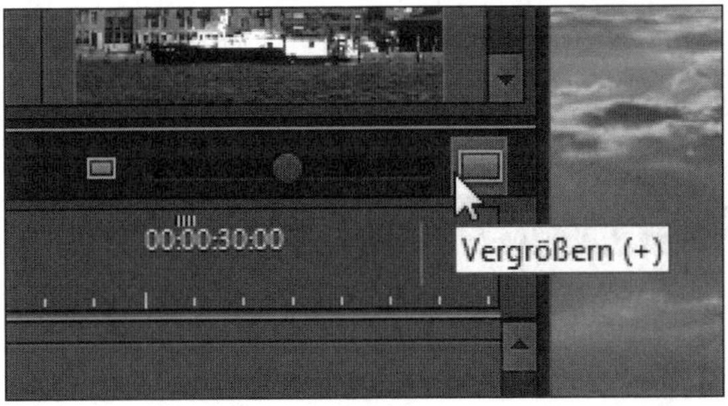

Abb. A1.22: Die Ansichtsgröße anpassen

Als Erstes werden Sie sicherlich Sequenzen, die verwackelt oder verschwommenen sind, entfernen wollen. Hier kommt der sogenannte intelligente Zuschneidemodus zum Einsatz. Standardmäßig ist dabei die manuelle Variante eingestellt, die hier zum Zuge kommt.

Intelligentes Zuschneiden

1 Klicken Sie dann im oberen Teil des Schnittfensters auf das Symbol *Intelligenter Zuschneidemodus*, um das intelligente Zuschneiden zu aktivieren.

Abb. A1.23: Den intelligenten Zuschneidemodus einschalten

Das Programm beginnt mit der Analyse der Clips.

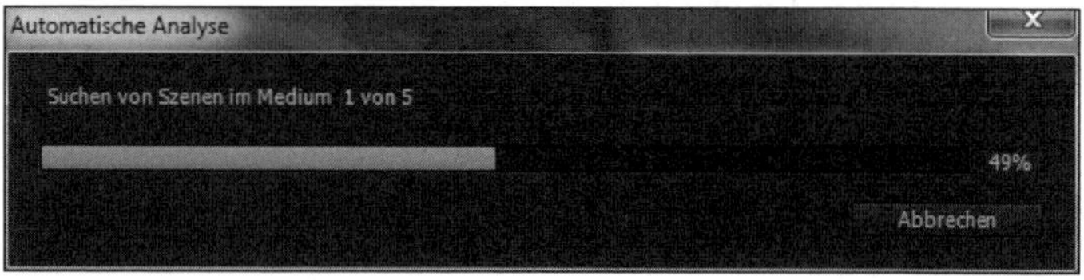

Abb. A1.24: Die Clips werden analysiert

Anschließend werden die gefundenen Ausschnitte mit einer blau gestreiften Markierung versehen.

Abb. A1.25: Ein Clip mit erheblichen Mängeln

Wenn Sie diese bearbeiten möchten, gehen Sie wie folgt vor:

2 Klicken Sie mit der rechten Maustaste auf den zuzuschneidenden Abschnitt.

3 Wählen Sie aus dem Kontextmenü die gewünschte Option aus.

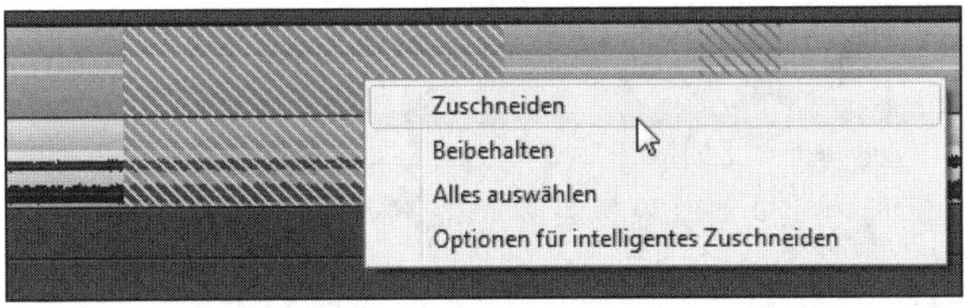

Abb. A1.26: Was soll mit den Stellen passieren?

Dabei stehen Ihnen folgende Optionen zur Auswahl:

- *Zuschneiden*: Mit dieser Option können Sie die ausgewählten Abschnitte zuschneiden. Voraussetzung ist allerdings, dass diese sich überlagern.

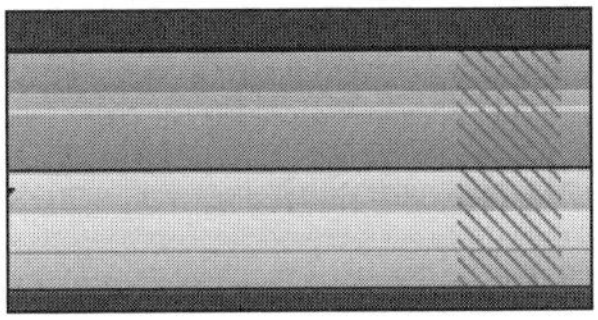

Abb. A1.27: Der Clip nach dem Zuschneiden

- *Beibehalten*: In diesem Fall werden die ausgewählten Abschnitte beibehalten.
- *Alles auswählen*: Ein Klick auf dieses Menü wählt alle zuzuschneidenden Abschnitte in der aktuellen Auswahl aus.
- *Optionen für intelligentes Zuschneiden*: In diesem Fall erhalten Sie die die Optionen für intelligentes Zuschneiden angezeigt und Sie können weitere Eingaben vornehmen.

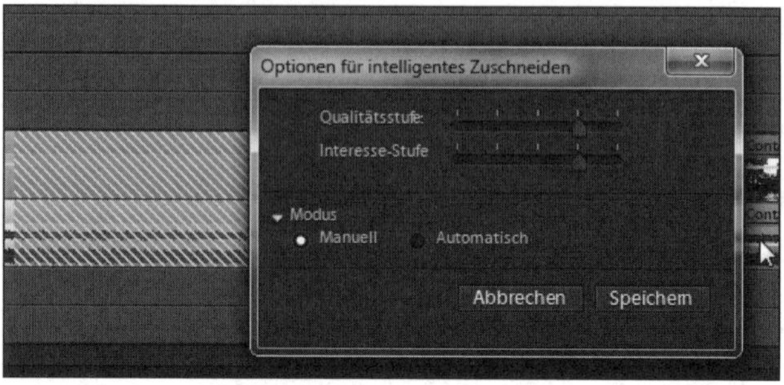

Abb. A1.28: Die Optionen für intelligentes Zuschneiden

Zuschneiden mit Schere

Nun soll noch ein einzelner Clip gezielt geschnitten werden. Bei diesem wurde die Kamera vorzeitig gesenkt, so dass das Knie des Kameramanns zu bewundern war. Da dieses nicht von großem Interesse für den eigentlichen Film ist, soll die Szene ab diesen Moment abgeschnitten werden. Das erledigen Sie mit der Funktion Clip teilen.

Zunächst ist es hilfreich, wenn Sie sich die einzelnen Frames anzeigen lassen.

1. Klicken Sie so lange auf das Symbol *Videospur-Anzeige festlegen*, bis die einzelnen Frames angezeigt werden.

Abb. A1.29: Die Frames anzeigen lassen

2. Führen Sie als nächstes die Marke für die aktuelle Zeit auf die Stelle, an der Sie den Clip teilen wollen.
3. Klicken Sie auf das Symbol *Clip teilen*.

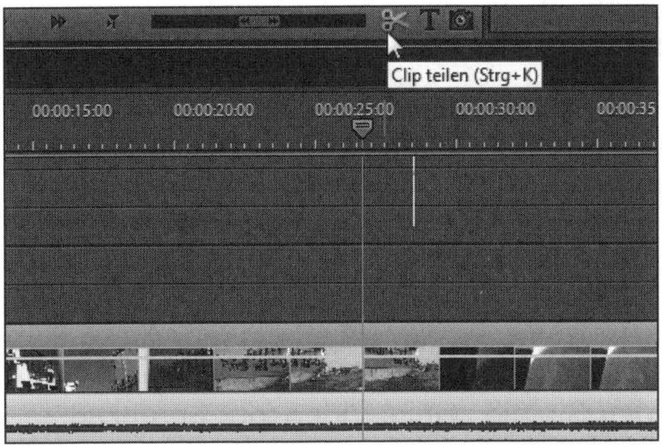

Abb. A1.30: Den Clip teilen

An dieser Stelle wird der Clip nun getrennt. Optisch erkennen Sie das zunächst an der neuen Bezeichnung, die ab dem Schnitt eingeblendet wird.

Wenn Sie ihn nun mit der Maus ein wenig wegziehen, werden Sie sehen, dass er nun aus zwei Teilen besteht.

4 Um die Clips zu verschieben, müssen Sie lediglich noch zum *Auswahlwerkzeug* wechseln und können dann den linken oder rechten Teil nach Belieben im Schnittfenster platzieren.

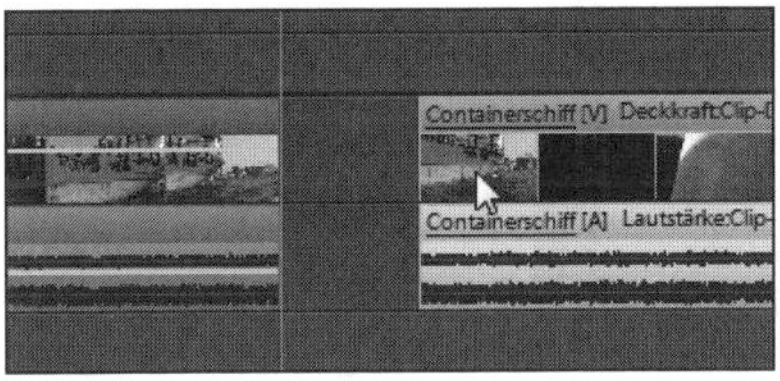

Abb. A1.31: Der Clip ist geteilt

5 Den Clip selber entfernen Sie durch einfaches Betätigen der [Entf]-Taste.

6 Die durch diesen Vorgang entstandene Lücke eliminieren Sie durch einfachen Rechtsklick in dieselbe und anschließender Auswahl des Kontextmenüpunktes *Löschen und Lücke schließen*.

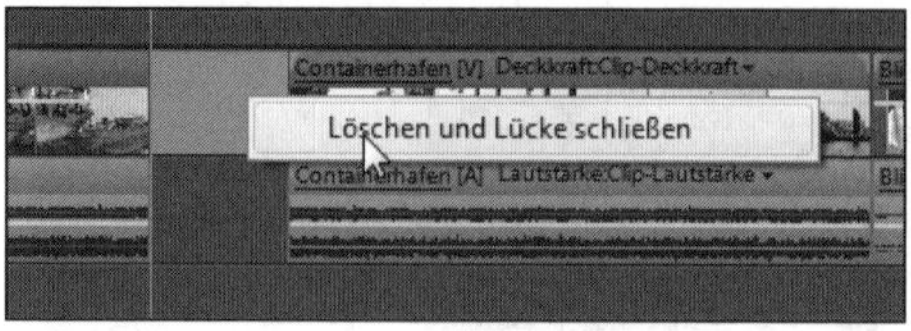

Abb. A1.32: So schließt man Lücken

Weicher Schnitt

Abschließend soll die erste Szene weich in die zweite Szene übergehen, d.h. es soll eine Überblendung vorgenommen werden. Dazu werden Sie die zweite Videospur benutzen.

Ist diese nicht vorhanden, gilt es, diese zunächst hinzuzufügen.

1. Klicken Sie mit der rechten Maustaste hinter die Bezeichnung der ersten Spur.
2. Im Kontextmenü wählen Sie dann den Eintrag *Spuren hinzufügen*.

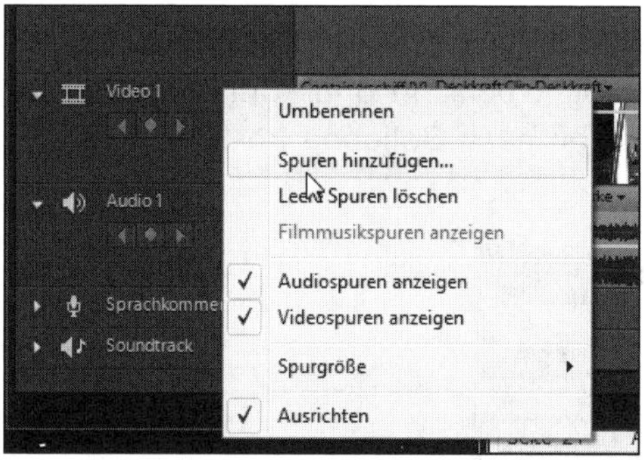

Abb. A1.33: Eine weitere Spur hinzufügen

Sie erhalten das Dialogfenster *Spuren hinzufügen*.

3. In unserem Fall müssen Sie keine weiteren Angaben vornehmen, sondern können die Vorgaben des Dialogfensters einfach mit *OK* bestätigen.

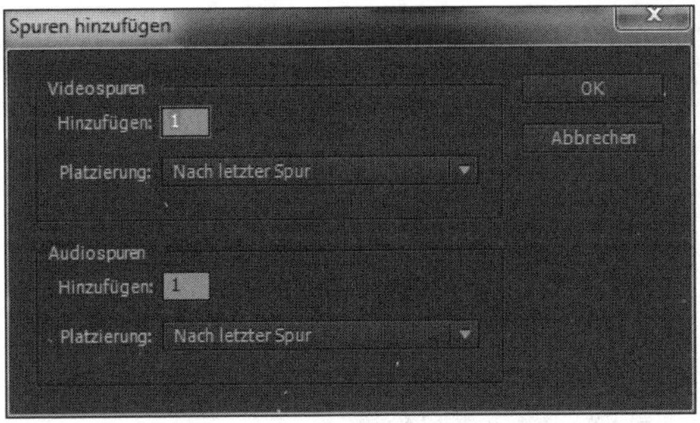

Abb. A1.34: Die Angaben für die neue Spur

4 Zeigen Sie nun mit ausgewähltem Auswahlwerkzeug auf den zweiten Clip und ziehen Sie diesen nach oben in die zweite Spur.

Abb. A1.35: Den Clip auf die zweite Spur bringen

Bevor Sie dann mit der eigentlichen Überblendung loslegen können, sind ein paar Vorarbeiten zu erledigen. So müssen sich die beiden aufeinander folgenden Clips ein wenig überlappen.

5 Verschieben Sie dazu den nachfolgenden Clip bei gedrückter linker Maustaste so, dass er sich mit dem Ende des Vorgängerclips um etwa eine Sekunde überlagert.

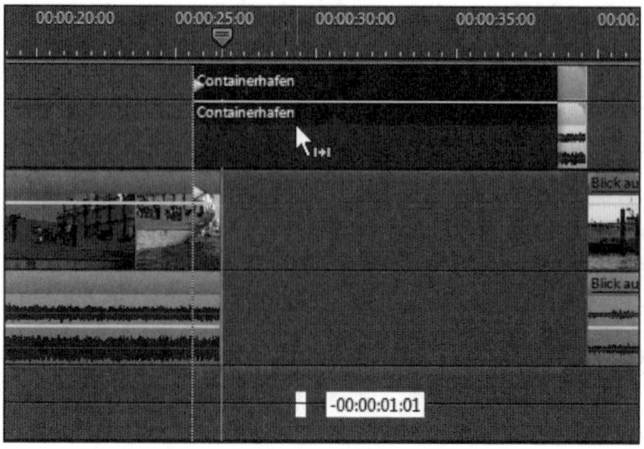

Abb. A1.36: Die Clips sollten sich überlagern

Wie Sie sehen, ist die zweite Spur noch nicht vollständig aufgeblendet.

Abb. A1.37: Spur Video 2 ist nicht aufgeblendet

6 Klicken Sie auf den kleinen Pfeil *Spur zusammenfalten/erweitern*, so dass die Spur vollständig angezeigt wird.

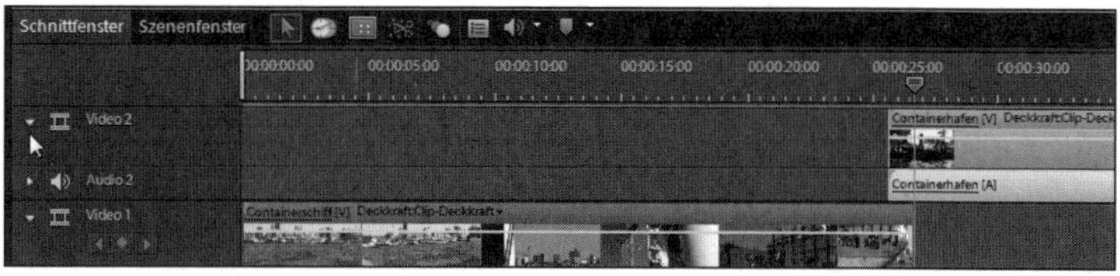

Abb. A1.38: Aber jetzt! Die Spur ist entfaltet

Nachdem Sie die Clips angeordnet haben, können Sie den Effekt zwischen den beiden Videospuren anbringen.

7 Wechseln Sie in den Arbeitsbereich *Bearbeiten* und klicken Sie auf das Symbol *Überblendungen*.

Abb. A1.39: Zu den Überblendungen wechseln

8 Schränken Sie die Effekte über das Listenfeld ein, indem Sie auf den Eintrag *Wischen* klicken.

Abb. A1.40: Schränken Sie die Effekte ein

9 Nun finden Sie in der Auflistung gewiss rasch den Eintrag *Windrad*.

Abb. A1.41: Da sind sie schon!

10 Klicken Sie darauf und ziehen Sie den Eintrag bei gedrückt gehaltener linker Maustaste auf den In-Point des Clips, den Sie weich einblenden wollen.

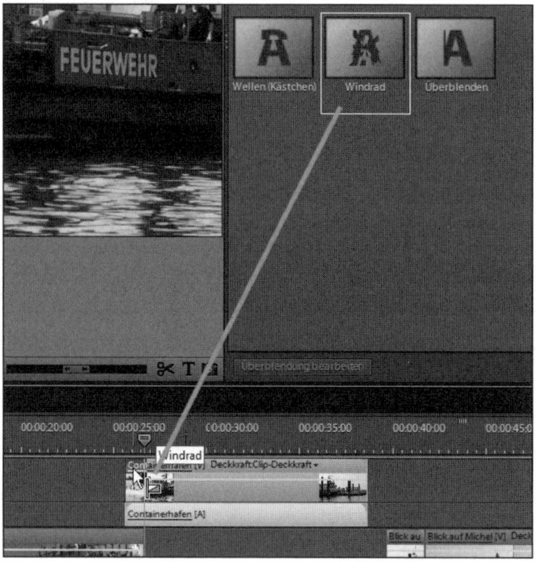

Abb. A1.42: Die Überblendung anwenden

11 Lassen Sie dann die Maustaste los, um den Effekt an dieser Stelle zu platzieren.

Das war es dann auch schon: Der Effekt ist gesetzt und wird Ihnen in Form eines Rechtecks mit einem Pfeil angezeigt.

Abb. A1.43: Der eingefügte Effekt wird optisch angezeigt

Film vertonen

Nachdem der grundlegende Ablauf des Films steht, soll er mit einer Hintergrundmusik versehen werden. Hierfür können Sie auf die Soundclips zurückgreifen, die mit Premiere Elements ausgeliefert werden.

1 Wechseln Sie in den Arbeitsbereich *Organisieren*.

2 Klicken Sie auf die Schaltfläche *Medien*.

3 Deaktivieren Sie dort die Schaltflächen *Video anzeigen* und *Standbild* ausblenden, so dass Ihnen nur noch die Audioclips angezeigt werden.

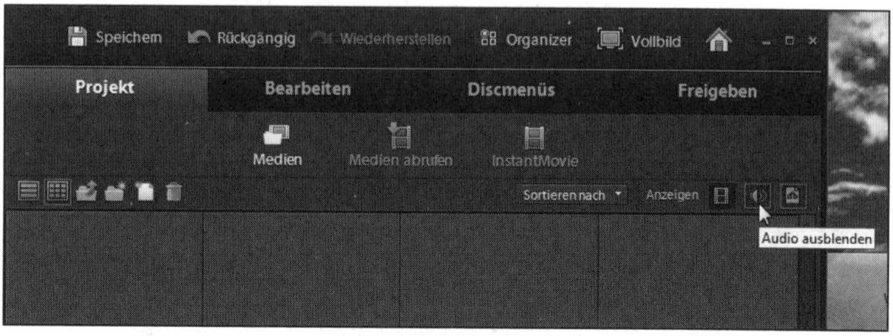

Abb. A1.44: Eine Menge Sounds für Ihr Projekt

Werden Ihnen an dieser Stelle keine angezeigt, müssen Sie diese zunächst von Ihrer Festplatte importieren.

4 Klicken Sie mit der rechten Maustaste und wählen Sie die Kontextmenüfolge *Medien abrufen von / PC-Dateien und -Ordner* aus.

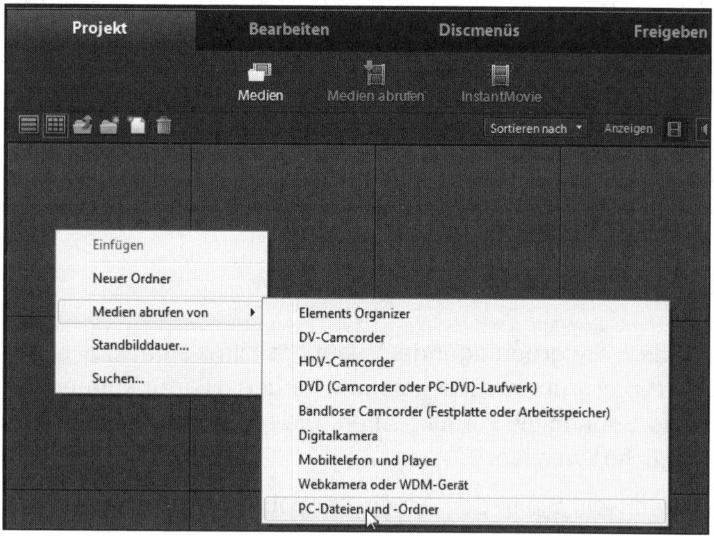

Abb. A1.45: Audioclips einbinden

5 Wählen Sie im folgenden Dialogfenster die gewünschten Musikdateien aus und klicken Sie auf *Öffnen*, damit diese importiert werden.

Die Hintergrundmusik muss nun auf der Spur mit dem Namen *Soundtrack* einfügt werden.

1 Klicken Sie das gewünschte Musikstück mit der Maus an und ziehen Sie es mit gedrückter linker Maustaste auf die Audiospur *Soundtrack*.

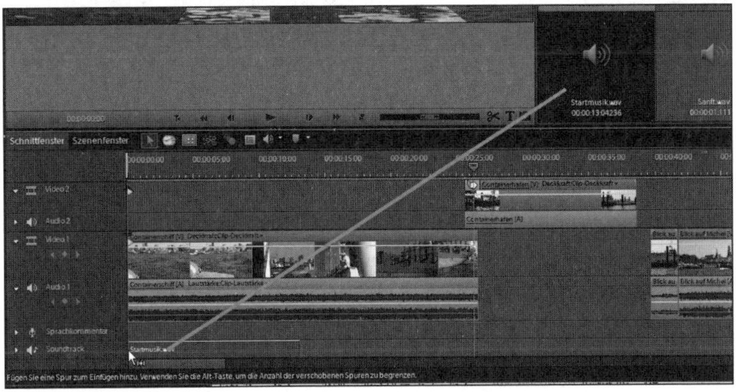

Abb. A1.46: Den Soundclip platzieren

In unserem Beispielfall läuft der Hintergrundsound etwas zu lange und muss gekürzt werden (siehe Abbildung A1.47).

2 Bewegen Sie die *Marke für die aktuelle Zeit* an die Stelle an der der Film endet und klicken Sie auf das Scherensymbol (*Clip teilen*).

3 Anschließend markieren Sie den abgeschnittenen Teil mit der Maus und betätigen [Entf], um ihn zu löschen.

Da nun das Musikstück vermutlich abrupt endet, soll es noch sanft ausgeblendet werden.

Abb. A1.47: Den Soundclip schneiden

1. Blenden Sie zunächst die gesamte Spur ein, indem Sie auf die Schaltfläche *Spur zusammenfalten/erweitern* klicken.

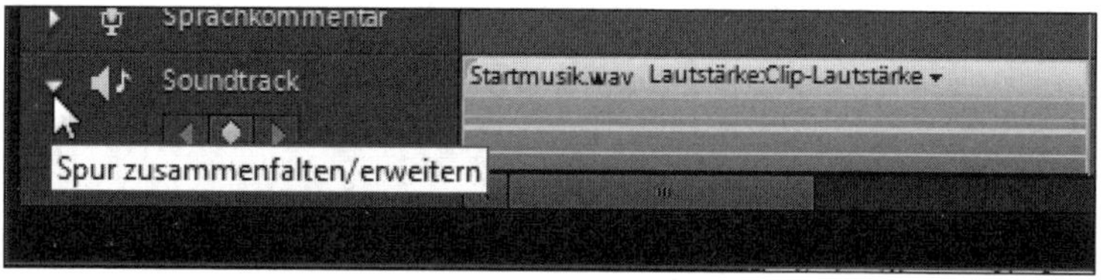

Abb. A1.48: Die Spur erweitern

2. Bewegen Sie dann die Abspielsteuerung auf die Stelle, an der die Musik von der normalen Lautstärke aus abgesenkt werden soll.

3. Klicken Sie mit gedrückter [Strg]-Taste auf diese Stelle, um einen Keyframe hinzuzufügen.

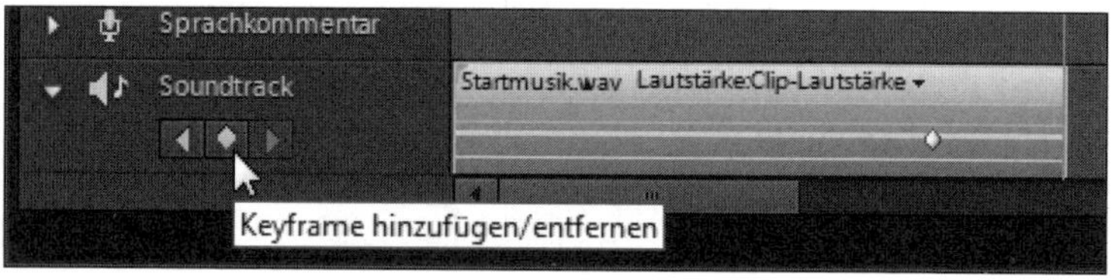

Abb. A1.49: Einen Keyframe hinzufügen

4 Verfahren Sie am Ende des Songs ebenso.

5 Zeigen Sie auf diesen Keyframe und ziehen Sie ihn nach unten.

Abb. A1.50: Den Sound ausblenden

Film betiteln

Jetzt fehlen unserem Film nur noch ein Titel und ein entsprechender Abspann. Beides werden wir selbst herstellen.

Titel

Als Erstes werden Sie den Titel erstellen.

1 Rufen Sie im Premiere Elements-Fenster die Menüreihenfolge *Neu / Titel* auf oder drücken gleich [F9].

Im Monitorfenster wird gleich der neue Titel nebst Werkzeugleiste angezeigt und auf einer neuen Videospur platziert (siehe Abbildung A1.51).

Im Zentrum befindet sich bereits ein Textkörper, den Sie jetzt – wie bei den Vorlagen gesehen – gestalten könnten.

2 Klicken Sie in den Vorgabetext, drücken Sie [Strg] + [A], um den Vorgabetext zu markieren und überschreiben Sie ihn mit Ihrem Wunschtitel (siehe Abbildung A1.52).

Abb. A1.51: Es kann losgehen

Abb. A1.52: Den Titel eingeben

3. Wählen Sie aus der Liste *Textstile* einen aus und verändern Sie gegebenenfalls über den Regler *Textgröße ändern* die Schriftgröße.

Abb. A1.53: Die Schriftgröße ändern

4. Nehmen Sie die weiteren gewünschten Formatierungen vor.
5. Richten Sie den Titel abschließend aus.

Abb. A1.54: Den Titel an die vorgesehene Endposition platzieren

Wenn Sie möchten, können Sie den Text noch animieren.

1. Klicken Sie auf den Pfeil vor *Textanimation*, um diese einzusehen.

Abb. A1.55: Die Textanimationen anzeigen

2. Schränken Sie die Liste über das Listenfeld *Filtern nach* ein.

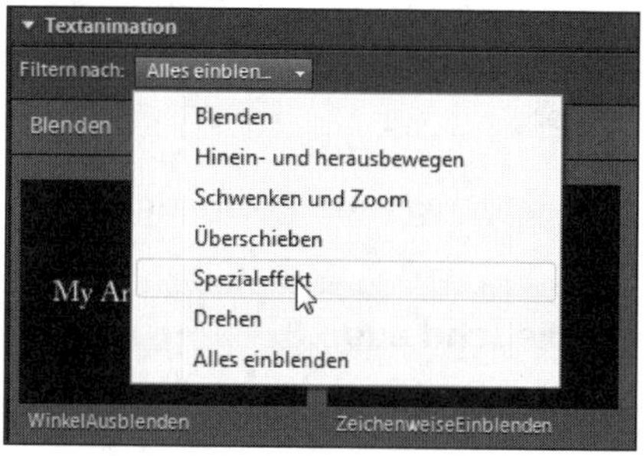

Abb. A1.56: Die Liste einschränken

3. Möchten Sie die Textanimation vor dem Zuweisen betrachten, klicken Sie einfach auf den kleinen Abspielknopf.

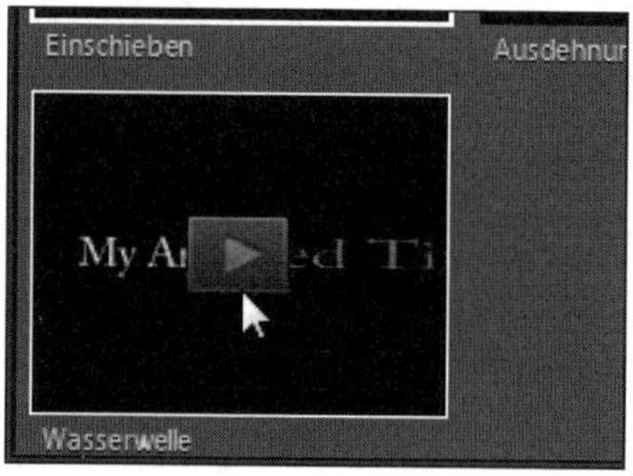

Abb. A1.57: Die Textanimation anschauen

4. Haben Sie Ihren Favoriten gefunden, dann klicken Sie auf die Schaltfläche *Anwenden*, um ihn zuzuweisen.

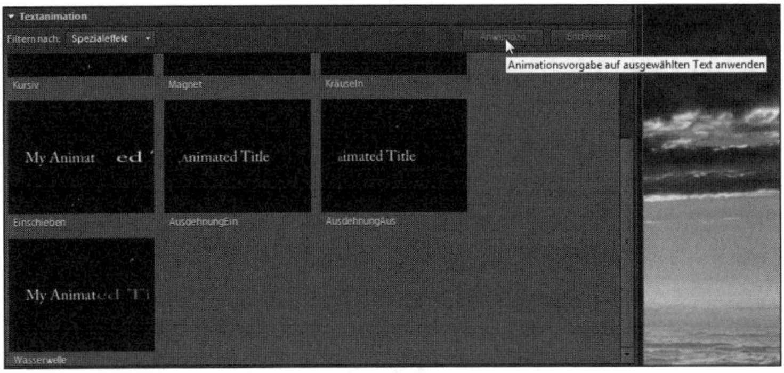

Abb. A1.58: Den Effekt anwenden

Abspann

Unser Film soll noch einen Abspann erhalten, den es jetzt zu gestalten gilt.

1. Platzieren Sie die Marke für die aktuelle Zeit zunächst hinter den letzten Clip Ihres Films.
2. Rufen Sie dann wie gewohnt die Menüfolge *Datei / Neu / Titel* auf oder betätigen Sie ganz einfach F9.
3. Gestalten Sie dann den Abspann nach Ihren Vorstellungen.

Dieser Titel soll noch animiert werden.

4. Sind Sie fertig, klicken Sie auf die Schaltfläche *Rollen/Kriechen-Optionen*.

Abb. A1.59: Die Rollen/Kriechen-Optionen

Sie erhalten das gleichnamige Dialogfenster, in dem Sie nun die Einzelheiten näher bestimmen können.

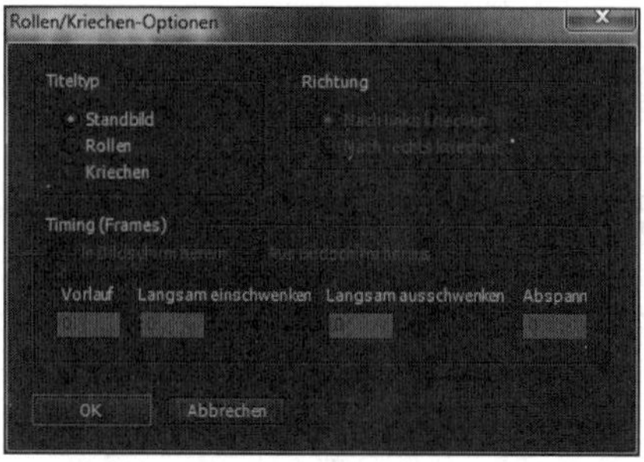

Abb. A1.60: Die Einzelheiten des animierten Titels festlegen

5 Wählen Sie beispielsweise *Rollen*, wenn der Text das Bild von unten nach oben durchlaufen soll.

6 Mit OK schließen Sie Ihre Eingaben ab.

Film veröffentlichen

Zum Schluss werden Sie sicherlich noch den Film Ihren Freunden oder Bekannten präsentieren wollen.

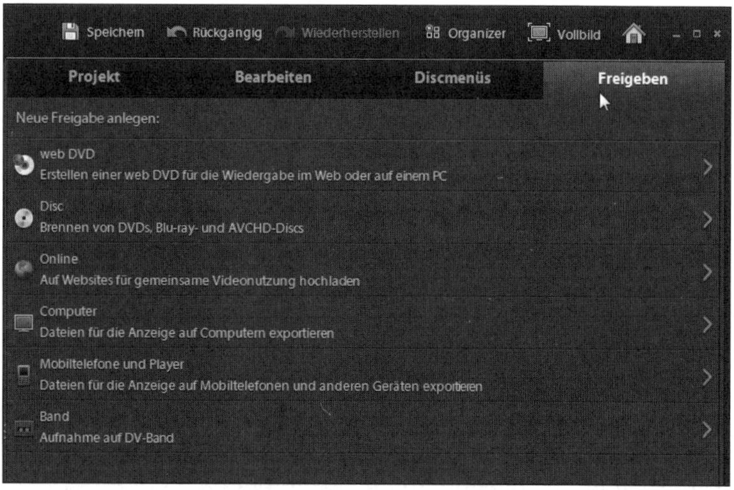

Abb. A1.61: Wie möchten Sie den Film verteilen?

1 Aktivieren Sie den Arbeitsbereich *Freigeben*.

Hier finden Sie sechs Arten, wie Sie Ihre Filme verteilen können.

Die Entscheidung, auf welches Medium Sie Ihren Film speichern möchten, überlasse ich an dieser Stelle Ihnen.

2 Klicken Sie einfach auf die entsprechende Schaltfläche und folgen Sie den Anweisungen der einzelnen Fenster.

Das war es dann auch schon. Bleibt mir jetzt nur noch, Ihnen viel Spaß beim Betrachten und Vorführen zu wünschen.

Glossar

IEEE 1394

Ist ein ursprünglich von Apple entwickeltes universales Bussystem zur Übertragung digitaler Daten. Einzelheiten siehe unter Firewire.

Auflösung

Gibt die Anzahl der Bildpunkte pro Bildzeile an. Video- wie auch Fernsehbilder bestehen aus einzelnen Bildpunkten, die nacheinander übertragen und angezeigt werden. Die Auflösung bestimmt sich bei einem Videobild aus der (horizontalen) Anzahl der Bildpunkte pro Bildzeile und der (vertikalen) Anzahl der Zeilen pro Bild. Bei dem in Deutschland üblichen PAL-Verfahren gibt es 576 sichtbare Zeilen, die aus je 768 sichtbaren Bildpunkten bestehen. Die Auflösung, die sich daraus ergibt, beträgt somit 768 x 576 Punkte.

AVCHD

Die Abkürzung steht für *Advanced Video Codec High Definition* (aus dem englischen für Fortgeschrittener Video-Codec hoher Auflösung) und ist ein digitales Aufzeichnungsformat für Consumer- und Prosumer-Camcorder mit bandloser Aufzeichnung auf digitale Datenträger, wie zum Beispiel DVDs, SD-Karten, Memory Sticks, Festplatten oder Festspeicher. Dieses Format wurde gemeinsam von den Unternehmen Matsushita (Panasonic) und Sony entwickelt, die auch die Markenrechte daran halten.

AVI-Dateien

Die Abkürzung steht für *Audio Video Interleave* und bedeutet so viel wie paralleles Audio und Video. Es handelt sich hierbei um kombinierte Audio- und Videodateien, die sich unter Windows abspielen lassen. Unter dem Betriebssystem Windows tragen die Videodateien meist die Endung **.avi*. Maximal sind in diesem Format 4 GB adressierbar.

AV-Stecker Steckerart, mit der Video- und Tonsignale über einen einzigen Stecker übertragen werden. Diese Steckerart ist auch unter der Bezeichnung *Scart* bekannt.

Cinchstecker Eine aus Amerika stammende Steckerart, die mittlerweile über die Stereoanlagen bzw. VHS-Videorekorder auch in Europa weit verbreitet ist. Cinchstecker haben, wie das mit ihnen verbundene Kabel, einen Innen- und einen Außenkontakt.

Codec Kunstwort aus Compressor und Decompressor. Es handelt sich dabei um einen Softwaretreiber, der die Komprimierung bei der Aufnahme und die Dekomprimierung bei der Wiedergabe eines Videos steuert. Darunter versteht man das Prinzip, einen unkomprimierten Video- und/oder Audiostrom nach einem definierten Algorithmus zu komprimieren und wieder entschlüsseln zu können. Es gibt eine Reihe von Codecs, die festlegen, in welches Dateiformat das fertige Material umgewandelt werden soll (AVI, QuickTime usw.).

DVD *Digital Versatile Disc*. Speichermedium, das nach und nach die CD-ROM ablöst und bis zu 17 GB Speicherplatz ermöglicht.

Flash Video Das Format *Flash Video (*.flv)* ist das Videoformat der Firma Adobe, das dazu verwendet wird, Videodateien über das Internet zum Adobe Flash Player zu transportieren und abzuspielen. Ein solches Video zeichnet sich dadurch aus, dass Webseiten mit Videos auf allen Rechnern angezeigt werden können, auf denen der Adobe Flash-Player installiert ist.

Firewire Unter dieser Bezeichnung ist die IEEE-1394-Schnittstelle allgemein bekannt, ein ursprünglich von Apple entwickeltes universales Bussystem zur Übertragung digitaler Daten. Es ist für bis zu 16 Geräte definiert, die durch jeweils bis zu 4,5 m lange Kabel miteinander verbunden sein dürfen, und Übertragungsraten von bis zu 400 Mbit/s ermöglichen.

Frame

Unter einem Frame versteht man ein Einzelbild eines digitalen Videos. Allerdings handelt es sich hier mehr um eine theoretische Größe, da der Videostrom eigentlich aus Halbbildern (Fields) besteht. Nach gängiger Norm entspricht eine Sekunde Film je nach Fernsehnorm 25 oder 30 Frames.

HDV

HDV, *High Definition Video* ist ein Videoformat, das entwickelt wurde, um HDTV-Videos mittels herkömmlicher Videoausrüstung aufzuzeichnen. Es wurde von den Firmen Sony und JVC entwickelt und wird mittlerweile von zahlreichen Firmen unterstützt.

In- und Out-Points

Im Allgemeinen legt man den Anfangs- und Endpunkt eines Clips erst dann genau fest, wenn er in das Schnittfenster aufgenommen werden soll. Diese Arbeit erledigt man mit so genannten In- bzw. Out-Points. Der In-Point bezeichnet dabei den ersten Frame eines Clips und der Out-Point den letzten, der in dem Film erscheinen soll.

Keyframe

Als Keyframe bezeichnet man ein Bild, welches die gesamte Information speichert. Keyframes findet man vor allem bei Kompressoren, die nur die Unterschiede zwischen den Bildern speichern. An bestimmten Eckpunkten, etwa weil die Szene wechselt, wird dann ein Keyframe *gesetzt.*

Komprimieren

Beim Komprimieren werden die Daten eines Video- oder Audioclips so verschlüsselt, dass sie beim Abspeichern wesentlich weniger Platz als ursprünglich benötigen. Allerdings sind der Komprimierung Grenzen gesetzt. So führt eine zu starke Komprimierung zu Qualitätsverlusten, das Bild rastert grob auf und der Ton wird unverständlich.

Klinkenstecker

Steckerart, die es in zahlreichen Varianten gibt. Am bekanntesten sind die mit 2,5, 3,5 und 6,3 mm. Sie werden oft für den Anschluss von Kopfhörern benutzt.

MTS Mit der Endung MTS werden Dateien im AVCHD (Advanced Video Codec High Definition) Format versehen.

NTSC Bezeichnet die amerikanische Fernsehnorm. Bilder solcher Systeme können auf einem im europäischen Raum üblichen PAL-System nicht angezeigt werden. NTSC hat folgende Eigenschaften: 525 Fernsehzeilen, davon 480 sichtbar, 60 Halbbilder/s.

QuickTime Seit 1991 gibt es für alle Apple-Computer die Betriebssystemerweiterung QuickTime, die Digitalvideos auf jedem Macintosh skaliert abspielt. Es handelt sich um ein Format, das eine hardwareunabhängige Wiedergabe von Videos erlaubt und von allen gängigen Schnittprogrammen direkt unterstützt wird, so dass eine Codierung nicht notwendig ist.

PAL Bei PAL handelt es sich um eine in Deutschland von Professor Walter Bruch für die Firma Telefunken entwickelte Norm für die Übertragung eines Farbbildes. Seit 1966 ist es der von der internationalen Normungsgruppe festgeschriebene Farbfernsehstandard im nahezu gesamten europäischen Raum.

Timeline Der Begriff *Timeline* ist im Prinzip nur eine andere Bezeichnung für das Schnittfenster, welches Ihnen eine schematische Ansicht Ihres Projekts einschließlich aller Video-, Audio- und Überlagerungsspuren bietet. Genauer gesagt ist sie der Teil der Arbeitsoberfläche von Videoschnittprogrammen, auf dem die Clips angeordnet werden.

Trimmen Unter Trimmen versteht man die Möglichkeit, einen bestimmten Bereich innerhalb eines Clips herauszuschneiden. Dabei werden alle Bereiche, die sich außerhalb des Trimmbereichs befinden, gelöscht.

Überblendung Häufig eingesetzte Schnittmethode, bei der im Vergleich zum harten Schnitt zwei aufeinander folgende Filmteile weich ineinander übergeführt werden. Während die eine Sequenz langsam ausgeblendet wird, wird die neue langsam eingeblendet.

USB

Die Abkürzung steht für *Universal Serial Bus* und ist ein serielles Bussystem zur Verbindung eines Computers mit externen Geräten. Mittlerweile gibt es drei Generationen, wobei USB 2.0 eine nutzbare Datenrate in der Größenordnung von rund 40 MB/s und USB 3.0 von 300 MB/s bietet.

Videospur

Auf einer Videospur werden die einzelnen Filmszenen platziert.

Videostream

Ein Datenstrom (stream), der Videodaten enthält.

Video für Windows

Microsoft stellte Video für Windows ein Jahr nach der Einführung der Windows-Variante von QuickTime vor. Video für Windows ist Bestandteil von Windows, arbeitet wie QuickTime verschiedene Codecs ab (zum Beispiel Indeo oder Cinepac), ist ebenfalls skalierbar und kann Hardware-Codecs integrieren.

WAV-Dateien

Unter dem Betriebssystem Windows ist das gebräuchlichste Format für Audiodateien *Wave*, das Sie an der Endung **.wav* erkennen können.

Index

C

D

E

F

G

T